Die Oper ist tot – die Oper lebt

Kurt Honolka

Die Oper ist tot – die Oper lebt

Kritische Bilanz
des deutschen Musiktheaters

Deutsche Verlags-Anstalt
Stuttgart

CIP-Kurztitelaufnahme der Deutschen Bibliothek

Honolka, Kurt:
Die Oper ist tot – die Oper lebt:
krit. Bilanz d. dt. Musiktheaters / Kurt Honolka. –
Stuttgart : Deutsche Verlags-Anstalt, 1986.
ISBN 3-421-06321-4

Umschlagentwurf: Reichert Buchgestaltung, Stuttgart
Satz: Typobauer Filmsatz GmbH, Scharnhausen
Druck und Bindearbeit: Gutmann + Co., Heilbronn
Printed in Germany

Inhalt

Opernkrise, anders als sonst

Dieses Buch, das eine kritische Bilanz des deutschen Musiktheaters von heute ziehen will, kann gar nicht anders, als eine unübersehbare Opernkrise feststellen. Das ist sicher nichts Überraschendes. Die Oper ist von ihrer höchst künstlichen Geburt her ein so anfälliges Geschöpf, daß ihr ganzer bisheriger – mit nicht einmal vierhundert Jahren sehr kurzer – Lebensweg eine Kette von Krisen genannt werden könnte. Der unmöglichen Kunstform wurde in jeder ihrer ästhetisch oder gesellschaftlich bedingten Krisen ebensooft das baldige Ende vorausgesagt, wie sie in erneuertem Glanz aus ihnen emportauchte. Also wäre die gegenwärtige Opernkrise gar nichts Neues? Vielleicht gar eine Bestätigung ihrer paradox-immanenten Eigenart, ihrer unzerstörbaren Lebenskraft?

Schön wäre es. Aber die gegenwärtige Opernkrise ist nicht nur existentiell schwerer als die früheren (wer soll die Theater noch bezahlen, da es bald in die dritte Subventions-Milliarde gehen wird?). Sie hat auch eine andere Qualität. Zum ersten Male zeigt diese Krise keine produktiven, selbsterneuernden Züge mehr. Altes stirbt ab, Neues kommt kaum mehr nach. Diese Nicht-Erneuerung ist tatsächlich ein Novum. Die vorangegangene Krise, nach dem Tode der beiden antipodischen Opern-Beleber Wagner und Verdi, wurde durch Strauss, Puccini und andere noch einmal schöpferisch überwunden. Die jüngste Opernkrise, ausgelöst durch die Revolutionen der Neuen Musik, ermangelt gänzlich der vital-erobernden Wendekraft. Ihre Widersprüche wirken nicht mehr, wie früher stets, produktiv, sondern frustrierend. Die meisten neuen Opern passen einfach nicht mehr in die alten (oder im alten Gefüge wiederaufgebauten) Opernhäuser, sie finden nicht mehr den Widerhall, der Opernbetrieb erst zu Opernleben macht.

Die Oper ist tot, die Oper lebt – der Doppeltitel dieses Buches ist bewußt widersprüchlich gewählt, und ebenso bewußt lautet die zweite Aussage nicht herausfordernd-optimistisch *Es lebe die Oper!*, sondern viel nüchterner, Tatsachen feststellend. Sie lebt ja wirklich, die Oper als Institution. Ihr Widerstand gegenüber dem Pantoffeltheater des Bildschirmes hat sich als viel kräftiger erwiesen als der des Schauspieltheaters. Aber es lebt eben praktisch nur noch die alte, die klassische Oper, grob umrissen die zwischen Mozart und Puccini, zwischen *Entführung aus dem Serail* und *Turandot*. Was danach geschaffen und auf der Opernbühne angeboten wurde, fällt theaterpraktisch kaum noch ins Gewicht. In den jüngsten beiden Jahrzehnten schrumpfte auch noch, doppelt bedingt durch den wachsenden Kostendruck für Neuinszenierungen und durch die Resignation der um die Pflege der Moderne hingebend bemühten Intendanten, die Zahl der zeitgenössischen Opernpremieren.

Die moderne Oper steht heute auf verlorenem Posten. Diese deprimierende Erkenntnis untermauern in diesem Buch unbestechliche Fakten. Eine Bilanz, die viele erstaunen wird (so wie sie auch den Autor während der Arbeit in zunehmendes Erstaunen versetzt hat). Aber dieses Buch will keine Illusionen nähren, sondern Realitäten darstellen. Jahrzehnte hindurch hielten sich Opernmacher und Kritiker – darunter der Verfasser – an den Hoffnungssatz, man müsse Neues nur oft genug anbieten und engagiert genug dafür werben, dann werde das träge Publikum schon nach und nach mitziehen. Vergebliche Hoffnung. Das Publikum hat leider nicht mitgezogen. Der größte intellektuelle und, von den Subventionen her, finanzielle Aufwand zur Durchsetzung neuer Opern – darin errangen die deutschsprachigen Theaterdirektoren einen imaginären Weltmeistertitel – bewahrte nicht vor der Talfahrt. Die Zeit, die dem Publikum helfen sollte, moderne Oper zu verstehen und anzunehmen, bewirkte gar nichts. Heute ist der Anteil der zeitgenössischen Oper an den Spielabenden des Repertoires nicht größer, sondern erheblich kleiner, als er vor diesem Jahrhundert-Engagement der Opernmacher war.

Wobei man, und auch das wird hier real belegt, einen wesentlichen Unterschied machen muß zwischen tonal und atonal komponierten neuen Werken. Es geht in diesem Buch niemals um ästhetische Theorie, sondern immer nur um das, was ist, um die Opernpraxis. Und die läßt nun einmal von den hunderten Stücken der atonalen Blütezeit einzig und allein *Wozzeck* und *Lulu,* also zwei Uralt-Opern eines Genies der Moderne, bis heute überleben, während Dutzende leichter verstehbare, von Orff bis Philip Glass, der zeitgenössischen Oper wenigstens überwintern helfen.

Nein, es ist nichts mit dem frohgemuten Fortschrittshoffen, wonach das dumme Publikum, wenn es nur recht bearbeitet würde, mit der Zeit schon verstehen lerne und Geschmack am Neuen finde. Die Bilanz der folgenden Kapitel belegt das Gegenteil. Der Schock für Progressivisten von gestern erscheint dabei unwesentlicher als die nüchterne Erkenntnis der Fakten. Je weniger neue Opern den Spielplan anreichern, desto mehr werden zugleich alte Repertoiresäulen erschüttert. Dutzende sind in der Nachkriegszeit schon weggefallen, die einst unerschütterlich auf den Bühnen erschienen, vom gesamten Meyerbeer über *Mignon* bis *Tiefland.* Und nichts annähernd Repertoirefähiges (und ohne das geht es nun einmal nicht im deutschsprachigen Repertoiretheater) ist von den Zeitgenossen dazugekommen.

Wie lange werden die großen Sechs der Publikumsgunst – Mozart, Lortzing, Wagner, Verdi, Puccini, Strauss – ihrer von Jahrzehnt zu Jahrzehnt wachsenden Strapazierung standhalten? Schon bestreiten die sechs ganz allein rund die Hälfte aller deutschsprachigen Opernabende! Wenn sie nicht durch spielbare Werke aus neuer Produktion wenigstens zeitweise entlastet werden, wenn das klassische Repertoire weiter so schrumpft wie bisher, verkalkt jedweder Opernbetrieb. Immer weniger und immer ältere Stücke (das Durchschnittsalter aller aufgeführten Opern, das kurz vor dem Ersten Weltkrieg vierundvierzig Jahre betrug, vor dem Zweiten sechzig, ist jetzt schon auf über hundert gestiegen!) erscheinen auf den Bühnen; so droht aus dem vielzitierten Opernmuseum bald ein Mausoleum zu werden. Rund dreißig in der Aussage nur noch historisch relevante Evergreens mit DM-Milliarden am kulinarischen Scheinleben zu erhalten, das wäre dann die makabre Endstation gutgemeinter Klassikerpflege. Ein wirklicher Pflegefall.

Doch nicht nur von den Werken, von der Erneuerungsfähigkeit der Repertoires her, unterscheidet sich diese Krise von allen früheren. Auch die Existenzbedingungen der deutschen Oper sind gefährdet wie nie zuvor, zumindest die ihrer in aller Welt beneideten Vielfalt der Theater, ihrer Dichte der Opernlandschaft. Kein vernünftiger Kulturpolitiker stellt mehr die Notwendigkeit von Subventionen in Frage – aber zugleich beginnen die Zuschüsse für Dutzende Theater in wahrhaft kritische Dimensionen zu steigen. Nämlich in den vielen Stadttheater-Städten. Ihre Steuerzahler müssen ungleich mehr für ihr Musiktheater opfern als die bevorzugten Bürger der Staatstheater-Städte.

Solche realen Fragen werden in den folgenden Kapiteln – neben mehr künstlerischen, wie: Musiktheater oder Rampenoper, Ensemble- oder Stagione-Oper, Werktreue oder Regisseursoper – eingehend untersucht werden. Auch im existentiellen Bereich ist die gegenwärtige Opernkrise keine der üblichen. Sie ist anders als sonst. Gerade darum darstellens- und nachdenkenswert.

Der Spielplan schrumpft unaufhaltsam

In dreiundsiebzig Theatern der Bundesrepublik Deutschland werden jahraus, jahrein Opern gespielt. Über sechstausendmal* öffnet sich alljährlich der Vorhang, und zweihundertsechzig bis zweihundertneunzig verschiedene Stücke stehen dem Operngourmet zur Auswahl. Das sind alles, wenn der sportliche Superlativ gestattet ist, Weltrekordzahlen. Kein anderes Land der Erde kann sich mit der Bundesrepublik Deutschland messen, was die absolute Fülle des Opernangebots betrifft – am allerwenigsten das Geburtsland der Oper, Italien. Das war schon so, ehe es noch ein Deutschland als Staat gab, also vor 1871, und es ist heute noch so, selbst nach den Blessuren, die zwei Weltkriege geschlagen haben. Die dichteste Opernlandschaft der Welt ist die Bundesrepublik nicht: Diesen Spitzenrang, der sich aus dem Verhältnis von Opernaufführungen zur Einwohnerzahl ergibt, kann die Deutsche Demokratische Republik beanspruchen; dort gibt es, pro Kopf der Bevölkerung, noch mehr Opern spielende Theater, noch mehr Opernabende. Aber eben relativ. Absolut ist die westliche Erbin des zerstückelten Deutschen Reiches, die Bundesrepublik Deutschland, das produktivste Opernland der Erde.

Zwar schwindet der Abstand, seit sich besonders in den einstigen Opern-Entwicklungsländern England und Amerika eigene Kräfte regen. Aber die über siebzig Theaterhäuser, in denen man sachgerecht Oper spielen kann, und dies mit gesicherter öffentlich-rechtlicher Subvention, sie stellen doch eine unvergleichlich breite Basis.

* Was spielten die Theater? Werkstatistik 1984/85. Hrsg. Deutscher Bühnenverein. Köln 1985. S. 3.

Der bundesdeutsche Opernmagnet zieht Sänger, Dirigenten, Regisseure, Orchesterspieler aus aller Welt an. Natürlich weil es so unvergleichlich viele deutsche Theater, also Engagementsmöglichkeiten gibt, und weil die Gagen und Gehälter so hoch sind. Aber eben nicht *nur* deswegen. Auch, weil die bundesdeutsche Opernpraxis immer noch die künstlerisch wagelustigste, experimentierfreudigste, Kreativitäten herausforderndste ist. Die Oper wurde einst in Italien erfunden – das Musiktheater unserer Zeit aber in Deutschland. Und was die Erneuerung betrifft: nirgends in der Opernwelt werden alljährlich so viele Werke ur- oder erstaufgeführt, nirgends so viele moderne Opern angeboten.

Die Bundesrepublik Deutschland, ein Opernparadies? Allenfalls eingeschränkt durch Beifügungen, wie: Paradies mit kleinen Schönheitsfehlern, immer noch, trotz allem . . .? Alle Einschränkungen würden nur den Blick auf Realitäten vernebeln. Die Opernfassade präsentiert sich immer noch großartig – wie denn nicht bei dreiundsiebzig Opern spielenden Theatern! Die Risse darin werden von Jahrzehnt zu Jahrzehnt größer und bedrohlicher, immer mühsamer vom Schein des florierenden Opernbetriebes verdeckt. Opern sind weniger vom allgemeinen Theaterbesucherschwund betroffen als Sprechstücke, aber der Schein trügt. Er spiegelt Leben vor. Die Wirklichkeit entlarvt es als Nach-Leben.

Immer weniger verschiedene Stücke

Das Angebot an Opernwerken, alljährlich an die dreihundert verschiedene, ist unvergleichlich opulent – aber wovon tatsächlich Gebrauch gemacht wird, abzulesen an der Zahl der Spielabende, verengt sich stetig. Immer weniger Stücke beliefern immer mehr Aufführungen, und die immer wenigeren Stücke werden immer älter. Anders gesagt: der Anteil der altbewährten Opernklassiker von Mozart bis Richard Strauss am gesamten Repertoire wird immer größer, ja geradezu erdrückend dominant; er degradiert alles Übrige, Neuere, zu einem stetig schrumpfenden *rest of the opera world.* Zwischen der Zahl der angebotenen Stücke und der des *eisernen Bestandes* öffnet sich eine Schere, deren beide Schenkel anzeigen, wie weit sich

Angebot und Nachfrage, kultureller Wille und Publikumsgeschmack voneinander entfernt haben.

Bundesdeutsche Opernfreunde bleiben zwar ihrem Theater treuer als die Schauspielbesucher. Opernvorstellungen waren in der Theaterspielzeit 1983/84 zu 82 Prozent der Plätze besetzt, im Sprechtheater waren es nur 75 Prozent.* Deutsche Operngeher sind also anhänglicher an ihr Theater. Sie sind zugleich viel konservativer, viel weniger neugierig auf neue Stücke. Lieber lassen sie sich, ob als Abonnenten oder als Tageskarten-Käufer, zu dem immerhin kostspieligen und strapaziösen Ausflug ins Theater durch eine neue Inszenierung oder Starbesetzung wohlbekannter Evergreens zwischen *Zauberflöte* und *Turandot* verlocken, als durch ein neues Werk.

Diese Lust am Wiederhören hat seit dem letzten Krieg zu einer ständig wachsenden Vorherrschaft der Klassiker im Repertoire geführt. Die mehrhundertfache Vielfalt des Werk-Angebotes täuscht. Soweit das Repertoire wirklich lebt, nämlich von Operngehern auch wirklich gewollt wird, lebt es von dreißig bis vierzig bejahrten Bestsellern, von denen der älteste mehr als zweihundert Jahre, der jüngste immerhin über ein halbes Jahrhundert alt ist. Das bedeutet Überalterung, Erstarrung. Immer mehr Stücke am Rande der wertbeständigen Klassiker fallen weg; auch wenn ihr künstlerischer Wert bescheiden sein mochte, man denke nur an *Tiefland* oder *Evangelimann,* sie brachten doch einst frisches Blut in den Kreislauf des Repertoires und hielten es damit am institutionellen Leben. Für diese notwendigen Zweitrangigkeiten, diese Tagesware, gibt es, seit dem letzten Kriege etwa, fast keinen Ersatz mehr. Vieles ist weggefallen, weniges nachgekommen. Das Repertoire als Ganzes erweist sich zunehmend als unbeweglicher, weniger aufnahmefähig für Neues, in seinem immer ausgedehnteren historischen Kern als erneuerungsfeindlich.

Nun könnte man ja sagen, es sei besser, heute öfter Meisterwerke wie *Zauberflöte, Così fan tutte* oder *Othello* zu hören und zu sehen als irgendwelche temporär erfolgreichen Zweitrangigkeiten. Das wäre

* Theaterstatistik 1983/84. Hrsg. Deutscher Bühnenverein. Köln 1985. S. 104. Die Theaterstatistik für 1984/85 erschien 1986 zu spät, um in diesem Buch noch ausgewertet zu werden.

ästhetisch ebenso unbestreitbar wie theaterfremd. Denn je stärker sich der Spielplan auf die dreißig bis vierzig wertbeständigen Meisterwerke stützt, desto sicherer müssen sie sich abnutzen. Nicht einmal die Qualitäten der Oper der Opern, des *Don Giovanni,* nicht einmal die volkstümliche Attraktion der *Zauberflöte* oder der *Carmen* wären vor solchem extremen Verschleiß gefeit – und was dann, da noch kaum Neues nachkommt? Das Ende des Repertoire-Theaters, also des Operntheaters in den deutschsprachigen Ländern, wäre abzusehen (für die DDR, für Österreich, für die Schweiz gilt das gleiche mit geringen Varianten). Die Sklerose des Spielplans, die in diesem Kapitel mit Fakten und Zahlen belegt werden soll, ist keine Opernkrise wie gehabt. Wenn man von einer Krankheit sprechen will, so könnte es eine zum Tode werden.

Aber muß es denn unbedingt Repertoire-Oper sein? Keinesfalls. Oper muß überhaupt nicht sein, 90 Prozent der Länder dieser Erde kennen sie nicht, vor allem die unterentwickelten. Und das kulturell so hochentwickelte Italien begnügt sich mit einem Bruchteil der jährlichen deutschen Opernaufführungen, mit so wenigen, wie das Stagione-System sie eben hergibt. In der Vielzahl und Breite des Angebotes liegt der Hauptvorzug des Repertoire-Theaters. Die Stagione-Oper ist das gegebene System für Gourmets, die Repertoire-Oper das für Gourmands – was für die einen keine Schmeichelei, für die anderen kein Spott sein soll, sondern allenfalls ein zugespitztes Bonmot, das seinen realen Kern beide Male in historischen Entwicklungen und nationalen Eigenarten hat.

Ein Rest von abenteuerlichem, leicht chaotischem Impresario-Touch ist auch heute noch der italienischen Stagione-Oper eigen, obwohl sie längst institutionalisiert wurde; das Repertoire-System, mit seiner geordneten Vielfalt an Stücken, von Abonnements, Volksbühnen-Reservaten und halb freien Abendkassen erscheint demgegenüber als typischer Triumph deutscher Organisation. Tatsächlich ist die Repertoire-Oper ein deutsches Gewächs (auch wo sie in fremden Sprachen funktioniert, etwa auf russisch oder tschechisch, basiert sie auf deutschen und österreichischen Modellen). Und sie ist, auch wenn ihre evidenten Altersrunzeln dagegen zu sprechen scheinen, noch ziemlich jung. Erst in den späten Reifejahren der Dame Oper trat sie überhaupt ins Leben.

Repertoire kommt vom lateinischen reperio. Das heißt: wieder zum Vorschein bringen, wiederfinden. Schon die wörtliche Übersetzung nach dem Sprachlexikon enthält die lebendige Dialektik und zugleich Problematik der Repertoire-Oper: Der die Werke wieder zum Vorschein bringt, der Theaterdirektor, steht dem Publikum gegenüber, das in seinem Angebot etwas wiederfinden kann. Beide verbindet das Wort *wieder*. Dem ursprünglichen Wesen der Oper ist es fremd. Ob an der Wiege im florentinischen Adelspalast des späten 16. Jahrhunderts oder in den Hoftheatern zu Mozarts Zeiten, immer war Oper etwas Einmaliges. Ein festivalartiges Ereignis, praktisch anderswo unwiederholbar. Wenn das Sujet gefiel und nach Wiedersehen und -hören lechzte, so ließ man berühmte Libretti lieber vom Hofkapellmeister neu in Musik setzen, als daß man bewährte Opern von anderen Höfen nachspielte. Metastasios, des Libretto-Papstes der Barock-Oper, höchst gesangliche Textbücher wurden jeweils fünf-, zehnmal neu vertont, und noch Mozarts vorletztes Bühnenwerk *La clemenza di Tito* hatte ein umgemodeltes Metastasio-Libretto zur Grundlage, obgleich dessen Schöpfer bereits zehn Jahre unter der Erde lag. Opern nachzuspielen war nicht der Brauch; nicht einmal denen des im hochbarocken London so berühmten Händel wurde solche Ehre zuteil. Erst mit Glucks sogenannten Reformopern, von *Orfeo* bis zu den *Iphigenien,* daneben, mit einem im Buffa-Bereich ähnlich bahnbrechenden Werk, mit der *Serva padrona* Pergolesis, brach sich das Bewußtsein Bahn, solche Opern seien als Ganzes, nicht nur des wohlgeformten Librettos wegen, Meisterwerke und ein Gewinn auch für nachspielende Theater.

Es ist ein historisch denkendes und empfindendes Bewußtsein. Ein Novum in der Opernpraxis. Ohne solche Erkenntnis überlokal und überzeitlich gültiger Werkwerte wäre die Grundlegung eines Opernrepertoires nicht denkbar. Aber es mußte mehr dazukommen. Die als wertvoll, als nachspielenswert erkannten Werke mußten sich auch als gut verkäuflich erweisen, oder es mußten kulturpolitische Ambitionen ihren Bühnenweg bahnen. Im letzten Drittel des 18. Jahrhunderts potenzierten sich beide Prämissen. Das aufkommende deutsche Singspiel und die Sehnsucht nach einem deutschen Nationaltheater, gestützt auf die Werkqualitäten der Operngenies Gluck und Mozart, förderten Wiederholbarkeit und damit Ansätze zu einem Repertoire, wozu noch der stabilisierende Übergang vom Theater der reisenden Wandertruppen zu dem der festen Häuser kam. In den letzten zehn Jahren des 18. Jahrhunderts verdichtete sich, dramatisch im wörtlichen Sinne des Wortes, der Prozeß. Örtlich in der deutschen Theaterhauptstadt Wien; personell in der abenteuerlichen Theaterfigur des Mimen, Sängers, gelegentlichen Komponisten, allzeit aktiven Stückeschreibers, vor allem aber als Regisseur und Prinzipal epochal wirksamen Theatermannes Emanuel Schikaneder.

Daß er als Hausherr des Theaters auf der Wieden den Glückswurf seiner Auftragsoper *Die Zauberflöte* rund dreihundertfach auswerten konnte, spricht gleicherweise für die Attraktivität der neuen Oper wie für das neue System, das solche Wiederholbarkeit erst ermöglichte. Damit sich Schikaneders von niemandem subventioniertes, mit den beiden finanziell wohlgepolsterten Operntheatern *nächst der Burg* und am *Kärntnerthor* um Publikumsgunst, also um Billetbezahler, wetteiferndes Vorstadttheater über Wasser halten konnte, mußte der Prinzipal, wenn ein Stück nicht so recht zog, immer neue einstudieren. Die mit Musik gingen am sichersten: nicht weniger als 75 Opern und Singspiele brachte Schikaneder, ermutigt vom Dauererfolg der *Zauberflöte,* in acht Spielzeiten auf die kleine, technisch äußerst beschränkte Bühne seines Wiedner Theaters. Fast zehn jedes Jahr – was für ein üppiges, von Produktionskraft der Theatermacher wie von Neugier des Publikums strotzendes Opernleben!

Daß die meisten Stücke fast ebenso schnell verschwanden, wie sie einstudiert waren, besagt viel weniger als die Tatsache, daß Schikaneder in jener Zeit sechs Mozart-Opern aufführte, mehr als jedes Hoftheater. Kulturpolitischer Wille steckt dahinter, denn Schikaneder war ein engagierter Freund der jungen deutschen Oper. Aber ohne die Hoffnung auf Widerhall beim zahlenden Publikum hätte er nie, immer auf deutsch, *Don Juan* oder gar *Die Schule der Liebe* (unter diesem Titel verbarg sich, bearbeitet, das damals ganz unpopuläre Meisterwerk *Così fan tutte*) wagen können. Diese Wiener Theaterjahre zwischen der *Zauberflöte* und der Eröffnung der neuen Schikaneder-Stätte, des Theaters an der Wien, kann man die heroische Epoche der jungen Repertoire-Oper nennen. Es dauerte noch ein rundes Halbjahrhundert, bis sie sich wirklich durchsetzte.

Lange noch widerstrebte die etablierte italienische Oper samt ihrem Hoftheatersystem. Erst 1806 nahmen die bisher absolut herrschenden welschen Sänger Abschied an der königlichen Oper in Berlin, gar erst 1832 in München. Da hatte längst Webers *Freischütz* die deutschen Gemüter in Wallung gebracht. Die Opernkassen füllten sich jedoch noch lange viel reichlicher durch Boieldieu, Auber, Bellini und Donizetti als durch deutsche Weber-Nachfolger. Erst um die Mitte des 19. Jahrhunderts erscheint Operntheater im Repertoire *stabilisiert,* ein Lobeswort, das der Theatermann Julius Cornet prägte. Das Hamburger Stadttheater, damals schon eine gegenüber den Hoftheatern fortschrittliche Bühne, spielte nach seiner Aufstellung in den Jahren 1842 bis 1847 nicht weniger als 102 Opern (dazu 23 neue Singspiele), also mindestens siebzehn Opern jedes Jahr. Eine stattliche Auswahl, mit fünf Mozart-Opern als Schwerpunkt (Verdi und Wagner fielen noch nicht ins Gewicht), überwiegend mit neuen Stücken. Im ganzen jedenfalls das, was Cornet namentlich als *Repertoire* bezeichnen konnte.

Das Hamburger Beispiel darf man stellvertretend für ganz Deutschland nehmen. Auch mit der schon in Cornets Bericht beklagten Tendenz: die deutsche Oper auf dem Rückzug gegenüber der italienischen und französischen. Das änderte sich erst und kehrte sich um, als in den sogenannten Gründerjahren des Kaiserreiches, die zugleich eine wahre Flut von Stadttheater-Gründungen mit sich brachten, Richard Wagners Opern ins Repertoire einzogen und es um 1900 absolut beherrschten.

Seither, gefördert durch wachsenden Wohlstand des bürgerlichen Mittelstandes, des eigentlichen Theaterpublikums, hat sich sowohl die Vielfalt der Opern spielenden Theater wie die der angebotenen Werke, kurzum: die Repertoire-Oper, auf die Dauer stabilisiert. In des Wortes Doppelbedeutung. Sie umfaßt das Positive des Gesicherten, Unangefochtenen, wie das Negative der Unwandelbarkeit, der Erstarrung.

Das Publikum bestimmt das Repertoire

Das Repertoire, der Spielplan, ist in der Praxis das Ergebnis vieler Wirkungskräfte. Die Titelzahl der angebotenen Werke drückt zunächst den Willen der Theaterleute aus: das, was sie gerne spielen möchten. Ob sie es auch oft genug spielen *können,* hängt auch im subventionierten deutschen Opernsystem davon ab, wieweit das Publikum von dem gutgemeinten Angebot Gebrauch macht. Niemand kann es zwingen, allenfalls ein wenig beeinflussen, z. B. durch die Abonnements mit den Unbequemlichkeiten, die der Umtausch einer unwillkommenen in eine gewünschte Aufführung mit sich bringt. Das Publikum stimmt mit den Füßen ab, die ins Theater gehen. So spiegelt nicht die bunte Palette der Werktitel, sondern eher schon die jeweilige Zahl der wiederholten Spielabende einigermaßen getreu wider, was die Besucher mögen und wovon das Operntheater eigentlich lebt.

Denn auch die ambitionierteste, bestgemeinte, fortschrittlichste und im Ausgraben vernachlässigter Meisterwerke findigste Spielplanpolitik kann schlecht besuchte Stücke nicht dauerhaft *durchziehen.* Irgendwo sind auch den progressivsten Publikumsverächtern Grenzen gesetzt. Beim Einspielergebnis mögen sie in einer Grauzone verlaufen – ist es so schlimm, wenn statt bisher 18 Prozent dann eben nur noch 16 Prozent der Ausgaben durch Eintrittspreise gedeckt wurden? Hat man nicht *dafür* Bergs *Lulu* und Zimmermanns *Soldaten* herausgebracht, also Außerordentliches geleistet? Darüber läßt sich diskutieren, so schwierig ideelle Werte gegen materielle Verluste aufzurechnen sind. Aber der Anblick eines leeren Hauses ist für jeden echten Theatermann einfach absurd, traurig, widersinnig. Früher, als auch Operntheater noch von der Abendkasse abhingen, führte das zum Bankrott. Auch heute können sich leere – das heißt praktisch: halbgefüllte, mit Freikarten einigermaßen gestopfte – Aufführungen unpopulärer Stücke nur in Grenzen wiederholen.

Was die Operntheater wirklich spielen, Abend für Abend, gibt zwar nicht präzis wieder, was das Publikum hören und sehen will, denn Kulturpolitik konterkariert wenigstens im Ansatz den Massengeschmack. Doch läßt sich an den Aufführungszahlen der einzelnen Werke, an der Zahl der Spielabende, einigermaßen ablesen, wie es mit der Oper heute steht. Was also wollen die deutschen Opernfreunde hören und sehen, wenn sie sich der Mühe unterziehen, statt im Pantoffelkino zu Hause einen spannenden Krimi oder singende Weltstars bequem zu konsumieren, einen Parkplatz zu suchen und einen ganz schönen Batzen Geld auszugeben, um drei Stunden Theater mit Musik *live* beizuwohnen?

Hier die Liste der in der Spielzeit 1984/85 auf den Bühnen der Bundesrepublik, Österreichs und der Schweiz am meisten gespielten Opern. Die Aufstellung des Deutschen Bühnenvereins würde gerne, um die *ganze deutschsprachige* Opernlandschaft zu spiegeln, die vielen Aufführungen in der DDR einbeziehen, und das tat sie auch bis 1966; danach scherten die DDR-Behörden aus, höhere (Abgrenzungs-)Politik mischte sich ins theatralische Spiel, und die Ostdeutschen veröffentlichten fortan eigene, nicht ganz einfach vergleichbare Statistiken. Wir werden sie in einem späteren Kapitel, das über die bundesdeutschen Grenzen zu blicken versucht, zum Vergleich heranziehen und dabei feststellen, daß die Opernuhren im anderen Deutschland gar nicht so sehr anders gehen. In der Gesamttendenz würde sich nichts Wesentliches ändern, wenn wir hier die DDR-Aufführungen mit auswerten könnten. So wenig tendenziell Entscheidendes sich umgekehrt ergeben würde, wenn sich die Übersicht auf die Bundesrepublik Deutschland beschränkte und die Opernvorlieben der Österreicher und Schweizer ausgeklammert blieben. Man bevorzugt eben diesseits und jenseits der Staatsgrenzen deutschsprachigen Musiktheaters die gleiche konservative Wellenlänge, und die wäre noch konservativer, wenn man auch noch über Sprachgrenzen hinweg in weniger opulente Opernländer, etwa nach Frankreich oder Italien, vorstieße.

Dies also sind derzeit, nach der jüngsten vorliegenden Aufstellung für 1984/85, die deutschsprachigen Publikumsfavoriten:

1. Die Zauberflöte, Mozart	263 Aufführungen
2. Figaros Hochzeit, Mozart	209 Aufführungen
3. Entführung, Mozart	198 Aufführungen
4. Don Giovanni, Mozart	196 Aufführungen
5. La Bohème, Puccini	162 Aufführungen
6. Verkaufte Braut, Smetana	155 Aufführungen
7. Tosca, Puccini	152 Aufführungen

8.	Rigoletto, Verdi	152 Aufführungen
9.	Madame Butterfly, Puccini	146 Aufführungen
10.	Zar und Zimmermann, Lortzing	143 Aufführungen

Halten wir hier, beim zehnten Opern-Bestseller, zunächst inne. Natürlich ist das nur eine zufällige Grenze, aber da die meisten Statistiken auf sie Rücksicht nehmen und damit Vergleiche ermöglichen, hat sie einen gewissen praktischen Wert. Jetzt weiter in der Übersicht (die Operetten, die an der Grenze zur komischen Oper stehen, wie etwa Offenbachs *Orpheus* oder Straußens *Fledermaus*, ausklammert):

11.	Hänsel und Gretel, Humperdinck	130 Aufführungen
12.	Fidelio, Beethoven	122 Aufführungen
13.	Hoffmanns Erzählungen, Offenbach	118 Aufführungen
14.	Don Pasquale, Donizetti	114 Aufführungen
15.	Così fan tutte, Mozart	113 Aufführungen
16.	Die lustigen Weiber, Nicolai	111 Aufführungen
17.	Der Barbier von Sevilla, Rossini	109 Aufführungen
18.	Der Freischütz, Weber	103 Aufführungen
19.	Carmen, Bizet	96 Aufführungen
20.	Othello, Verdi	87 Aufführungen

Auch die Zahl 20 markiert eine ganz willkürliche Grenze. Zumal dicht dahinter noch so populäre Evergreens wie *Rosenkavalier* und *Lohengrin* folgen und ähnliche mehr. Aber im großen ganzen haben wir mit diesen Werken den harten Kern, den allereisernsten Bestand dessen erfaßt, was das deutschsprachige Opernrepertoire nährt. Und dies seit Jahrzehnten schon mit einer Konstanz, die man nicht anders als Erstarrung nennen kann. Man könnte die aufgeführten zwanzig Bestseller der jüngsten in diesem Buch erfaßbaren Spielzeit fast nach Belieben untereinander austauschen (wenn man nur für *Zauberflöte, Figaro, Bohème, Butterfly* und *Fidelio* Spitzenplätze reserviert), und man würde über Generationen hinweg immer einigermaßen richtig liegen. Hier die Belege, immer in etwa zehn- bis zwanzigjährigen Stichproben:*

* Franz-Heinz Köhler, Die Struktur der Spielpläne der deutschsprachigen Opernbühnen von 1896 bis 1966. Koblenz 1968. S. 55ff. Die Übersichten beziehen sich hier bis 1956/57 auf den *gesamten* deutschsprachigen Raum.

Spielzeit 1916/17

1.	Carmen, Bizet	362 Aufführungen
2.	Mignon, Thomas	311 Aufführungen
3.	Tannhäuser, Wagner	295 Aufführungen
4.	Tiefland, d'Albert	250 Aufführungen
5.	Hoffmanns Erzählungen, Offenbach	250 Aufführungen
6.	Troubadour, Verdi	250 Aufführungen
7.	Lohengrin, Wagner	232 Aufführungen
8.	Freischütz, Weber	226 Aufführungen
9.	Martha, Flotow	222 Aufführungen
10.	Fliegender Holländer, Wagner	193 Aufführungen

Damals dominierte Wagner – darüber wird noch mehr zu sagen sein. *Mignon* hielt seit langem eine Favoritenstellung, *Tiefland* repräsentierte funkelnagelneue, trotzdem hochbegehrte Moderne jener Zeit.

Spielzeit 1926/27

1.	Fidelio, Beethoven	450 Aufführungen
2.	Carmen, Bizet	396 Aufführungen
3.	Freischütz, Weber	335 Aufführungen
4.	Lohengrin, Wagner	309 Aufführungen
5.	Bajazzo, Leoncavallo	296 Aufführungen
6.	Martha, Flotow	294 Aufführungen
7.	Cavalleria rusticana, Mascagni	281 Aufführungen
8.	Fliegender Holländer, Wagner	280 Aufführungen
9.	La Bohème, Puccini	267 Aufführungen
10.	Tiefland, d'Albert	262 Aufführungen

Ein Weltkrieg war verlorengegangen, ein Umsturz hatte stattgefunden – das Opernpublikum nahm kaum Kenntnis davon. Das Beethoven-Zentenarjahr 1927 machte *Fidelio* noch populärer, als er ohnehin war, aber im ganzen sind es immer wieder dieselben Favoriten. So auch mitten im Dritten Reich, als Webers 150. Geburtstag den *Freischütz* an die Spitze hievte:

Spielzeit 1936/37

1.	Freischütz, Weber	425 Aufführungen
2.	Carmen, Bizet	417 Aufführungen
3.	Madame Butterfly, Puccini	401 Aufführungen
4.	La Bohème, Puccini	372 Aufführungen

5.	Rigoletto, Verdi	313 Aufführungen
6.	Barbier von Sevilla, Rossini	289 Aufführungen
7.	Fliegender Holländer, Wagner	276 Aufführungen
8.	Waffenschmied, Lortzing	261 Aufführungen
9.	Tannhäuser, Wagner	254 Aufführungen
10.	Aida, Verdi	252 Aufführungen

Die zweite Nachkriegszeit setzte insofern einige neue Akzente, als Wagner, vom einzigen, leicht spielbaren *Holländer* abgesehen, aus der engsten Spitzengruppe verschwand und Mozart eine triumphale Renaissance erlebte:

Spielzeit 1956/57

1.	Figaros Hochzeit, Mozart	545 Aufführungen
2.	Zauberflöte, Mozart	441 Aufführungen
3.	Carmen, Bizet	417 Aufführungen
4.	Entführung, Mozart	399 Aufführungen
5.	La Bohème, Puccini	377 Aufführungen
6.	Madame Butterfly, Puccini	364 Aufführungen
7.	Barbier von Sevilla, Rossini	346 Aufführungen
8.	Fliegender Holländer, Wagner	339 Aufführungen
9.	Waffenschmied, Lortzing	327 Aufführungen
10.	Freischütz, Weber	326 Aufführungen

Zwanzig Jahre später, Dutzende von Theaterneubauten hatten die Notquartiere der Oper abgelöst, das deutsche Wirtschaftswunder war schon wieder vom Schock der Ölkrise erschüttert, regierten die gleichen Könige der Publikumsgunst, kaum merklich rangverschoben:

Spielzeit 1975/76 (hier erstmals ohne die DDR)

1.	Zauberflöte, Mozart	359 Aufführungen
2.	Madame Butterfly, Puccini	264 Aufführungen
3.	Entführung, Mozart	245 Aufführungen
4.	Tosca, Puccini	208 Aufführungen
5.	Barbier von Sevilla, Rossini	208 Aufführungen
6.	Fidelio, Beethoven	198 Aufführungen
7.	Verkaufte Braut, Smetana	198 Aufführungen
8.	Hänsel und Gretel, Humperdinck	190 Aufführungen
9.	Figaros Hochzeit, Mozart	169 Aufführungen
10.	Hoffmanns Erzählungen, Offenbach	161 Aufführungen

Daran hat sich bis heute nichts Nennenswertes geändert, die vorher veröffentlichte Aufstellung für 1984/85 belegt es. Und es würde sich auch, von unwesentlichen Platzwechseln immer derselben Favoriten abgesehen, nichts ändern, wenn man die Liste von zehn auf zwanzig erweiterte. Es sind und bleiben immer dieselben. Die Unersättlichkeit des Wiederhören-Wollens hat zu einer bedrückenden Monotonie des Kernrepertoires geführt. Eine Übersicht des Deutschen Bühnenvereins, die alle Spielabende zwischen 1947 und 1975 zusammenfaßt (hier beschränkt auf die Bundesrepublik und West-Berlin), bestätigt dies langfristig mit folgender Rangliste der meistgespielten Opern:*

1.	Zauberflöte, Mozart	6142 Aufführungen
2.	Figaros Hochzeit, Mozart	5461 Aufführungen
3.	Carmen, Bizet	4968 Aufführungen
4.	La Bohème, Puccini	4888 Aufführungen
5.	Zar und Zimmermann, Lortzing	4828 Aufführungen
6.	Madame Butterfly, Puccini	4759 Aufführungen
7.	Barbier von Sevilla, Rossini	4479 Aufführungen
8.	Entführung, Mozart	4454 Aufführungen
9.	Freischütz, Weber	4384 Aufführungen
10.	Fidelio, Beethoven	4357 Aufführungen

Die eisernen Sechs

Es folgen lauter gute alte Bekannte: *Rigoletto, Tosca, Troubadour, Traviata, Wildschütz, Verkaufte Braut, Aida, Hoffmanns Erzählungen, Così fan tutte* und auf dem zwanzigsten Platz *Don Giovanni:* Überwältigend viel Mozart, wie man sieht, und noch kein einziger Wagner. Der erscheint, wie immer mit dem *Fliegenden Holländer* als Zugstück, erst auf Rang zweiundzwanzig. Mit dem gesamten Lebenswerk ragen die folgenden Komponisten in der Nachkriegszeit heraus:

Verdi	30059 Aufführungen von 21 gespielten Opern
Mozart	24490 Aufführungen von 18 gespielten Opern

* Was spielten die Theater? Bilanz der Spielpläne in der Bundesrepublik Deutschland 1947–1975. Hrsg. Deutscher Bühnenverein. Köln 1978. S. 74.

Puccini	17997 Aufführungen von 9 gespielten Opern	
Wagner	12997 Aufführungen von 13 gespielten Opern	
Lortzing	12317 Aufführungen von 6 gespielten Opern	
Strauss	6036 Aufführungen von 15 gespielten Opern	

Das sind die eisernen Sechs dauerhafter deutscher Opernlust, die wahren Nährväter des Repertoires. Allenfalls der Platz von Richard Strauss ist dann und wann gefährdet (so 1983/84, als eine besonders muntere Rossini- und Donizetti-Welle ihn knapp überschwappte), aber immer nur vorübergehend. Auch der Platz Wagners steht felsenfest. Wagnerianer mögen es als blasphemische Zumutung empfinden, daß der Meister in der Nachkriegszeit von Puccini überrundet wurde. Das war früher ganz anders, noch im Dritten Reich und schon gar zuvor. Kurz vor dem Ersten Weltkrieg, in den Spielzeiten 1901 bis 1910, beherrschte Wagner (auch ohne den Bayreuth vorbehaltenen *Parsifal*) das Repertoire der reichsdeutschen Opernhäuser viel überlegener als heute Verdi und Mozart zusammen. Der Deutsche Bühnenspielplan des Mannheimer Statistischen Amtes verzeichnete die folgende Reihenfolge der damals meistgespielten Komponisten:

Wagner	17365 Aufführungen
Verdi	6798 Aufführungen
Lortzing	6714 Aufführungen
Mozart	5129 Aufführungen
Bizet	4040 Aufführungen
Weber	3334 Aufführungen
Puccini	2981 Aufführungen

Dabei ist zu berücksichtigen, daß heute vielgespielte Mozart-Opern wie *Così fan tutte* damals noch nicht voll wiederentdeckt waren, Verdi von den Gebildeten immer noch als Leierkastenkomponist diffamiert wurde, Puccini und Strauss nur mit den Frühwerken zur Verfügung standen. Der relative Rückzug Wagners aus dem Repertoire der Zeit nach dem Zweiten Weltkrieg ist mehrfach bedingt. Äußerlich durch den lange Zeit wirkenden Wegfall großer, wagnergerechter Opernhäuser und durch ständige Schrumpfung der Auswahl von Wagner-Sängern. Über ein halbes Jahrhundert lang zählten *Lohengrin* und *Tannhäuser* zu den allerpopulärsten Opern, selbst in kleineren Stadttheatern. Heute können selbst die größten Staatsopern sie nur selten spielen, weil es zu wenige Lohengrine und Tannhäuser gibt, von den Sängern für *Tristan* und *Ring* ganz zu schweigen. In den ersten Nachkriegsjahren trug auch eine gewisse Abneigung der Operndirektoren gegen Hitlers Lieblingskomponisten zur Zurückhaltung bei. Es dauerte einige Zeit, bis man Wagner, das säkulare Genie, von Wagner, dem zwiespältigen Menschen und Antisemiten, trennte und zum künstlerischen Recht kommen ließ. Wieland Wagners respektlos kritisches Neu-Bayreuth trug erheblich dazu bei, daß das Phänomen Richard Wagner neue Aktualität erreichte, von neuem auf- und anregte. An den Aufführungszahlen der Nachkriegszeit ist das nicht abzulesen. Schon daß der *Fliegende Holländer,* in Wagners Œuvre nur ein vorbereitendes Nebenwerk, ständig ein Mehrfaches der Spielabende des *eigentlichen* Wagner der reifen Musikdramen erreicht, bezeichnet die heutige Diskrepanz zwischen äußerst lebhafter, intellektuell hochrangiger Wagner-Diskussion und verminderter Präsenz im Repertoire.

Weniger deutsche, mehr italienische Opern

Mit Richard Wagner ist die Beliebtheit deutscher Komponisten insgesamt zurückgegangen, und nicht einmal die gewaltige Mozart-Renaissance in der Nachkriegszeit (wenn man auch die Da-Ponte-Opern als »deutsche« Opern bezeichnet) vermochte die Verluste einzuholen. Im deutschnationalen Kaiserreich, im Durchschnitt des Dezenniums 1900–1910, belieferten deutschsprachige Opern 57 Prozent aller Aufführungsabende (vor allem wegen der Dominanz Wagners); im Durchschnitt 1968–1978 waren es nur noch 48 Prozent. Nutznießer war die italienische Oper, deren deutsche Spielabende im Vergleich der genannten Dezennien von 19 auf 34 Prozent zunahmen, vor allem auf Kosten der zweiten traditionellen ausländischen Operngroßmacht, der französischen. Deren Anteil am deutschen Repertoire schwand in der gleichen Zeitspanne von 23 auf knapp 7 Prozent, und dies trotz dauerhafter Evergreens wie *Hoffmanns Erzählungen* und *Carmen*. Hingegen stieg der Anteil der slawischen Oper, deren Beliebtheit bei den Deutschen sich vor dem Ersten Weltkrieg praktisch auf zwei Tschaikowsky-Werke und die *Verkaufte Braut* beschränkte, von 1 auf 8 Prozent und überholte sogar knapp die französischen Opern; die Renaissance Mussorgskys, die neuen Werke Janáčeks, Strawinskys und Prokofjews trugen entscheidend dazu bei.*

Warum geht der Anteil der deutschen Oper zurück? Nicht nur, weil weniger Wagner gespielt wird. Auch weil ganze Generationen einst erfolgreicher Belieferer des Opernrepertoires (es lebt nun einmal von solchen, wenn auch manchmal zweitrangigen Lieferanten!) durch gewissermaßen natürliche Auslese weggefallen sind, und weil sie durch nichts Neueres ersetzt wurden. Wer kennt und spielt heute noch Karl Goldmarks Oper *Das Heimchen am Herd*? Niemand. Und doch nimmt diese unbedeutende Oper in der deutschen Aufführungspraxis einen gewissen historischen Rang ein. Sie war nämlich die letzte Oper, wirklich die allerletzte, um diesen Superlativ ins rechte Licht zu heben, der die Publikumsehre widerfuhr, in einer Spielzeit als Werk eines lebenden Autors sämtliche etablierten Klassiker, von Mozart bis Wagner, zu schlagen. Dies geschah in der Theatersaison 1896/97; das schlichte *Heimchen* ließ mit 328 Aufführungen selbst den berühmten *Lohengrin* hinter sich, und kein Mozart, kein Verdi war als Rivale in Sicht. So neugierig war damals das deutsche Opernpublikum auf Uraufführungen. Mit Kienzls *Evangelimann* bevorzugte es damals eine weitere Novität, nur fünf Plätze weiter und immer noch vor allen Mozart- und Verdi-Klassikern. Ein paar Jahre später, und d'Alberts *Tiefland* erregte in allen deutschsprachigen Opernlanden die Operngier. Dann wollten genügend tausend Theaterkartenkäufer unbedingt den Perversitäten von Richard Straussens, des skandalösen Neutöners, *Salome* und *Elektra* beiwohnen und die apart besänftigten Silberklänge des *Rosenkavaliers* schlürfen. Sie wollten aber auch am krassen Naturalismus von Max von Schillings' *Mona Lisa* teilnehmen, sich an Pfitzners inniger Deutschtümelei erquicken (*Das Christelflein,* eine zeitweilig fast zum bürgerlichen Pflichtstoff zählende Weihnachtsoper) oder an Nesslers populärem, eingängigem und nachsingbarem *Trompeter von Säckingen.*

In den zwanziger Jahren erneuerte Schreker, modern und trotzdem erfolgreich, mit mehreren Opern die Spur der deutschen

* Kurt Wallstab, Wandlungen des Opernspielplanes der deutschsprachigen Theater seit der letzten Jahrhundertwende. Mannheim 1984 (Manuskript). S. 34.

Operntradition. Vom alternden Bestseller-Autor Richard Strauss, der inzwischen zum Großmeister avanciert war, kam auch nach dem *Rosenkavalier* dann und wann noch attraktiv Neues, und sein von der Kulturpolitik des Dritten Reiches in Gleichrang emporgelobter Zeitgenosse Pfitzner wurde selbst mit matteren Kindern seines Einfalles brav nachgespielt. Dazu traten traditionsbewußte wie aufmüpfige Jüngere. Hier der Wiener Wunderknabe Korngold mit der melodienseligen *Toten Stadt;* dort der Revoluzzer Hindemith, der in seiner Buffo-Oper *Neues vom Tage* die Vorzüge warmen Badewassers besingen ließ und der als Hitler-Emigrant der dreißiger Jahre mit *Mathis der Maler* für ewige deutsche Werte plädierte, oder der freche Brecht-Genosse Weill mit der *Dreigroschenoper* und mit *Mahagonny,* soziales Mitgefühl war Tagestrumpf. Nazi-Größen vom Tage kann man verschweigen; aus anderer, nämlich künstlerisch effektiver Sicht aber auch mehrere Zwölftonbastler im Opernwesen – den in innerer Emigration viel zu früh gestorbenen Alban Berg immer ausgenommen.

Alle diese, in ihrer Orientierung so widersprüchlichen, aber insgesamt ungeheuer produktiven Opernaktivitäten deutscher, jedenfalls in deutschen Traditionen wurzelnden Komponisten sind bis auf Richard Strauss und einige bedeutende Weltanschauungsopern von Festival-Seltenheit *(Palestrina, Mathis der Maler)* praktisch aus dem Repertoire verschwunden, und nur vorübergehend sprangen Repräsentanten sogenannter *gemäßigter Moderne* wie Orff und Egk in die Bresche, die die Zeit mit ihren unbarmherzigen Verschleißerscheinungen geschlagen hatte.

Der italienischen Oper erging es im deutschen Repertoire schon dadurch besser, daß mit Puccini seit dem Ersten Weltkrieg ein neuer Publikumsliebling gleich mit mehreren Bestsellern *(Bohème, Butterfly, Tosca u.a.)* die Szene eroberte und sie mit unwandelbarer, allen wechselnden Geschmacksströmungen trotzender Beständigkeit beherrschte. Dazu kam, daß seit den zwanziger Jahren Verdi immer mehr aus dem Schatten Wagners trat, in seinem Eigenwert erkannt und mit immer mehr Werken gespielt wurde. Früher beschränkten sich die deutschen Opertheater mehr oder weniger auf die populäre Trias des mittleren Verdi, nebst *Maskenball* und *Aida*. Die deutsche Verdi-Renaissance nach dem Ersten Weltkrieg führte *Nabucco, Die*

Macht des Schicksals, Don Carlos, Falstaff dem Repertoire zu und ließ dem Meisterwerk *Othello* wagner-unabhängige Gerechtigkeit widerfahren. Dabei blieb es bis heute; die deutsche Verdi-Liebe kann sich gar nicht genug tun mit immer neuen Ausgrabungen auch der unvollkommensten Jugend- und Zwischenwerke, wie *Attila* oder *Giovanna d'Arco*.

Schon die Repertoire-Eroberung dieser beiden, Verdis und Puccinis, würde den zunehmenden Anteil der italienischen Oper seit dem Ersten Weltkrieg erklären. Aber es kam mehr dazu. Schwand die Attraktion Bellinis dahin, so wurde sie durch die unverminderte, ja gesteigerte von Donizettis Belcanto überkompensiert, als in jüngster Zeit eine geschickte Bearbeitung die vergessene Buffa *Le convenienze e le inconvenienze teatrali* als *Viva la Mamma* zu einem ausgesprochenen Hit machte. Rossini trat zwar als Ur-Vater der Grand opéra zurück, sein *Guillaume Tell* wurde auch als neuentdeckter *Wilhelm Tell* nur selten aufgeführt, sein *Barbier* blieb jedoch ein Evergreen und ließ andere heitere Rossinis auf den Flügeln des Schöngesanges nachsegeln. Aus dem späteren 19. Jahrhundert verblaßten Ponchielli und Giordano, Mascagnis *Cavalleria rusticana* und Leoncavallos *Bajazzo* behaupteten sich jedoch in der Publikumsgunst. Neues kam seit Puccini aus Italien kaum hinzu, von Saisonerfolgen des Italoamerikaners Menotti *(Der Konsul)* abgesehen. Aber selbst das mittelmäßige Alte hielt sich gut, und gar das Erbe der beiden Theatergenies Verdi und Puccini errang in unserer Zeit auch im deutschsprachigen Repertoire den Rang, den es im internationalen schon lange einnimmt.

Ganz umgekehrt erging es den französischen Opernkomponisten auf den deutschen Bühnen. Bis Verdis und Wagners Sterne aufgingen, hatten sie auch hier dominiert. Boieldieu, Auber, Adam, Meyerbeer exportierten Dutzende Zugstücke, später wurden Gounods *Faust,* auch wenn man ihn goethe-verschämt als *Margarethe* spielte, Thomas' *Mignon,* Saint-Saëns' *Samson und Dalila,* und natürlich Bizets *Carmen* und Offenbachs *Hoffmanns Erzählungen* Repertoiresäulen. Geblieben sind nur die beiden letztgenannten Opern, ebenso hochgeschätzte wie vielgespielte Säkularwerke. Von der verschwenderischen Produktion der opéra comique ist fast nichts im Spielplan geblieben. Von Boieldieu gar nichts, Adams *Postillon von*

Lonjumeau ist nur noch gelegentlicher Anlaß für einen des hohen D mächtigen Tenor, von Aubers fünfzig Opern hält sich einzig *Fra Diavolo,* Glücksfall sich steigernden Zusammentreffens eines komödiantisch wirkungsvollen Librettos mit witziger Musik; die tragische *Stumme von Portici* konnte ihre historische Einzigartigkeit – keine andere Oper hat je eine veritable, staatsgründende Revolution ausgelöst! – nicht vor dem Verstummen bewahren. In neuer Zeit blieb Debussys *Pelléas und Mélisande* eine Feinschmecker-Abseitigkeit, ebenso die ambitionierten Berlioz-Ausgrabungen. Jüngst bereichert eine bescheidene Massenet-Renaissance den deutschen Spielplan, aber doch nur am Rande: Das neuentdeckte Meisterwerk *Manon,* das lange von Puccinis *Manon Lescaut* verdrängt worden war, zog *Werther* nach.

Den Rückzug der opéra comique aus dem deutschen Spielplan könnte man, was die Nachkriegszeit betrifft, mit äußeren Gegebenheiten, mit sogenannten Sachzwängen begründen. In der opéra comique gibt es ausgedehnte Dialoge, die Sänger müssen gut sprechen können. Nun sind an den Opernbühnen der Bundesrepublik seit geraumer Zeit etwa 40 Prozent der Sänger Nichtdeutsche, vor allem Amerikaner. Wenn sie singen, geht es noch mit der Sprache; wenn sie reden müssen, wird es meist schlimm. Hier liegt auch der Grund dafür, daß sich die musikwissenschaftlich hervorragend edierte, vom großen Felsenstein aufsehenerregend inszenierte *Ur-Carmen* mit ihren gesprochenen Dialogen nicht recht durchsetzte. Doch diese Erklärung genügt nicht ganz. In der Deutschen Demokratischen Republik, wo der Anteil deutscher Sänger in den Ensembles ungleich größer geblieben ist, zeigt sich ein ganz ähnlicher Rückgang französischer Opern, namentlich der opéra comique. Es muß an anderem, an den Werken selbst liegen; bei Auber und seiner Generation wohl an der heute als fad empfundenen Harmlosigkeit der Libretti. Auch Konventionen der Heiterkeit unterliegen der Abnutzung. Es sei denn, sie würden zu so volkstümlicher Klassizität erhoben wie Lortzings Singspiel-Biedermeier, oder überragende Musik, als Stil epochal, zöge das librettistisch überholte Stück ins Zeitlose des Ganzen – wie es bei Rossini, Donizetti oder Verdi so oft geschah.

Etwa zu Ende des Ersten Weltkrieges war die französische Oper im deutschen Spielplan von der italienischen überrundet.

Erst später begann die slawische aufzuholen; genauer gesagt: die russische und die tschechische, andere slawische Provenienzen fallen nicht ins Gewicht. Von den Russen erfreuten sich immer schon Tschaikowskys *Eugen Onegin* und *Pique Dame* großer Beliebtheit, und sie behielten sie bis heute. Rimsky-Korssakows umfangreiches Opernwerk hat sich nie einbürgern lassen, aber als Bearbeiter von Mussorgskys *Boris Godunow* leistete Rimsky eine pionierhafte Freundestat (auch wenn man neuerdings originalnähere Versionen vorzuziehen beginnt). Dieses bedeutendste Musikdrama der Russen hält seit dem Zweiten Weltkrieg in den Grenzen, die seine Aufwendigkeit den Theatern setzt, einen festen Platz am Rande des Repertoires. Ähnlich wie Dvořáks *Rusalka,* die lange im Schatten der volkstümlicheren, das gleiche Märchensujet behandelnden *Undine* Lortzings stand. Die anderen neun Opern Dvořáks blieben ebenso seltene Gäste auf den Opernbühnen wie sieben der acht Smetana-Opern, während die *Verkaufte Braut* seit dem Zweiten Weltkrieg zu einem ausdauernden Spitzenrenner emporstieg, der es in einigen Spielzeiten selbst mit der Beliebtheit der beiden *Figaros* aufnehmen konnte. Wieder verschwunden ist Weinbergers Volksoper *Schwanda, der Dudelsackpfeifer,* geblieben jedoch die wachsende Bühnenlebendigkeit Janáčeks. Bis hoch in die zwanziger Jahre spielte man bei uns lediglich *Jenufa;* in den jüngsten Jahrzehnten gewann auch *Katja Kabanowa* und, dank Felsensteins weltberühmter Inszenierung an der Ost-Berliner Komischen Oper, das heitere *Schlaue Füchslein* im Spielplan an Boden. Die Entdeckung des Gesamtwerkes des eigenwilligen mährischen Musiktheatergenies zählt zu den wichtigsten Errungenschaften der deutschsprachigen Nachkriegsoper. Auch wenn Janáček immer noch öfter gerühmt als gespielt wird. *Jenufa* erreichte 1983/84 immerhin mit achtunddreißig bundesdeutschen Spielabenden mehr als *Lohengrin,* als *Tristan* und als *Walküre.*

Diese Verlagerungen, einschließlich der rückläufigen Beliebtheit der Opern deutscher Herkunft, bedeuten nichts Negatives. Vielmehr ehrt diese Entwicklung die Weltoffenheit des deutschen Publikums; es stimmt mit seinen Eintrittskarten keinesfalls nationalistisch ab, sondern ausgesprochen tolerant, und es fragt nicht danach, aus welchen Himmelsgegenden es sein Opernvergnügen bezieht. Bedenklicher erscheint, mit wie wenig Neugierde und wieviel kulinarischer

Beharrlichkeit es dabei vorgeht. Dieser Konservatismus hat in unserer Zeit zu alarmierender Erstarrung und Überalterung des maßgebenden Kerns des Repertoires geführt.

Sechs Komponisten = 50 Prozent aller Opernabende

Ich habe mir ausgerechnet, daß von den 7593 Opernabenden 1984/85 auf den deutschsprachigen Bühnen (außer der DDR) 5303 von nur siebzehn, längst gestorbenen Komponisten bestritten wurden – also rund 70 Prozent! Schon die *eisernen Sechs* (Mozart, Verdi, Puccini, Wagner, Lortzing und Strauss) trugen allein fast die Hälfte aller Aufführungen bei, weitere über 20 Prozent dann Rossini, Donizetti samt neun vereinzelten, aber unerschütterlich über die Zeiten hinweg beliebten Evergreens *(Hänsel und Gretel, Martha, Carmen, Fidelio, Freischütz, Lustige Weiber, Verkaufte Braut, Cavalleria, Bajazzo)*. Es wurden aber Opern von nicht weniger als 127 Komponisten gespielt (darunter 46 modernen). 110 von diesen brachten es also zusammen noch nicht einmal auf ein Drittel aller Spielabende, die erwähnten siebzehn Favoriten der Publikumsliebe allein auf über doppelt so viele!

Ein nachdenkenswertes, weil typisches Ergebnis. Die Spielzeit 1984/85 ließe sich ohne wesentliche Änderungen mit jeder anderen seit dem Zweiten Weltkrieg vertauschen. Das heißt: der *harte Kern,* den das Repertoire schon im späteren 19. Jahrhundert dank der Meisterwerke von Genies wie Mozart, Verdi und Wagner hatte, ist inzwischen so weit ausgewuchert, daß er den Spielplan gewissermaßen allein bestreiten könnte, ohne daß das Operntheater dadurch in der Praxis bedroht wäre. Das breite Publikum würde es kaum merken, wenn in einem Jahr nur die Opern der genannten siebzehn Klassiker gespielt würden – nicht wenige würden es gar begrüßen. Etwa seit dem Ersten Weltkrieg stabilisierte sich diese Vorherrschaft. In unserer Zeit so weit, daß man von einer tödlichen Stabilisierung sprechen muß. *Das Repertoire nimmt nichts Neues mehr auf,* klagte der Opernkomponist und Musikdenker Ernst Křenek schon Mitte der dreißiger Jahre. Er ahnte nicht, wie wenig es heute aufzunehmen bereit ist.

Der Publizist Dietrich Steinbeck fand das einprägsame Bild vom *Schüttelsieb mit wachsender Durchlässigkeit*, um den heutigen deutschen Opernspielplan zu charakterisieren. Immer neue Werke werden in das Sieb des Repertoires geworfen, immer weniger bleibt darin hängen, immer mehr fällt durch die Maschen. Für das Hängengebliebene, also für die wirklich begehrten Stücke, errechnete Franz-Heinz Köhler einen sogenannten *Identitätsgrad*. Das auf den ersten Blick schreckenerregende Wort besagt etwas Wichtiges: nämlich in welchem Maß sich das Repertoire durch Neuzugänge verjüngt. Zu Beginn des 19. Jahrhunderts betrug dieser Identitätsgrad knapp 59 Prozent, 1957 sank er, dank der damaligen Uraufführungswelle, sogar etwas, auf 51 Prozent; als diese aber fast nichts Spielbares erbrachte, stieg er 1976 auf 79 Prozent. Das heißt: über dreiviertel der aufgeführten Stücke blieben die immer gleichen.

Die Opernwirklichkeit enthüllt jedoch noch viel höherprozentige Verkalkungsgrade. Denn die genannten Identitätsziffern erfassen nur die – täuschende – Vielfalt der *Werktitel,* nicht die tatsächlichen *Spielabende*, also nur das Angebot, nicht die Nachfrage. Der Opernrealität von heute kommen die, ebenfalls von Köhler errechneten, Daten über das Altern der Repertoires näher. Danach waren die Opern des deutschen Repertoires kurz vor der Jahrhundertwende im Durchschnitt vierundvierzig Jahre alt; zehn Jahre später, 1907, gar nur zweiundvierzig (da wirkten sich schon erfolgreiche Zeitgenossen wie Strauss, Puccini, d' Albert, Goldmark aus), aber seit den dreißiger Jahren wuchs die Vergreisung: 1937 war jede Oper schon sechzig Jahre alt, 1957 trat der Durchschnitt ins damalige Pensionsalter von fünfundsechzig ein, zehn Jahre später ins biblische von fünfundachtzig Jahren, und man kann leicht hochrechnen, daß heute jedes aufgeführte Werk, historisch von Monteverdi bis Kagel, theaterpraktisch von Mozart bis Strauss, ein Methusalem von über hundert Jahren Lebensdauer ist.

Welch kurioses Leben, da die Oper ja nachweislich lebt! In alten Zeiten, ob in den subventionierten Hofopern oder in den auf die Neugier von Billettkäufern spekulierenden Unternehmertheatern des 19. Jahrhunderts, waren die aufgeführten Opern zwischen vier Wochen und zehn Jahren jung. Gespielt wurden zunächst nur neue Stücke, oft für den Anlaß komponierte. Und noch der auf eigene

Kosten mit seiner Truppe durch die Lande reisende Opernunternehmer Angelo Neumann setzte um 1900 auf einen radikal Modernen, auf Wagner. So wie dies die lange Zeit auf sich selbst gestellten Bayreuther Festspiele tun mußten, oder, etwas später, die Arena von Verona mit Verdi und Novitäten von Puccini. Diese alten goldenen Zeiten (der Goldschimmer war mit Hungerlöhnen der mitwirkenden Kollektive erkauft) sind vorbei und können nicht wiederkehren. Ist auch die einstige Erneuerungskraft des Repertoires für immer dahin, ist seine Vergreisung so unaufhaltsam, wie es die Entwicklung seit Jahrzehnten anzeigt? Fragen, die wir in späteren Kapiteln näher untersuchen wollen.

Hier können nur sachliche Alarmzeichen gesetzt werden.

Im Opernmuseum

Je stärker das Altbewährte, das Klassische, den Spielplan der deutschsprachigen Operntheater beherrschte, desto gängiger wurde bei den Kulturkritikern das abschätzig bis sarkastisch gebrauchte Wort vom Opernmuseum. Laut Adorno soll es der Musikologe Paul Bekker geprägt haben, in den zwanziger Jahren ein namhafter, fortschrittlich gesinnter Kritiker. Wenn das stimmt, so war er realistisch genug, um dem Musealen durchaus Positives abzugewinnen. *Das eigentlich Neue für den deutschen Opernspielplan liegt . . . da,* wo *auch der einsichtige Komponist es heute findet: in der Vergangenheit,* schrieb Bekker zum Spielplan 1931; für das *Alltägliche, von dem das Theater lebt,* und gegen den *üblichen Uraufführungs-Wettlauf* plädierend. Aus anderen, resignativeren Gründen bekennt sich in unseren Tagen ein prominenter Regisseur, Jean-Pierre Ponnelle, zum Opernmuseum – nur soll es zum *lebendigen Museum* werden, indem das klassische Repertoire vom Inszenator *moderner Bearbeitung* unterzogen wird; der zeitgenössischen Produktion traut der Praktikus keine Opernzukunft zu, womit er keineswegs allein steht.

Nun wäre es ja oberflächlich, das Wort Museum als Synonym für Abgelebtes, Erstarrtes, längst Vergangenes zu gebrauchen. Gewiß sind Bilder und Skulpturen, als unveränderliche, nur zu konservierende Kunstwerke, nicht mit den theatralischen zu vergleichen, die allabendlich in neuer Metamorphose von papierenen Zeichen in Klang und Bewegung umgewandelt, immer neu produziert werden müssen. Aber seit unsere Kultur, damit auch unser Musiktheater, aus historischem Bewußtsein lebt und aus ihm ihren Spielplan gewinnt, ist sie ohne Einbeziehung des Vergangenen, also des *Musealen,* gar nicht denkbar. Entscheidend ist der Brückenschlag zwischen Gegenwart und Vergangenheit. Ein Museum bildender Kunst bleibt so lange lebendig, als das klassische Erbe kritisch, durch Ankauf, Auswahl und Wechselausstellungen, aufgearbeitet und die moderne Abteilung ständig angereichert wird. Das gilt, über ästhetische Abgrenzungen hinweg, auch fürs Operntheater. Da dessen *moderne Abteilung,* so wie sie sich heute präsentiert, vom Publikum einfach nicht besucht wird, ganz im Gegensatz zur hunderttausendfachen Attraktion von Picasso- oder Chagall-Ausstellungen, so hat das Wort Opernmuseum, polemisch-spöttisch gebraucht, tatsächlich einen reaktionäreren Klang als das ursprüngliche, die Bewahranstalten der bildenden Kunst bezeichnende.

Auch gegenüber dem Sprechtheater erscheint das Opernrepertoire als rückständig, unflexibel, erstarrt. Natürlich können auch die deutschen Schauspielbühnen, soweit sie nicht auf Boulevardstücke spezialisiert sind, nicht ohne das wertbeständige Erbe der Vergangenheit auskommen: Es wird nicht nur kulturpolitisch angeboten, sondern auch vom Publikum begehrt. Shakespeare mit seinem vielzahligen Œuvre hält seit langem dauerhaft die Spitze vor Schiller, der in mehreren Nachkriegsspielzeiten von einem Autor unserer Zeit, von Bert Brecht, überholt wurde. Auch wenn man weitere altfundierte Repertoiresäulen wie Molière, Goethe, Lessing, Nestroy und Gerhart Hauptmann dazunimmt, so ist doch der Anteil der Klassiker im Schauspielrepertoire ungleich kleiner, dazu veränderlicher als im Musiktheater und der Nachschub von Neuem ungleich kräftiger.

Die Werkstatistik 1984/85 des Deutschen Bühnenvereins zeigt, im Gesamtwerk, Shakespeare diesmal vor Molière, dahinter kommt aber schon, trotz Rückgang gegenüber dem Vorjahr, der Zeitgenosse Brecht vor Schiller und allen anderen Klassikern, und immerhin noch an sechster Stelle Dario Fo. Die Spitze der Bestseller-Stücke wechselt im Schauspiel fast von Jahr zu Jahr. Jedenfalls sind es so gut wie immer neue, nicht klassische Stücke. Diesmal *Der Kontrabaß* von Süskind (freilich ein einfach zu spielendes typisches Studiostück), zwar gefolgt von zwei klassischen Lustspielen (dem *Eingebildeten Kranken* und dem *Zerbrochenen Krug*, die ein besonders gutes Jahr hatten), aber dann folgen auf Rang vier bis sechs schon wieder drei neue Stücke (Frayn: *Was wird hier gespielt;* Brückner: *Ungehaltene Reden ungehaltener Frauen;* Kerr: *Mittagsstunde*). Auch Dürrenmatts wieder aktuell gewordene *Physiker* konkurrieren Kopf an Kopf mit Evergreens wie *Was ihr wollt* oder *Nathan*, und geht man die Liste weiter, so überwiegen bis etwa zu Platz fünfzig der Publikumsgunst zeitgenössische, meist heitere Stücke gegenüber den unerschütterlichen Klassikern.

Undenkbar, daß dergleichen sich im derzeitigen Opernspielplan ereignete! Die untersuchte Schauspielsaison ist dabei durchaus typisch, fast austauschbar. Nehmen wir, als beliebige Stichprobe, die Aufstellung von vor zwanzig Jahren zum Vergleich. Auch damals lieferten Shakespeare, Brecht und Schiller die am meisten gespielten Stücke, aber unter den zehn allerbegehrtesten überwogen die neuen gar mit acht gegenüber den klassischen. Außer Dürrenmatts *Physikern* waren es andere als die der jüngsten Übersicht; gerade solche Variabilität, der Ersatz abgespielter Novitäten durch vom Publikum begehrte neuere bezeugt, um wieviel lebendiger das gesprochene Theater funktioniert als das gesungene.

Daß das Schauspiel gleichfalls in einer Krise steckt, nämlich in einer Besucherkrise, ist eine Sache für sich. Hier wirken sich Regieexperimente noch abstoßender aus, und der versiegende Nachschub an fesselnden, die Häuser füllenden neuen Stücken in den jüngsten Jahren schlägt desto negativer zu Buche, je größer deren Anteil am Repertoire ist, verglichen mit dem Musiktheater.

Da die Praxis seit Jahrzehnten die Operndirektoren gelehrt hat, daß von der modernen Produktion nicht viel Spielbares zur Anreicherung zu erwarten ist, und da sie sich doch nicht mit der Monotonie der ewig wiederkehrenden Standardopern begnügen wollten, bemühten sie sich wie nie zuvor um die Wiederentdeckung und Präsentation alter, einst beliebter Werke, die, wie sie meinten, zu Unrecht vergessen oder vernachlässigt waren. Diese Ausgrabungswelle brandete nicht erst mit der Nostalgie der allerjüngsten Zeit auf.

Schon in den fünfziger Jahren wurde nach Herzenslust ausgegraben, und das frustrierende Publikumsecho auf moderne Opern steigerte fortan nur noch die Hoffnungen der Schatzgräber, wenigstens im Alten Neues zu finden. Mehrere hundert aus dem Repertoire verschwundene Opern mögen seither aus Archivschlummer zu Bühnenleben erweckt worden sein. Keine Epoche, keine der großen nationalen Opernkulturen blieb unerforscht.

Das begann schon mit dem Frühbarock. Monteverdi wurde gleich mit mehreren Musikdramen, diesen ersten Meisterwerken der Operngeschichte, aufgeführt (in Zürich sogar, unter Ponnelle/Harnoncourt, mit fast sensationellem Publikumserfolg). Mehrere Purcell-Werke, von Händel dutzendweise italienische Opern und sogar mehrere inszenierte Oratorien kamen auf die Bühne, von Mozart das bis dahin kaum beachtete Frühwerk. Auch kleinere Meister wie Galuppi, Simon Mayr, Johann Christian Bach, Sacchini, Paisiello erfreuten sich des Ausgräbereifers (erstaunlich wenig hingegen der große Meister Gluck).

Noch mehr schien das 19. Jahrhundert an verschollenen Schätzen bereitzuhalten. Man grub in der frühen Romantik, förderte Spohrs *Jessonda,* Schumanns *Genoveva,* mehrere Schubert-Singspiele und -Opern zutage. Webers *Euryanthe,* bearbeitet wie viele alte dramaturgisch notleidende Werke, errang an einer großen Bühne, dem Stuttgarter Staatstheater, sogar einen ausgesprochenen Publikumserfolg. Marschner bekam neue Chancen, von neuerer deutscher Produktion überprüfte man, ob d' Alberts oder Schrekers Verschwinden wirklich künstlerisch begründet war. Solche Erprobung wurde auch verschollenen Stücken der scheinbaren Einwerk-Komponisten Leoncavallo und Mascagni zuteil.

Am ergiebigsten schien das Opernbrachfeld der Großen zu sein. Von Mozart wurde praktisch alles angeboten, was er je, auch als vierzehnjähriger Lehrling in Italien, zu Papier gebracht hatte. Wenn Haydn im Konzertsaal so dauerhaften Klassikerrang einnahm, konnte da sein umfangreiches Bühnenwerk, immerhin dreizehn italienische Opern umfassend, wirklich so vergessenswert sein? Tatsächlich begegnet man heute alljährlich drei bis fünf Haydn-Opern, wenn auch unter »ferner liefen«, auf den deutschen Spielplänen. Von Rossini wurde mehreres aus der Nachbarschaft des unverwelklich vitalen *Barbiers* angeboten, auch die ernsten Opern *Wilhelm Tell* und *Moses*. Von Donizetti kam u.a. die *Regimentstochter* zu neuer Bühnenpräsenz. Daß aus Verdis Riesenœuvre von der kulinarischen Belcanto-Welle mitgerissen, fast nichts mehr auf deutschsprachigen Opernbühnen fehlt, wurde schon erwähnt. Von Smetana, der seit Jahrzehnten nur als Schöpfer der *Verkauften Braut* lebendig war, lernten die Deutschen seit den sechziger Jahren noch vier weitere Opern, tragische wie heitere, kennen, von Dvořák wurden ebenso viele Stücke gespielt, darunter zwei, *Dimitrij* und *Armida*, sogar als späte deutsche Erstaufführungen.

Man versuchte es auch mit dem vergessenen Glinka, der als Vater der russischen Kunstmusik bei uns nur noch ein musikgeschichtlicher Begriff war, man reicherte die Kenntnis Tschaikowskys, Rimsky-Korssakows, Mussorgskys *(Chowanschtschina, Jahrmarkt von Sorotschinzy)* durch ausgegrabene Outsider an. Im französischen Bereich wandte sich deutsche Entdeckerfreude so extrem verschiedenartigen Persönlichkeiten wie Berlioz *(Die Trojaner, Fausts Verdammnis)* und Massenet mit Vorliebe zu.

So lückenhaft, ganz auf Hervorstechendes beschränkt diese Übersicht bleiben muß, sie zeugt doch von außerordentlicher Bemühung der deutschsprachigen Theaterleute, den Opernspielplan vor Erstarrung zu bewahren, ihn interessant zu halten. Viel Arbeit an Forschung, Übersetzung, dramaturgischer Tüchtigkeit wurde geleistet. Hat sie sich gelohnt, sind die Schatzgräber fündig geworden? Die nüchterne Antwort muß zwiespältig bleiben. Ja – wenn man bedenkt, wie viele Werke, deren Spuren nur noch in Musikgeschichten und verjährten Opernführern nachzuverfolgen waren, zu neuem, bühnensinnlichem Leben erweckt wurden. Nein – wenn *dauerhafte* Anreicherung des Repertoires erhofft war.

Der Verfasser dieses Buches kann ein enttäuschtes Lied davon singen. Mit neunundvierzig bisher aufgeführten übersetzten oder bearbeiteten Opern, darunter über zwanzig modernen, hat er einen großen Teil seiner literarischen Tätigkeit den, wovon er überzeugt ist, zu Unrecht vergessenen oder vernachlässigten Opern, den Stiefkindern des Spielplans, gewidmet, vor allem aber der Vermittlung der tschechischen und slowakischen Opernproduktion. Daß fast alles, was von Smetana, Dvořák und deren heute lebenden Landsleuten auf deutsch gespielt wird, von ihm übersetzt und oft erst neu entdeckt wurde, muß darüber hinwegtrösten, daß fast nichts davon im Repertoire geblieben ist. Ein paar Jahre lang, als über ein Dutzend deutschsprachige Bühnen die neu entdeckten Meisterwerke *Dalibor, Zwei Witwen, Kuß* nachspielten, schien es, als sei der *unbekannte Smetana* endlich dieses hinderliche deutsche Etikett der Ignoranz los. Aber schließlich blieb doch nur die *Verkaufte Braut* im Rennen, die so gut ist, daß sie auch in der miserabelsten Übersetzung gespielt würde. Webers *Euryanthe,* Schuberts *Wunderinsel,* Verdis *Die beiden Foscari,* Janáčeks *Schicksal* – auf die Wiedererweckung aller Unbekannten bin ich stolz – teilten das Los, von der Kritik gelobt und vom Publikum letztlich doch nicht als repertoirefähig akzeptiert zu werden.

Dieses Fazit müssen zugleich Hunderte ambitionierter Theaterleute ziehen, die auf Ausgräberei setzten; ob fortschrittlich gesinnte Operndirektoren wie Schäfer in Stuttgart, neuerungslustige Regisseure wie Rennert, wagemutige Verleger oder reformwillige Schriftsteller. Findigkeit und Fündigkeit deckten sich nicht. Viel wurde investiert, wenig ist geblieben. Repertoire-Qualität gewann von den ganz vergessenen Opern eigentlich eine einzige, Donizettis unter neuer, publikumswirksamerer Flagge segelnde (bearbeitete) Buffa *Viva la Mamma.* Eine spärliche Ernte vielhundertfacher Saat. Die Operngeschichte unserer Zeit ist nun einmal eine Geschichte von Frustrationen; die Neuschöpfer, die Komponisten und Texter leiden noch schlimmer darunter.

War alle Schatzgräberei umsonst? Nicht ganz. Materielle und ideelle Werte lassen sich nicht aufrechnen. Vielleicht strahlt von dem einzigartig angereicherten Spektrum historischer, bis dahin kaum gekannter und schon gar nicht erprobter Opernbuntheit doch einiges in die Repertoire-Zukunft aus. Man kann nie wissen, schon gar nicht im allzeit verrückten Opernwesen. Freilich, auch der Ausgräberfreude setzt die Theaterrealität der jüngsten Zeit immer engere Grenzen. Je weniger Premieren, desto weniger Gelegenheiten zu Entdeckerfahrten. Und die Zahl der Opernpremieren schrumpft von Jahrzehnt zu Jahrzehnt, offenbar so unaufhaltsam, wie sich deren Produktionskosten unter den Zwängen der Materialpreise für Ausstattung und der Kollektivverträge (für die mitwirkenden Menschen) fast automatisch erhöhen.

Der alte Schikaneder, um in kapitalistisch-blühende Theatervergangenheit zurückzutauchen, mußte, wollte er in seinem von der Abendkassa existierenden Theater auf der Wieden Mozart dienen und dennoch überleben, alljährlich nicht weniger als vierzig bis fünfzig, einmal gar 64 verschiedene Stücke einstudieren. Natürlich mehr gesprochene, aber auch für Opern hatte er kaum eine Woche Probezeit. Mit der Zeit stiegen die Ansprüche des Publikums und sank die Zahl der neueinstudierten Stücke.

Immerhin, noch in den zwanziger Jahren unseres Jahrhunderts waren die Opernbesucher so gierig auf Neues, jedenfalls auf Theaterneues, daß die Direktoren, um ihre Häuser zu füllen, alljährlich über ein Dutzend Opernpremieren anbieten mußten. Je kleiner die Stadt und damit der Abonnenten-Fundus, desto mehr. Die Aufführungsqualität bei so notwendig kurzen Probezeiten kann man sich vorstellen. Aber der gewichtige Theatermann Rudolf Hartmann, der als junger Regisseur sechs Spielzeiten am Nürnberger Stadttheater wirkte, erinnert sich in seinen Memoiren daran eher positiv, und er führt ganz sachlich die damaligen Spielpläne an; zwischen zehn und fünfzehn Opern wurden alljährlich neu einstudiert, viele darunter waren Novitäten von Strauss bis Hindemith. Die Nürnberger Premierenliste zwischen 1928 und 1934 kann man als durchschnittlich und repräsentativ für damalige deutschsprachige Stadttheater nehmen.

Immer weniger Premieren

Heute hat sich der Lebensstandard gegenüber damals auf das x-fache erhöht, gestiegen sind auch, mit den wachsenden Produktionskosten, die öffentlichen Subventionen – zugleich aber die Ansprüche des Publikums. Vergleichsmöglichkeiten mit Gala-Aufführungen im Fernsehen und mit der modernen Langspielplatte, die fast für jede Oper Stars aufbietet, schrecken heute vor flüchtig hingeworfenen Einstudierungen ab, die früher einmal bei den Stadttheatern das tägliche Brot waren. Selbst wenn die Selbstherrlichkeit der Regisseure und Ausstatter mehr Premieren zuließe, sie wären finanziell gar nicht mehr zu erschwingen. Von Jahrzehnt zu Jahrzehnt schrumpfte deren Zahl. Heute hat sie sich auf drei bis höchstens acht je Spielzeit eingependelt, wobei die Obergrenze nur mit weniger aufwendigen Studio-Kammeropern erreicht werden kann.

Einige Beispiele aus der Saison 1983/84. Von den Spitzenbühnen brachte die Deutsche Oper in Berlin sieben Opern heraus (eine im Studio), Hamburg fünf (darunter eine nur konzertant), München sechs (davon eine im Studio), Stuttgart acht (davon zwei im Kammertheater), Frankfurt vier, Köln fünf (zwei im Studio). Bei mittleren Theatern sah es ähnlich aus: Gelsenkirchen sieben Premieren (eine nur konzertant), Augsburg sechs, Aachen fünf. Daneben mußten hier freilich auch noch Operetten produziert werden, und deren Anteil wird desto größer, je kleiner, je schwächer subventioniert das Stadttheater ist. So teilten sich in Trier Oper und Operette in je vier Premieren, in Hildesheim in je drei, Koblenz brachte es auf vier Opern. Bald werden es, geht der Trend der letzten Jahre so weiter, noch weniger sein.

Was bleibt da noch an Spielraum für Neues, für Ausgrabungen, für Arabesken des Repertoires? Die *eisernen Sechs* muß man spielen, sonst wird die Einspielquote noch kleiner, und die Geldgeber von Staat und Stadt murren. Damit ist der Premierenplan schon ziemlich blockiert; in den großen Häusern auch noch dadurch, daß man ja sein kulturpolitisches Pflichtsoll an Moderne erfüllen muß, auch wenn es immer öfter in die billigeren Studiobühnen abgeschoben wird. Die Vorherrschaft der Evergreens wird also immer erdrückender. Wie lange werden sie natürlicher Abnutzung widerstehen können? Gewiß, die säkularen Geniewerke haben das bisher vermocht. Aber nicht einmal *Zauberflöte, Carmen* oder *Aida* könnten eine Überstrapazierung auf die Dauer unbeschadet durchhalten, von den Repertoiresternen zweiter Ordnung zu schweigen. Einmal wird auch das wohlwollendste Publikum der allzu häufig angebotenen Lortzing- und Martha-Betulichkeiten müde sein, selbst der Wiederhör-Reiz der *schönen Melodien* Verdis und Puccinis, der bisher die schwindende Attraktion von Libretti wie denen des *Troubadour* oder der *Butterfly* überkompensierte, könnte schneller verblassen, als man sich heute noch vorstellen mag (der Massenverschleiß durch Schallplatten und Fernseh-Wunschkonzerte wird möglicherweise dazu beitragen).

Die derzeit dominierende Regie-Oper versucht geradezu hektisch, aus Alt Neu, aus dem versteinernden Museum wenigstens das zu machen, was Ponnelle *lebendiges Museum* nennt. Man braucht kein Prophet zu sein, um dieser Hektik ein baldiges Überschreiten des Zenits, wenn nicht ein beruhigtes Auslaufen vorauszusagen.

Wenn es so weitergeht wie bisher, droht aus dem Opernmuseum ein Mausoleum zu werden. Museen haben mit Kunst zu tun, Mausoleen nur mit dem Tod.

Aber es werden doch ständig neue Opern komponiert – davon war bisher fast noch gar nicht die Rede. Wo bleibt denn die moderne Oper? – Ja, wo bleibt sie denn?, könnte man Erich Kästners Gegenfrage (als Antwort nach dem Verbleib des Positiven) abwandeln. Wo sie abbleibt, um der Situation etwas näherzukommen, soll sogleich eingehend untersucht werden. Ohne Illusionen, ohne Schön- oder Schwarzfärberei, dafür mit vielen sachlichen Belegen.

Moderne auf verlorenem Posten

Als sich 1945 das Opernleben in den deutschsprachigen Ländern neu regte, dauerte es gar nicht lange, und neben den *Fidelios, Zauberflöten, Figaros* und *Rigolettos,* die man eben am einfachsten spielen konnte, tauchten schon die ersten zeitgenössischen Werke auf. Man spielte in dutzenden Städten noch in Behelfstheatern, aber alle technischen Nöte schreckten die Theatermacher nicht von ihrem erst feurig, dann hartnäckig verfolgten Kulturprogramm ab, das da hieß: weltoffenes, modernes Musiktheater. Darin waren sie sich mit den Theater- und Musikkritikern und mit den Politikern völlig einig, und alle hatten guten Grund dazu.

Zwar wurde es mit der vielberufenen *Stunde Null* im Operntheater nichts; noch weniger als in Staat und Gesellschaft. Aber daß gegenüber dem Opernprogramm des Hitler-Reiches ein Kontrastprogramm geboten werden mußte, war unbestritten. Ehe der *totale Krieg* im Hochsommer 1944 überall den letzten Opernvorhang schließen ließ, hatte die antisemitische, antimodernistische, verbiestert nationalistische Kulturpolitik des deutschen Diktators – nach dem Überfall auf Sowjetrußland durften selbst Tschaikowsky und Mussorgsky nicht mehr gespielt werden! – Operndeutschland in eine Festung mit streng rationierter, möglichst auf Eigenbau und Zutaten des (gottlob musikalisch sehr ergiebigen) Achsenpartners Italien beschränkter Opernkost verwandelt. Es gab viel nachzuholen. *Nachholbedarf* wurde denn auch die gängigste Vokabel in allen künstlerischen Sparten der ersten Nachkriegsjahre.

Die Gutwilligkeit der Theaterleute, diesen Nachholbedarf zu befriedigen, führte nach dem Zusammenbruch zu einem Angebot an zeitgenössischen Opern, das international gesehen völlig unvergleichlich ist. Rund zweihundert Komponisten des 20. Jahrhunderts, aus so gut wie allen Opernnationen, bekamen auf den deutschsprachigen Musikbühnen ihre Aufführungschancen. Das ist eine Zahl, von der andere Opernkulturen, etwa die italienische, die russische, die amerikanische, nicht einmal träumen können. Es gab Abstufungen unter den deutschsprachigen Staaten. In der Bundesrepublik riskierte man am meisten Unpopuläres, sogenannte *progressive Oper;* in der DDR, wo in der stalinistischen Ära eben diese Art von Oper als *formalistisch* tabuiert war, hielt man sich mehr an das, was als *gemäßigte Moderne* den Idealen eines neuen, fiktiven Arbeiter- und Bauern-Publikums zugänglicher erschien, brachte aber mehr zeitgenössische Stücke als sonstwo; während die österreichischen und die Schweizer Theater sich insgesamt konservativer verhielten.

Mit allen Differenzierungen waren die ersten zwanzig Nachkriegsjahre die an zeitgenössischem Angebot ergiebigste Opernepoche seit den experimentierlustigen zwanziger Jahren. Die Weltoffenheit der deutschsprachigen Musiktheater war schlechthin unübertrefflich. Wäre es nur nach den kulturpolitischen Ambitionen gegangen, viele hätten die erfolgreichsten damals lebenden deutschen Komponisten, Richard Strauss, Orff und Egk, am liebsten links liegengelassen; schließlich hatten sie alle tüchtig im Dritten Reich kassiert. Aber das Publikum mochte ihre Werke und keine Bestrafung. Mit desto offeneren Armen nahmen die Direktoren die früher Verhinderten oder Vertriebenen auf: Hindemith, Alban Berg, Schönberg, Křenek, Kurt Weill vorweg. Auch was die *fremden* Opernkulturen an Neuem zu bieten hatten, wurde ohne Rücksicht auf Verluste fast komplett angeboten. Aus Italien Altmeister Malipieros, des Deutschitalieners Busoni, der Neutöner Dallapiccola und Nono Werke. Aus Sowjetrußland, unbeschadet aller ihrer stalinistischen Kotaus, bekamen Prokofjew und Schostakowitsch Premieren, aber noch viel mehr der Exilrusse Strawinsky. Aus Frankreich Milhaud, Poulenc. Aus Amerika der Italoamerikaner Menotti, Gershwin, Barber. England ein Land ohne Musik? Nicht, seit der junge Britten Deutschland fast ebenso stürmisch eroberte wie sein eigenes Land. Die Slowakei ein weißer Fleck auf der Opernlandkarte? Nicht, seit Suchoňs *Katrena* und gleich ein halbes Dutzend Opern Cikkers deutsche Heimstatt fanden, dazu noch mehrere tschechische Zeitgenossen, der Pole Penderecki, die Ungarn Kodály, Bartók und Ligeti, die Schweizer Schoeck, Honegger, Liebermann, Sutermeister, Martin, die Österreicher von Einem, Wimberger – Vollständigkeit kann hier nicht angestrebt sein. Und schon gar nicht, wenn man das bunte Panorama der deutschen zeitgenössischen Komponisten zu umreißen versucht: von den Alten Strauss, Pfitzner, d'Albert, die ja noch lebten, über die Jüngeren, meist schon Etablierten, wie Orff, Egk, Reutter, Gerster, Wagner-Régeny, Fortner, Blacher bis zur Generation der Henze, Stockhausen, Zimmermann, Klebe. Ob zwölftönig oder klassizistisch, ob in- oder ausländisch, ob alt oder jung – wer immer etwas versprach, bekam seine deutsche Aufführungschance wie nirgends sonst in der Opernwelt.

Daß das gut und richtig war, darin waren sich alle einig. *Versiegt der Strom neuer Werke, so ist sie (die Oper) ebenso zum Tod verurteilt, wie wenn man ihn ungenutzt fließen läßt.* Diese Worte des prominenten, betont progressiven Musikkritikers H. H. Stuckenschmidt waren allen aus der Seele gesprochen, die sich ihrer kulturpolitischen Verpflichtung gegenüber der lebendigen Oper bewußt waren. Hingegen klang es erzreaktionär, wenn ein großer Praktikus, der langjährige Metropolitan-Chef Rudolf Bing, die Interviewer-Frage, ob die Oper ohne neue Werke überleben könne, so beantwortete: *Wenn ich zynisch sein will, könnte ich sagen: sie kann nur so überleben.* Natürlich ist das ein zugespitztes Bonmot, und natürlich ist die Met, wo man alljährlich bei (wahrscheinlich oft genug unmusikalischen) Millionären um Geld schnorren muß, um *überleben* zu können, kein deutsches, mit Subventionen wohlgepolstertes Opernhaus. *Künstlerisch überleben* kann die deutsche Oper nur, wenn sie sich neuer Produktion öffnet, sich aus ihr erneuert. Das ist aber nur die eine, die künstlerische Prämisse. Für die Praxis muß eine funktionelle dazukommen: Das Neue muß auch vom Publikum angenommen werden – wie pragmatisch man immer den Anteil dieses annehmenden Partners, ohne den Theater kein Theater sein kann, bemessen mag.

Wie steht es nun damit? Hoffnungsvoll – wenn man die ausgedehnte Literatur über moderne Musik und moderne Komponisten, die große, und fast immer rühmende Beachtung zeitgenössischer, insbesondere avantgardistischer Opernpremieren bei den Kritikern in den Tageszeitungen und Fachzeitschriften betrachtet. Trostlos, mit abwärts weisender Tendenz – wenn man die nüchternen Tatsachen sprechen läßt, nämlich die Aufführungs- und Besucherzahlen. Ohne Zahlen wird es also auch hier nicht abgehen; aber sie zu ignorieren, hieße sich Sand in die Augen streuen und der Morgensternschen Absurdität folgen, daß nicht sein kann, was nicht sein darf. Es nützte aller gute Wille der Theatermacher nicht viel: Von dem üppigen, äußerst delikatessenreichen Menü an zeitgenössischer Oper, das sie jahraus, jahrein unverdrossen anboten, nippten die erhofften Verbraucher nur sehr zurückhaltend und geschmäcklerisch.

Großes Angebot, geringe Nachfrage

Unter den fast dreihundert Komponisten, deren Werke in achtundzwanzig Spielzeiten bis 1975 gespielt wurden, waren die des 20. Jahrhunderts in überwältigender Überzahl. Es waren ihrer über zweihundert. Sie alle zusammen (Richard Strauss, Janáček und Puccini ausgeschlossen, die man den tonalen modernen Klassikern zurechnen muß) brachten es auf weniger als ein Zehntel der Spielabende, nämlich auf 18000 von insgesamt 200000.* Das ist weniger, als allein die vier Klassiker Mozart, Puccini, Verdi und Lortzing, erreichten! Da sie einen langen, Zufälle ausschließenden Zeitraum umspannt, hat diese Bilanz einen repräsentativen Aussagewert. In die Gegenwart fortgeführt, würde sie noch dürftiger ausfallen. Eine Stichprobe der Spielzeit 1982/83 spricht dafür: Da wurden zeitgenössische Stücke an knapp über 9 Prozent aller Spielabende gegeben, und noch viel weniger Publikum hörte und sah zu (davon später mehr).

Diese Summe der Unbeliebtheit besagt mehr als die Ergebnisse einzelner Werke. Daß, beispielsweise, Alban Bergs *Wozzeck* erst auf dem siebzigsten Platz in der langfristigen Bestsellerliste erscheint, wäre gar nicht so schlecht, denn viele klassische Opern rangieren

* Was spielten die Theater? Bilanz der Spielpläne in der Bundesrepublik Deutschland 1947–1975. Hrsg. Deutscher Bühnenverein. Köln 1978. S. 83.

noch dahinter; aber außer der etwas später folgenden *Lulu* ist selbst unter den hundert meistgespielten, schon jenseits der eigentlichen Repertoiregrenzen angesiedelten Opern keine weitere Spur von Moderne zu sehen. Die beiden einzigen Werke des Genies Alban Berg täuschen über die tatsächliche Randposition moderner Oper hinweg. Nur was das Publikum an zeitgenössischem Neuem eben nicht als *modern* empfindet, erfreut sich wirklicher Nachfrage. So Orffs *Kluge* (die an sechsundvierzigster Stelle selbst *Walküre* und *Elektra* hinter sich ließ), Janáčeks *Jenufa* oder Gershwins *Porgy and Bess,* alles klanglich tonale Werke.

An den Operndirektoren lag es gewiß nicht, wenn das Publikum so störrisch blieb. Sie übertrafen sich geradezu in *Pflege der Moderne.* Das klingt ein wenig nach Krankenstand, gar nach Pflegefall. *Die moderne Oper bleibt ein Sorgenkind,* resümierte der erfolgreichste Opernintendant der Nachkriegszeit, der Stuttgarter W. E. Schäfer, nachdem er, laut eigener Aufstellung, in dreiundzwanzig Jahren siebenundvierzig moderne Opern gebracht hatte (worin er allerdings nicht nur Orff, seinen Lieblingskomponisten, sondern auch Janáček, von dem er nicht weniger als fünf Werke spielte, einbezog). Rolf Liebermann in Hamburg brachte es in seinen siebzehn Intendantenjahren gar auf dreiundzwanzig Uraufführungen, eine einzigartige Bilanz. Aber auch kleinere Bühnen taten sich hervor. Joachim Klaiber spielte in Kiel in sieben Jahren nicht weniger als fünfundzwanzig Opern von zwanzig zeitgenössischen Komponisten, viele davon freilich im billig produzierenden Studio, und er ließ sich auch nicht entmutigen, wenn er dort einmal nur fünf zahlende Zuschauer im Auditorium sah, und wenn sein Studio eine *geschlossene Gesellschaft für fünfzig* wurde (seine Worte). Es nützte eben alles nichts. Klaibers bitteres Fazit, nachdem er den *Anteil der zeitgenössischen Produktionen am Spielplan* als *Skandal* bezeichnet hatte: *Das Publikum wagt es, einfach wegzubleiben.* Der Dramaturg und spätere Intendant Reinhard Schumann sagte es auf der Berliner Dramaturgentagung 1960 noch schroffer: *Das Publikum zeigt weder ein Interesse für die moderne Oper, noch rebelliert es gegen sie. Es ignoriert sie.* Das ist übertrieben, trifft aber den Kern der Sache. Schumann führte auch ein Beispiel aus seiner Düsseldorfer Praxis an; damals erzielte die Rheinoper eine durchschnittliche Abendeinnahme von 4000 DM, die letzte der bloß fünf Aufführungen von Klebes *Tödlichen Wünschen* erkleckerte nur noch 250 DM, und ähnlich sei es mit anderen modernen Opern gegangen. Erfahrungen, die Dutzende Theaterleute bestätigen können.

Tatsächlich täuschen selbst die genannten 9 bis 10 Prozent Anteil an allen *Aufführungen,* so kümmerlich sie sind im Vergleich mit früheren, lebendigeren Opernzeiten, über die Misere der modernen Oper hinweg. Der Anteil der Leute, die sie wirklich *besuchen,* an der Gesamtzahl aller Opernbesucher ist noch viel niedriger. Er muß weit unter 9 Prozent liegen. Anbieten kann man noch so vieles, auch Aufführungen lassen sich wenigstens eine Zeitlang, wenn auch nicht nach Belieben, vor halb- oder dreiviertelleeren Häusern durchziehen. Deshalb sind die Aufführungszahlen von Mozart-Opern nicht mit denen von Kagel zu vergleichen, will man ein reales Bild vom Publikumswiderhall gewinnen; das vermitteln einzig die tatsächlichen Besucherzahlen.

Leere Häuser

So weist die Aufstellung des Deutschen Bühnenvereins 1982/83 (Bundesrepublik, Österreich, Schweiz) für jeden *Zauberflöten*-Abend im Durchschnitt 1200 Besucher aus, aber selbst für ein so hochrangiges Werk wie Aribert Reimanns *Lear* nur 360, und Kagels bei der Kritik so viel Aufsehen erregendes *Staatstheater* lockte abendlich gar nur 112 Leute ins Theater! Kagel dürfte auch, mit bloßen 40 Besuchern seines *Tribuns,* den Negativrekord für Studioaufführungen halten (wo es Riehm mit seinem *Jakob Lenz* immerhin auf durchschnittlich 280 brachte). Selbst die Großstadtbühnen mit einem Millionen Menschen umfassenden Einzugsgebiet, die sich an so aufwendige Werke wie Zimmermanns *Soldaten* oder Henzes *Wir erreichen den Fluß* wagen, füllen ihre geräumigen Häuser damit bei weitem nicht: 850 kamen im Durchschnitt zu jeder der bloß zwei Aufführungen der *Soldaten,* 890 zum Henze-Werk. Das sind aber schon ungewöhnlich hohe Zahlen für moderne Opern. Fortners *Bluthochzeit* mußte sich mit 526 begnügen, Pendereckis *Teufel von Loudun* mit 390. Eine Riesenausnahme bildete in jenem Jahr Schönbergs Oper

Moses und Aron, die – auf einer Weltstadtbühne – an elf Abenden je 1800 Besucher anzog – ungewöhnlich deshalb, weil es z. B. 1973/74, bei mehreren kleineren Bühnen, nur 1130 gewesen waren. Aber dieses Werk ist ja überhaupt eine Ausnahmeerscheinung, auch so etwas wie ein moralisches Wiedergutmachungsobjekt. Als dauerhafteres Indiz für Publikumsinteresse an Moderne erscheinen da schon die 1060 Besucher von Bergs *Wozzeck* – Qualität, gepaart mit Nimbus, setzt sich eben durch.

In den jüngsten Spielzeiten sieht die Besucherbilanz der Opernmoderne tendenziell ganz gleich, aber noch trister aus. 1984/85 wurden so wichtige Werke wie *Die Soldaten, Staatstheater, Die Teufel von Loudun* überhaupt nicht gespielt. Während Klassiker wie *Aida* (durchschnittlich 1370 Besucher), *Zauberflöte* (selbst noch einschließlich der vielen kleinen Bühnen über 1200), *Meistersinger* (1100) unvermindert begehrt waren, zeigten nur ganz wenige und nur an Riesenhäusern sporadisch gegebene moderne Werke vergleichbare Besucherfrequenz: Nonos *Intolleranza,* mit 1530 eine Sondersensation in Hamburg, ähnlich wie Henzes *König Hirsch* (1050) in Stuttgart und Hindemiths *Cardillac* (1970) in München. *Wozzeck* (990) und *Lulu* (920) bewährten Klassikerrang, Reimanns *Lear* brachte es nur auf 620 Besucher je Aufführung. Die Salzburger Luxusinszenierung von Berios *Un rè in ascolta* fällt mit durchschnittlich 2050 Besuchern in drei Aufführungen ganz aus dem Rahmen, aber selbst diese Festivalausnahme konnte das Festspielhaus, das sonst immer ausverkauft ist, bei weitem nicht füllen. Der Alltag der zeitgenössischen Oper fand auch in der Spielzeit 1984/85 vor den längst üblichen halb- bis dreiviertelleeren deutschsprachigen Theatern statt. Dallapiccolas *Gefangenen* wollten jeweils 550 Leute hören, Dessaus *Puntila* 390, Henzes *Boulevard Solitude* 353, Bibalos *Fräulein Julie* gerade noch 120.

Folgende Komponisten neuer Musik hielten mit ihrem Gesamtwerk 1984/85 die Spitze: Orff mit 110 Aufführungen, Weill mit 51 (ohne die Dreigroschenoper), Britten mit 91, Berg mit 87, Henze mit 39. Eine unrepräsentativ schlechte Saison hatten Strawinsky und Egk.

Über den langen Nachkriegszeitraum bis 1975 sieht die Phalanx der meistgespielten zeitgenössischen Komponisten so aus:

Orff	2321 Spielabende
Strawinsky	1550 Spielabende
Egk	1451 Spielabende
Britten	1220 Spielabende
Berg	992 Spielabende
Weill	851 Spielabende

Diese im Spielplan ganz dominierenden zeitgenössischen Werke gehören alle, bis auf *Wozzeck* und *Lulu,* der sogenannten *gemäßigten Moderne* an; sie sind tonal komponiert, was auch dort die Zugänglichkeit erleichtert, wo die szenische Form mit Traditionen bricht (wie etwa einst bei Strawinskys *Geschichte vom Soldaten*). Man könnte die Liste fortsetzen, und immer erdrückender würde die Übermacht der tonalen Moderne (Hindemith mit 694 Aufführungen, Henze mit 537, Menotti mit 510, Honegger mit 412, Gershwin mit 370, Liebermann mit 355, von Einem mit 344). Der Zwölfton-Meister Schönberg, an dem die Theaterdirektoren Wiedergutmachung übten wie an keinem Zweiten, wurde mit sechs Werken nur insgesamt 291mal gespielt, und das war noch viel gegenüber Jüngeren, die auf Dodekaphonie oder überhaupt auf Atonalität setzten (z.B. Fortner 223, Dallapiccola 222, Klebe 165, Kagel 131, Křenek 129). Sie spielen alle zusammen keine nennenswerte Rolle, was die Repertoirebildung betrifft.

Dabei bestätigt sich auch in dieser fast drei Jahrzehnte umspannenden Übersicht, daß die statistischen Aufführungszahlen für die radikaleren Modernen ein schmeichelhaftes Bild ergeben, weil sie in einer Rangliste des tatsächlichen Vorstellungs*besuches* noch viel weiter zurückfallen. Von ganz seltenen Ausnahmen abgesehen findet atonale Moderne nur mit Bergs beiden Opern ein einigermaßen normales Publikumsinteresse. Die schütteren Auditorien, die bei Aufführungen von weniger berühmten, jüngeren Avantgardisten den Sängern entgegengähnen, haben wir in Stichproben bereits kennengelernt.

Einigermaßen normal frequentiert werden hingegen schon seit Jahrzehnten tonal komponierte Opern, ohne Ansehen von Stil oder nationaler Herkunft; die langfristige, bis 1975 reichende Aufstellung wird auch durch die Praxis der jüngsten Jahre bestätigt. 1984/85 besuchten durchschnittlich 920 Leute Honeggers *Johanna auf dem*

Scheiterhaufen, 780 Weills *Mahagonny*, je 700 Henzes *Jungen Lord* und Orffs *Carmina burana*, 690 Schostakowitschs *Katerina Ismailowa*, und ein Jahr früher wollten gar 1580 Opernfreunde jede Aufführung von Egks *Peer Gynt* sehen. Außerordentlich muß man die Anziehungskraft von Philip Glass' Minimal-Art-Opern nennen: *Echnaton*, sein letztes Werk, zog – allerdings sensationell inszeniert – in Stuttgart jeweils 1380 Leute (ganz überwiegend junge) an, *Satyagraha* in der Provinz immer noch je 500; in beiden Stücken wird dem Ohr nichts abschreckend *Modernes* zugemutet, sondern primitivste diatonische Hörformeln.

Auch die Statistik bestätigt die weit größere Theatervitalität tonaler Opern gegenüber atonalen. Wenn von 1974 bis 1985 die zwanzig meistgespielten *zeitgenössischen* Opern ihren äußerst bescheidenen Anteil am gesamten Opernkuchen – die *Zauberflöte* lockte allein schon fast ebenso viele Kartenkäufer an! – behaupten, ja sogar um ein paar von Jahr zu Jahr wechselnde Tausend auf 357000 Besucher steigern konnten, so einzig, weil die von den Avancierten verachteten und bekämpften Komponisten tonaler Moderne, wie Britten, Orff, Weill und Honegger, 1984/85 eine besonders gute Aufführungssaison hatten. Wer sich die Mühe machte, die *gesamte* Besucherstatistik der vielhundert Werke durchzuackern, würde notwendig auf noch schlagendere Ergebnisse zuungunsten der Verweigerer und Anti-Komponisten kommen. Aber schon die ersten zwanzig, die von Bergs beiden erfolgreichen Moderne-Klassikern verschönt werden, sprechen für die Opernrealität.

Immerhin, selbst altehrwürdige Klassiker erfreuen sich neuerdings nicht immer voller Häuser. *Tannhäuser*, nach dem derzeitigen Besetzungsstand wenigen Großtheatern vorbehalten, lockte 1984/85 je Vorstellung nur 970 Besucher an (als relativ, wohl infolge von Tenormängeln, am schwächsten frequentierte Wagner-Oper), Verdis *Falstaff* brachte es nur auf 980, Puccinis *Butterfly* gar nur auf 790 Besucher im Durchschnitt. Am bedenklichsten erscheint, auch wenn man die Inszenierungshäufigkeit, die notwendigerweise viele kleine Bühnen einschließt, in Betracht zieht, daß selbst die absoluten Favoriten der Publikumsgunst, nämlich Mozarts Da Ponte-Opern, neuerdings nicht mehr mit ausverkauften Häusern rechnen können: *Figaro* und *Giovanni* wurden von je 760 deutschsprachigen Opernfreunden besucht, *Così* von 860. Besonders *Figaro* setzt ein Alarmzeichen. Selbst die Evergreens grünen nicht ewig.

In der Spielzeit 1984/85 zogen die zwanzig meistgespielten, also durchweg alten Opern der westlichen deutschsprachigen Theater 2,6 Millionen Besucher an (gegenüber nur 355000 der bestbesuchten nachstraussischen Werke); aber 1973/74 waren die zwanzig Bestseller mit 3,2 Millionen Kartenkäufern eben noch begehrter gewesen. Der Rückgang kam nur ganz verschwindend modernen Opern zugute; er wurde vielmehr von früher etwas vernachlässigten Opern anderer Klassiker wettgemacht. Man sieht: auch die großen Meisterwerke verschleißen sich desto mehr, je öfter sie aufs Programm gesetzt werden müssen, weil einfach nichts nachkommt.

Jedenfalls fast nichts aus dem Lager der über zwanzig Jahre lang gehätschelten atonalen Moderne, der sogenannten avancierten Musik. Man darf dabei nicht vergessen, daß aus der Perspektive eines jungen Opernbesuchers von 1985 die einzigen repertoirefähigen Werke dieser Art längst der Großvatergeneration angehören, also nichts aktuell Bewegendes aussagen können: *Wozzeck* ist während des Ersten Weltkrieges komponiert worden, also über sechzig Jahre alt, *Lulu* besucht uns als alte Dame von über fünfzig Jahren, auch *Moses und Aron* wurde noch vor Hitler in die Schublade der Fragmente abgelegt. Seither, seit rund einem halben Jahrhundert also, bekamen über zweihundert Komponisten Aufführungschancen auf deutschsprachigen Bühnen. Aber keine einzige atonale oder serielle Oper (außer den beiden von Berg) fand so viel Interesse, daß sie das Repertoire hätte anreichern können.

Man macht es sich zu einfach, wenn man die *zeitgenössische Oper* in den großen Topf der Unpopularität wirft. Avantgardistische Propagandisten tun das gern: Wenn die Progressiven Schönberg, Křenek, Fortner, Haubenstock-Ramati, Ligeti, Kagel, Nono nichts zur Erneuerung des Repertoires beitragen konnten, was haben denn die tonalen Gemäßigten dafür geleistet? Befinden sich die Pfitzner, Schoeck, Strawinsky, Hindemith, Orff, Egk, von Einem denn nicht ebenfalls schon auf dem Rückzug? Sicher, auch die erfolgreichsten unter den Zeitgenossen unterliegen dem Gesetz der Abnutzung. Am krassesten zeigt sich das beim allerpopulärsten, bei Orff: Vor dreißig Jahren, in der Spielzeit 1955/56, wurde er in der Bundesrepublik

157mal gespielt, in den jüngsten Jahren nur noch 60- bis 110mal! Wer will auch ewig die einst apart garnierten Dreiklänge hören!

Nur tonale Moderne findet Widerhall

Dennoch wäre es terrible Simplifikation, wollte man daraus eine *gemeinsame* zeitgenössische Repertoire-Versagerschaft ableiten. Bleibt man bei den Tatsachen, so muß man klar zwischen tonalen und atonalen Opern unterscheiden. Womit keinerlei ästhetische Wertungen angesprochen sein sollen, sondern einzig die Präsenz im Spielplan. Und hier überwiegen die tonalen zeitgenössischen Opern gegenüber den atonalen um ein Vielfaches. Sie fast ganz allein haben wenigstens eine Zeitlang, immerhin dreißig, vierzig und mehr Jahre lang, den Vergreisungsprozeß des Repertoires aufgehalten und hinausgezögert. Sie allein erfüllen die wichtige Funktion, die Oper auch in geniearmen Zeiten am Leben zu halten, sie jüngeren Generationen attraktiver zu machen, als dies *Zar und Zimmermann, Troubadour* oder *Butterfly* vermöchten, neue, dem 20. Jahrhundert gemäße musikalische Idiome zu vermitteln. Wenn es einen Sinn hat, daß die Oper als lebendige, nicht museale Institution auch in einem Spätsäkulum, das leider keinen Monteverdi, keinen Mozart, keinen Wagner, keinen Verdi, noch nicht einmal einen neuen Puccini als Premierenlieferanten am Werk sieht, dennoch *überwintern* kann, um ein plastisches Wort Adornos zu gebrauchen, so hat zu diesem (zugegeben dürftigen) Überleben die tonale zeitgenössische Oper fast allein beigetragen – die atonale so gut wie gar nicht. Die angeführten Aufführungs- und Publikumszahlen haben es sachlich dargetan.

Aber in den Augen der Publikumsverächter aus unerwiderter Liebe ist das Adjektiv *sachlich* kein Argument, da sie die ganze Sache für faul halten. Die Sache, das ist der Opernbetrieb in den Theatern von heute. Da nicht sein kann, was nicht sein darf, wen wundert es, wenn avantgardistische Zeloten das Theater schlechthin hassen (man hört es aus manchen Partituren deutlich heraus)! *Die teuerste Lösung wäre, die Opernhäuser in die Luft zu sprengen. Aber glauben Sie nicht, daß dies die eleganteste Lösung wäre?* Dieser Interview-Satz ließ der prominente Avantgarde-Komponist Pierre Boulez im Jahre 1967 los. Selten hat eine so verrückte, zynische Sentenz (wurde in Warschau, in Coventry, in Dresden, in Hiroshima noch zu wenig in die Luft gesprengt?) so viel Furore gemacht. Dabei stand keinerlei Opernkompetenz dahinter; Boulez hatte sich damals gerade erst den *Parsifal* für Bayreuth erarbeitet und vom Opernrepertoire weniger Ahnung als ein Kapellmeister-Anfänger am Stadttheater in Pforzheim. Alle von gutwilligen Musikkritikern erstaunlich unkritisch gerühmten konzertanten Taten Boulez' auf Avantgarde-Festivals und in Nachtstudios, alle eminente Gescheitheit als schriftstellerischer Interpret seiner selbst hätten nicht ausgereicht für solche publizistische Sensation – aber wenn man eben als Gesprächspartner SPIEGEL-würdig wird, so genießt man millionenfache Aufmerksamkeit! Das ganze Interview mit Boulez' Publikumsbeschimpfung und Konkurrenten-Verunglimpfung *(Henzes Produkte . . . Ich denke da immer an einen lackierten Friseur, der einem ganz oberflächlichen Modernismus huldigt)* strotzt voller persönlicher Aggressionen (die barbarischen chinesischen Kulturrevolutionäre lädt er ein, sich in der Oper Sowjetrußlands *nach Herzenslust aus[zu]toben* und auch den deutschen Opernbetrieb heimzusuchen); der Erguß eines frustrierten Opern-Traumich-nicht ist eigentlich mehr eine Fundgrube für Psychologen.

Aber der Kernsatz enthält schon ein dickes Korn absurder, verdrehter Realität: *Die neuen deutschen Opernhäuser sehen zwar sehr modern aus – von außen; innen sind sie äußerst altmodisch geblieben. In einem Theater, in dem vorwiegend Repertoire gespielt wird, da kann man doch nur mit größten Schwierigkeiten moderne Opern bringen – das ist unglaubwürdig.* Dann folgt die elegante Bombenlösung. (Hindemith empfahl übrigens, ohne an Bomben zu denken, schon 1922, der hergebrachte Konzertbetrieb müsse *bekämpft* werden – doch damals war er ein junger Revoluzzer, der spätpubertär-gewalttätige Bomber Boulez hingegen sprach als ein gestandener Mann von zweiundvierzig.)

Aber recht hat er schon, wenn man seine Verrücktheiten zurechtrückt und seine Diagnose samt seiner Therapie vom Kopf auf die Füße stellt. Die *moderne Oper,* die er meint, ist tatsächlich unglaubwürdig in unseren heutigen Theaterbauten. Sie paßt einfach nicht hinein. Nämlich deshalb, weil sie nicht genügend Publikum anzieht; Opernhäuser, die 800 bis 2300 Plätze anbieten und von fünfzig bis dreihundert Leuten besucht sind, würden Irrenhäusern ähnlich. Deshalb müßten *für neue Opern . . . unbedingt Experimentierbühnen angegliedert werden* (was damals schon längst vielfach praktiziert wurde) *. . . während die großen Opernhäuser als Museen weiterbeständen,* wie Boulez großzügig toleriert. Er will also die neue Oper, worunter er immer eine avantgardistische, publikumsferne versteht, in ein Ghetto verbannen. Damit fand Boulez erbitterten Widerspruch gerade bei denen, die das Musiktheater durch zeitgenössische Werke beleben wollen. Bei Theoretikern (Diether de la Motte: *Ich bin gegen das Studio-Ghetto, jenes Alibi des schlechten Intendanten-Gewissens*), und noch viel mehr bei den Theaterpraktikern. Günther Rennert, der sich zeitlebens unermüdlich für die Moderne einsetzte, lehnte in seiner Boulez-Erwiderung *Oper ohne Publikum* ab: *Ich finde, ein Opernhaus muß geradezu ein klassischer Bau sein, aber was auf der Bühne passiert, muß modern sein, da liegt der Reiz . . .* Ponnelle meinte später: *Ein neues Stück will schon einem großen Publikum vorgestellt werden. Sonst bleibt es im Ghetto.* Von diesem elitären Fluchtort will er ebensowenig wissen wie sein Regisseurskollege Kurt Horres, der jenes Ghetto für einen *milden Bluff* hält; er findet *deutliche Markierung zur zeitgenössischen Musik* für sein Theater wichtig, aber eben *für das große Haus.* Im Ghetto fühlt sich niemand wohl. Schon gar nicht, wer an die Erneuerung der Oper durch zeitgenössische Produktion glaubt und sich darum bemüht.

Ist moderne Oper noch möglich?

Aber Boulez fand auch Gesinnungsgenossen. Längst hatte Theodor W. Adorno, der einflußreichste Theoretiker der Musikmoderne in der Nachkriegszeit, in seiner erstmals 1949 in Deutschland erschienenen, mit ihrer Strawinsky-Bekämpfung und Schönberg-Apologie aufsehenerregenden *Philosophie der Neuen Musik* die Unvereinbarkeit der von ihm für einzig avanciert gehaltenen dodekaphonischen Technik mit den hergebrachten Musikinstitutionen festgestellt. Speziell zum Opernbetrieb meinte er 1968: *Die Widerstände gegen die neue Musik konzentrieren sich besonders in der Oper . . . Der Begriff einer »modernen Oper« birgt unlösbare Widersprüche. Die Idee der Oper derart, wie sie vom Publikum goutiert wird, ist mit den Mitteln der neuen Musik unvereinbar . . . Gerade im Bereich des Theaters ist die neue Musik dazu gedrängt, mit sogenannten experimentellen Veranstaltungen aufs engste sich zu verbinden.* Wie wahr. Also ab ins Studio-Ghetto mit der Art von moderner Musik, die Adorno meint. Dabei beklagte er, widersprüchlich genug, an anderer Stelle, die *Übel des gegenwärtigen Musiklebens, daß man die moderne Kunst ins Dritte Programm verbannt, sogenannten High brows reserviert.*

Ganz resigniert äußerte sich Křenek, der sich so oft mit eigenen Opern und entmutigendem Publikumswiderhall um die Musikbühne bemüht hatte; er sah schon 1968 voraus, daß die avancierte Oper immer weniger Platz im *normalen Repertoirebetrieb* finden und auf *besondere Gelegenheiten* angewiesen sein werde. Sehr verständlich, daß einige Komponisten der Avantgarde, denen normale Opernauditorien praktisch unerreichbar sind, die Kunstform Oper überhaupt in Frage stellen. Ligeti meinte dazu: *Oper ist heute irrelevant, sie gehört einer von der heutigen kompositorischen Situation grundverschiedenen Phase an.* Kagel: *Die Oper ist als Geschichte durchaus lebendige Musik, als Genre heute aber völlig unzeitgemäß. Es ist Wahnsinn, nach »Wozzeck« eine Oper komponieren zu wollen.* Dieses Wozzeck-Trauma, mit der anmaßenden Klassifizierung des Meisterwerkes als letzter authentischer Oper, bildet eine Konstante progressivistischer Apologie; psychologisch gesehen ist es ein Trauma der Erfolglosigkeit, des Ausgestoßenseins.

Von der Ablehnung der Oper zur arroganten oder trotzigen Verweigerung führt nur ein Schritt. Dem damals jungen Musikkritiker Hans-Klaus Jungheinrich erschienen Boulez' Sprengbomben ein viel zu milder Tod für die verhaßte Oper: *Sprengt die Opernhäuser nicht in die Luft! Laßt sie langsam veröden. Macht sie zu Museen ihres kulturellen Erbes.* Liebermann in Hamburg habe am besten gezeigt, *wie tot die Opernproduktion wirklich ist.* Flucht aus dem Opernleben also: *Theater, auch Musiktheater, woanders machen. Und anders machen. In kleinen konspirativen Zirkeln, elitär. Gegenmodelle errichten.* So verzweifelt widerborstig war das formuliert, daß der Anwalt elitärer Verweigerung auch noch gegen die damals, um 1968, schäumende Welle der sozial hochgesinnten Studentenbewegung anschwamm; dort nannte man dergleichen deftig *elitären Scheiß.*

Die Aufforderung zum Verweigern brachte nicht viel. Zwar wurde es Mode, sich über die dennoch weitermachenden Opernkomponisten zu mokieren, auch wenn sie noch so keuchend hinter dem Neuesten vom Tage herliefen. Der Verweigerer Helmut Lachenmann höhnte zehn Jahre später: *Heute, wo wir in den gegenwärtigen Produkten der gängigen Avantgarde uns gleichsam den schlaffen Resten eines geplatzten oder zumindest geschrumpften Ballons gegenüber sehen* . . . Man wich eine Zeitlang in Nicht-Theater aus, am liebsten in Fabrikhallen, wohin sich aber kaum ein Arbeiter verirrte. Inzwischen ist man wieder in die etablierten Häuser zurückgekehrt, schon weil sie mit Subventionen so gut ausgepolstert sind: Non olet. Auch die Komponisten vom avancierten Flügel versuchten sich wieder in der Eroberung der nicht in die Luft gesprengten Normaltheater: Ligeti mit dem *Grand Macabre,* Kagel mit dem *Staatstheater,* Nono mit *Intolleranza* und *Al gran sole,* Reimann mit dem *Lear,* Berio mit dem *Rè in ascolto.* Die jungen Revolutionäre waren inzwischen ältere Herren mit grauen Schläfen geworden, für die jüngere Komponistengeneration ist die einst so leidenschaftlich verteidigte Zwölftonmoderne eine nur noch historisch registrierte Technik von gestern; viele suchen eher ihr Opernheil in verschiedenen Formen von Postmoderne, jedenfalls in publikumsfreundlicheren.

Manchmal mit überraschendem Widerhall: Die im Thema zeitnahe, in der Tonsprache nicht auf Schocks, sondern auf Verständlichkeit zielende Oper *Die fünf Minuten des Isaak Babel* des damals 39jährigen Volker David Kirchner wollten bei elf Reprisen (was in der Provinz auch schon ungewöhnlich ist bei einer modernen Oper) je 660 Besucher hören und sehen. Henze, zum Idealkommunisten geworden und sozialistische Volksnähe anstrebend, brach 1984, als Sparpläne die Dortmunder Oper aufzulösen drohten, eine Lanze für deren Erhaltung: *Nicht die Oper ist reaktionär. Bürgerlich (= bourgeois) ist ein lineares (undialektisches) Fortschrittsdenken, an modischen Vorstellungen aufgegeilt, frustriert und elitär, das nach andersartigen Formen von Musik und Musikmachen ruft, wie um der Realität zu entgehen.*

Diese Realität sieht auf deutschen Opernbühnen zunehmend trister aus. Alle Bereitschaft der Direktoren und Regisseure, alle publizistischen Breitseiten, die Musikkritiker und Kulturphilosophen zugunsten der sogenannten progressiven Oper abschossen, konnten deren Verfall nicht aufhalten. Kritiker, die sich aus törichter oder feiger Gutwilligkeit aller Kritik begaben, machten sich als modernistische Jubelperser unglaubwürdig und verloren an Kredit. Was sollte auch das Publikum, beispielsweise, von Hymnikern der Dodekaphonie halten, wenn die Komponisten, zumal die jüngeren, sie selber längst als alten Hut abgetan hatten? Der nicht wegzudiskutierende Publikumsstreik entmutigte mit der Zeit auch die fortschrittlichsten Theaterleute. Das zeigt sich an der Zahl der uraufgeführten, also ganz neuen Opern. 1949 waren es dreißig, die Euphorie hielt bis in die sechziger Jahre an; 1957 hob man sogar zweiunddreißig neue Opern aus der Taufe, noch 1965 immerhin dreißig. Sieben Jahre später waren es nur noch dreizehn, 1976 noch sechzehn. Wobei zu berücksichtigen ist, daß längst solche Pflichtübungen in die Alibi-Studios abgeschoben werden.

Trotz Uraufführungsrummel weniger Aufführungen

Die schwindende Uraufführungszahl wäre nicht das bedenklichste. Viele Freunde der neuen Oper beseufzten ohnehin den oft zitierten *Uraufführungsrummel,* mit dem sich namentlich kleinere Bühnen bei der großen Presse ins Gespräch bringen und bei ihren Subventionsgremien kulturpolitische Punkte sammeln wollten. Rolf Liebermann sprach Mitte der fünfziger Jahre beim Darmstädter Theatergespräch sogar von einem *Uraufführungssnobismus und Erstaufführungsfimmel.* Das bedenklichste daran ist, daß immer weniger Leute in Uraufführungen gehen und immer weniger nachgespielt wird. Ende des 19. Jahrhunderts gab man weniger nagelneue Novitäten, sie wurden jedoch von anderen Theatern und deren Besuchern ungleich lebhafter begehrt. 1896/97 spielten alle sechsundsechzig deutschen Theater zusammen nur einundzwanzig neue Opern, aber jede wurde im Durchschnitt 24mal wiederholt, reicherte also das Repertoire wirklich an (mit über 7 Prozent aller Spielabende). 1965 sind die Uraufführungen häufiger als damals (wenn auch nicht annähernd mehr so wie in den experimentierlustigen zwanziger Jahren mit ihren sechsundfünfzig um die Mitte des Jahrzehnts), sie interessieren aber kaum noch ringsum im Lande: Jede erreichte nur etwas mehr als sieben Wiederholungen, der Anteil an sämtlichen Spielabenden ist mit 1,9 Prozent verschwindend geworden.*

Diese deprimierende Bilanz beschränkt sich auf die Theater der Bundesrepublik. Bezieht man die übrigen deutschsprachigen Opernländer ein, so sieht sie ein klein wenig freundlicher für die zeitgenössische Oper aus; aber dies nur durch die Masse der DDR-Theater, wo relativ mehr Neues, freilich – und das ist für die Wiederholbarkeit des Neuen entscheidend – gemäßigt Modernes, angeboten und durch den straffen Zentralismus auch gegen Publikumswiderstände durchgezogen wurde. Wie der schon erwähnte Kurt Wallstab errechnete, sank der Anteil von Novitäten-Spielabenden aller deutschsprachigen Theater, der im Jahrzehnt nach 1900 noch fast 9 Prozent betragen hatte, im Dezennium nach 1968 auf knapp 3 Prozent. Die katastrophal sinkende Tendenz ist überall die gleiche, und wer mit einem Computer auch noch die tatsächlichen Besucherzahlen errechnen würde, der würde für die bundesrepublikanischen wie für alle deutschsprachigen Operntheater einen noch verschwindenderen Anteil der zeitgenössischen Oper ermitteln.

Woran lag es, daß die moderne Oper so ins Abseits geriet? Soweit sie sich elitärer Kompositionstechniken bediente, zweifellos an der musikalischen Komponente, was hier mit Zahlen belegt wurde. Ehe das auch Adorno resigniert feststellt und auch später noch, weigerten sich die meisten Interessierten, eben dies zuzugeben. Rolf Liebermann brachte Mitte der fünfziger Jahre das fortan vieldiskutierte Wort von der *Krise des Librettos* ins Gespräch; damals war er selber noch eine Komponistenhoffnung der Zwölfton-Oper. *Während Autoren wie Brecht, Thornton Wilder und Giraudoux das Drama revolutioniert haben, verharren die Operndichter im tiefen Dornröschenschlaf, erstarren inhaltlich und szenisch in Schablonen und Konventionen,* meinte er 1955. Das stimmte nur insofern, als der Beruf des Operndichters, also des Librettisten, nach dem Krieg tatsächlich in einem Dauerschlaf versunken zu sein schien. Es gab fast keine mehr. Literaturoper hieß die Losung: Komponisten bastelten sich selber, meist bloß strei-

* Dieter Steinbeck, Der Spielplan als Ergebnis seiner geschichtlichen Entwicklung. In: Strukturprobleme des Musiktheaters in der Bundesrepublik Deutschland. Thurnau 1978. S. 150.

chend, die Texte bewährter Stücke, meist klassischer, zum Vertonen zurecht – ein Verfahren, von dem Liebermann gar nichts hielt und das Adorno selbst an Komponisten der Schönberg-Schule monierte; in seiner *Philosophie der neuen Musik* bemängelte er, die Literaturoper verdopple literarische Vorwürfe nach musikdramatischem Schema, anstatt sie *antithetisch zu behandeln.*

Heute läßt sich sachlich resümieren: Die Krise der modernen Oper ist nicht eine des Librettos, sondern des musikalischen Idioms. Was die textliche Seite betrifft, und daraus ergibt sich auch die formale, so schufen die vierzig Jahre seit dem Krieg eine sogar die »roaring twenties« an Buntheit und Vielgestaltigkeit übertreffende zeitgenössische Musiktheaterlandschaft. Alles, was überhaupt theaterdenkbar war, wurde ausprobiert. Von der traditionsgebundenen Oper, die noch auf den singenden Menschen als dramatische Hauptfigur und auf Lortzings simples Motto *Rollen heißt das Zauberwort* vertraute, bis zum absurden Anti-Theater.

Kurioser Zufall: im selben Jahr 1971 wurden von Einems *Besuch der alten Dame,* ein paar Jahre lang die meistgespielte zeitgenössische Oper, und Kagels *Staatstheater* uraufgeführt, ausgesprochene Antipoden also. Die traditionelle Oper, auf die Dramaturgie der szenischen Illusion, auf Kantabilität (wenn auch mit freieren tonalen Mitteln) und fesselnde Rollen schwörend, hatte selbst in der euphorischsten Zeit des Experimentierens nicht aufgegeben. Fast alle Opern von Britten, von Einem und Egk stehen dafür, auch Strawinskys *The Rake's Progress,* der internationale klassizistische Schlager seit den fünfziger Jahren. Die hergebrachte Form erwies sich als so flexibel, daß sie die verschiedenartigsten Inhalte transportieren konnte. Politisches Engagement: schon bei Menottis *Konsul* (Bloßstellung kaltherziger Bürokratie), Egks *Verlobung in San Domingo* (Rassenhaß) und noch bei Henzes *Wir erreichen den Fluß* (faschistische Menschenverachtung). Mythologische Zeitzeichen: von Orffs *Antigone* bis zu Henzes *Bassariden* und Pendereckis *Paradise lost.* Historische Parabeln (Dessaus *Verurteilung des Lukullus*) und aktuell-augenzwinkernde Märchen (Udo Zimmermanns *Schuhu*). Die freitonale Muse erwies sich sogar als des Lächelns fähig: Egks *Revisor* wurde eine wirklich komische Oper, was man nur von sehr wenigen zeitgenössischen sagen kann.

Diese Musikkomödie plädierte für die Vorzüge der Literaturoper: Ohne das zugrunde liegende Meisterstück Gogols wären weder Heiterkeit noch der Jahre anhaltende Publikumserfolg denkbar. Literaturoper: Lange setzte man auf sie wie auf ein Allheilmittel gegen die mangelnde Popularität der neuen Oper. Es wurde registriert, daß in den Nachkriegsjahren bis 1981 nicht weniger als 266 Literaturopern, eine enorme Zahl, auf die deutschsprachigen Bühnen kamen, mit Kleist (zehnmal vertont), Molière (neunmal) und Shakespeare (achtmal) als favorisierten Textlieferanten.* Aus der Not des ausgestorbenen Librettistenhandwerks wurde eine Tugend gemacht. Vom bewährten Dichterwort sollte Poesie ausstrahlen. Auch konnte man sich auf Erfolgstradition stützen. Schließlich waren einige der großartigsten neueren Meisterwerke Literaturopern, auch wenn der Ausdruck früher unbekannt war. Debussys *Pelléas,* Janáčeks *Jenufa,* Straussens *Salome* und *Elektra,* vor allem aber Bergs *Wozzeck* und *Lulu.* Orff, Egk, Klebe, Fortner, Henze, auch jüngere wie Reimann suchten ihr Heil in vorgeprägten dramatischen Texten. Neuerdings setzt lebhafte Kritik an der Literaturoper ein, sie wird geradezu zum Sündenbock gemacht. Noch während sie im Schwange war, suchten Komponisten namhafte zeitgenössische Dichter zu Ausflügen ins Librettohandwerk zu bewegen. Eine so dauerhafte und ergiebige Kollaboration wie die zwischen Richard Strauss und Hofmannsthal wiederholte sich nicht. Aber es kam doch zu einigen sehr produktiven Partnerschaften. Wystan H. Auden librettisierte Strawinskys *Wüstling,* Henzes *Elegie für junge Liebende* und *Die Bassariden,* Edward Bond Henzes *Wir erreichen den Fluß,* Dürrenmatt seinen *Besuch der alten Dame* für von Einem, Peter Hacks ließ sich als Texter von Siegfried Matthus sogar zu einer ausführlichen Libretto-Dramaturgie beflügeln. Alle diese und noch andere Poeten begaben sich freiwillig in eine Dienstbarkeit, als deren Lohn sie – außer dem Tantiemenanteil – allenfalls einen Komponistendank wie den Straussens an Hofmannsthal erhoffen konnten: *Ihre Worte haben das Schönste, was ich an Musik zu geben hatte, aus mir herausgeholt.*

Gar nichts von solcher Partnerschaft konnten sich die Komponisten einer jüngeren Generation versprechen, die überhaupt auf das

* Sigrid Wiesmann, Für und wider die Literatur-Oper. Laaber 1982. S. 77.

sinnbildende Wort verzichteten. Für Anti-Opern wie Kagels *Staatstheater,* Ligetis *Aventures* und *Nouvelles Aventures,* Stockhausens siebenteiliges Mysterium *Licht* liefert der Text keine logisch erfaßbaren Zusammenhänge, sondern unsemantische Zeichen einer Kunstsprache. Er kann von der Komposition nicht ausgedeutet werden, weil er nichts Rationales bedeutet. Ein Verfahren, das erstmals (schon Anfang der fünfziger Jahre) von Egk und Blacher in ihrer *Abstrakten Oper* praktiziert wurde, und das später, von den Experimenten John Cages angeregt, zum bewußt absurden Musiktheater führte. Kagel schrieb selber zu seinem *Staatstheater: Mein Stück ist rätselhaft, auch für mich.* Es habe einen *nicht wahrnehmbaren Sinn.* Handlungen werden nicht mehr erzählt, Menschenbilder nicht dargestellt. Musikmachen selber ist bei Kagel Gegenstand der Darstellung, *instrumentales Theater.*

Aber auch für einen politisch (nämlich kommunistisch) so engagierten Komponisten wie Luigi Nono ist das Wort kein rationales Aussagemittel mehr. In *Intolleranza* und *Al gran sole carico d'amore* wird Handlung durch Texte von Rosa Luxemburg bis Pavese ersetzt, die man jedoch, da sie nicht übersetzt werden und auch klanglich vielfach überlagert sind, nicht zu verstehen braucht. Völlig in den Hintergrund tritt das vertonte Wort bei den diversen Experimenten mit *totalem* und *multimedialem* Musiktheater; hier sollen Klang, Geräusch, Licht zu neuartigen Synthesen verschmolzen werden. Als deren Prophet verehrt wird Bernd Alois Zimmermann mit seinen *Soldaten,* dramaturgisch eigentlich eine traditionelle Literaturoper nach dem Goethe-Genossen Lenz, in der Konzeption von totalem, auch Zeit und Raum verzahnendem Theater eine Utopie.

Welcher Reichtum, welche Vielfalt an Stoffen und Formen! Was ist davon repertoirefähig geworden? Von Opern der sogenannten gemäßigten, also tonal gebundenen Moderne einiges mit bescheidenen Plätzen am Rande des Spielplans, die von Jahrzehnt zu Jahrzehnt unaufhaltsam nach unten sinken. *Die Geschichte vom Soldaten* und *The Rake's Progress, Mahagonny, Mathis der Maler, Die Kluge* und *Carmina burana,* einiges von Henze, einiges von Menotti, einiges von Egk und von Einem. Die Liste kann nicht Vollständigkeit anstreben, in der Grauzone der Noch-Repertoirefähigkeit gibt es von Jahr zu Jahr kleine Fluktuationen. Nicht einmal in diese Zone sind die vielen

Dutzend Werke der atonalen bis strukturell experimentierenden Moderne geraten. Ob *Moses und Aron* oder *Die Soldaten,* als pietätvoll gepflegte Denkmäler *klassischer Avantgarde,* oder *Lear* als imposanter Zeuge jüngerer Produktion die (wenn auch noch so relative) Dauerhaftigkeit gewinnen werden, die erst Repertoirefähigkeit ausmacht, bleibt noch abzuwarten. Läßt man das auch noch für die *Lulu*-Renaissance der letzten Jahre gelten, die von Cerhas Rekonstruktion der Ur-Lulu sicher noch für einige Zeit animiert wurde, so bleibt sachlich festzustellen: Aus der üppig ausgestreuten Saat atonaler oder sonstwie progressiv betonter Moderne ist keinerlei wirkliches Leben aufgegangen. Keine einzige Oper, die das Repertoire, wenn auch nur in Ansätzen am *Rande des Fruchtfeldes* (Boulez), angereichert hätte.

Wozzeck – Moderne von vorgestern

Die eine, die einzige, die unbestrittene, sogar von einem breiten Publikum akzeptierte, wiederum ausgenommen: *Wozzeck.* Aber dieser Klassiker der Moderne entstammt der Urgroßväter-Generation. Alban Berg wurde vor hundert Jahren geboren, *Wozzeck* liegt, selbst wenn man nicht die bis in den Ersten Weltkrieg zurückreichende Kompositionszeit, sondern das Uraufführungsjahr 1925 als Zeitmarke nimmt, für einen jungen Opernkomponisten Mitte der achtziger Jahre in größerer historischer Ferne, als *Die Zauberflöte* aus der Sicht des *Tristan*-Schöpfers. Man vergegenwärtigt sich solche historisch-psychologische Perspektiven viel zu selten. Aber man muß sich das einfach vorzustellen versuchen: daß der Revolutionär Wagner, der gerade dabei war, mit dem *Tristan* an jahrhundertealten Traditionen zu rütteln, die *Zauberflöte* nicht als längst entrücktes, ehrwürdiges Monument, sondern als klassische Moderne seiner eigenen Zeit zum Maßstab genommen hätte! Das ist natürlich völlig absurd. Aber in eben dieser Absurdität zu verharren zwingt die Theaterrealität alle Atonalitäts-Verteidiger, die den Geniewurf des *Wozzeck* dauernd als Imponierwappen, als Leistungsbeweis vor sich hertragen. Historisch gesehen ist *Wozzeck* für die in den achtziger Jahren antretende Generation von Musiktheaterkomponisten nicht *moderner,* um das dubiose, aber auch von Adorno reichlich strapazierte Wort zu gebrauchen, als die *Zauberflöte* für Wagner.

Damit ist die Relativität allen Modernismus angesprochen, zugleich seine historisch sehr wandelbaren Voraussetzungen und Erscheinungsformen. *Neue Musik hatte es immer schon schwer, verstanden zu werden* – ein vielfach variierter, stets aufs gleiche einer verlegenen Entschuldigung hinauslaufender Grundsatz der avantgardistischen Apologetik. Das *Immer-schon* entlarvt sich bei näherem Zusehen als Vokabel für Falschmünzerei oder Unwissenheit. Neue Musik war eben in Wirklichkeit nicht immer schon schwer verständlich, gar publikumsfeindlich. Manchmal ja, manchmal nein; wann jeweils, das ist eingehender historischer Untersuchung wert, aber nicht Gegenstand dieses Buches.

Bach war in seiner reifsten Lebenszeit nicht deshalb unverstanden, weil er zu neuartig komponierte, sondern im Gegenteil: weil er dies nicht modern genug tat, weil er selbst seinen Söhnen als *alte Perücke* galt. Um im Opernbereich zu bleiben: Händel ging mit seinen ganz konventionellen italienischen Opern in London nicht wegen unverständlicher Neuerungen, sondern wegen unglücklichen Managements bankrott. Die beiden produktivsten Genies der Operngeschichte, Mozart und Verdi, bereicherten sie – mutatis mutandis – nicht durch progressive Innovationen, sie vertieften vielmehr Überkommenes durch Inhaltsqualitäten. Das gilt auch noch für Puccini.

Aber Wagner, wurde er nicht als revolutionärer Umwälzer und Neutöner leidenschaftlich angefeindet, mißverstanden, verhöhnt? Das stimmt schon. Dennoch kann er keinesfalls als Kronzeuge der Immer-schon-Entschuldiger in Anspruch genommen werden. Noch zu seinen Lebzeiten hatte er, wahrhaftig ein Theaterrevolutionär, sich durchgesetzt und ungeheure Popularität errungen; er mußte nicht kulturpolitisch *gepflegt* werden, seine Opern, sogar der traditionsferne *Ring,* von *Holländer* und *Lohengrin* zu schweigen, hielten sogar die Stadttheater am (damals wirklichen, noch nicht subventionierten) Leben. Von keinem Meister der Moderne nach Strauss läßt sich dergleichen sagen. Hundertzehn Jahre nach seiner Geburt ist selbst Schönberg, der in seinem historischen Stellenwert so Bedeutende, immer noch ein Outsider, von den Experten respektiert, vom Publikum fast ignoriert. Der Satz von den immer schon mißverstandenen

Genies entpuppt sich bei sachlicher Analyse als oberflächliche, historisch unhaltbare Fabel.

Ob es gefällt oder nicht, das Fazit dieses Kapitels kann nur lauten: Die zeitgenössische Oper steht heute auf verlorenem Posten. Auf desto unhaltbarerem, je unverständlicher für ein Normalpublikum (also praktisch: atonal) sie komponiert ist. Viele Dutzend Werke von progressiv gesinnten Komponisten, die in der Nachkriegszeit unermüdlich lanciert wurden, sind heute von den deutschsprachigen Bühnen verschwunden. Křenek, Karl Amadeus Hartmann, Fortner, Dessau, Dallapiccola, Haubenstock-Ramati, Klebe und zwanzig weitere – wie groß war einst ihr Tagesruhm, und wer spielt sie noch? Dieser Abnutzungsprozeß ist ganz natürlich, ihm unterliegen auch traditionellere, freitonale Werke (die Namen Gerster, Wagner-Régeny, Reutter, Blacher mögen dafür stehen). Das Bedenkliche ist, daß immer weniger Repertoirefähiges nachkommt.

Die Situation der zeitgenössischen Oper ist viel deprimierender, als das allgemein bewußt ist. Man muß sie dennoch klar ins Auge fassen: so wie dies die hier ausgebreiteten, belegten Fakten gebieten. Ihnen gegenüber erscheint die bestgemeinte hochgemute Propaganda für avancierte Moderne als bloße Selbsttäuschung und Gesundbeterei.

Altes Leben aus Ruinen

Über neunzig Theatergebäude waren allein auf dem Boden der heutigen Bundesrepublik Deutschland dem Bombenkrieg zum Opfer gefallen. Ging man in den ersten Jahren nach 1945 durch die Innenstädte und sah zwischen Schuttbergen und Häuserskeletten die rauchschwarzen Ruinen der Theater, so konnte man sich schwerlich vorstellen, daß sich dort jemals wieder der Vorhang heben sollte. Es gab schließlich Wichtigeres zu tun, als Gehäuse des schönen Scheins zu errichten, wo die häßliche Wirklichkeit Millionen Menschen nicht einmal ein Dach über dem Kopf bot. Nicht ganz zwanzig Jahre später spielte man schon wieder in achtzig dieser Theater! In Behelfssälen und auch in *schöner als zuvor,* wie es euphorisch hieß, wiederaufgebauten Häusern, und da ist die Menge der neugegründeten kleinen, der Zimmer- und sonstigen Privattheater noch nicht inbegriffen.

Ein Theaternarr, der sich in den Kopf setzte, jeden Abend vor einer anderen Bühne zu sitzen, könnte sich diesen Spleen heute in den zehn Monaten einer normalen Theatersaison leisten, und er brauchte dazu, bei der flächendeckenden Dichte der Theaterstädte in der Bundesrepublik Deutschland, noch nicht einmal einen besonders schnellen Wagen. Denn er könnte seine verrückte Tour auf nicht weniger als 314 Theater verteilen, und sein Sitz wäre schon in den öffentlichen Theatern einer von 157114.* Eine schier unglaubliche Theaterfülle, ein ebenso unglaublich opulentes Platzangebot. Na-

* Strukturprobleme des Musiktheaters in der Bundesrepublik Deutschland. Thurnau 1978. S. 286.

türlich sind hier sämtliche überdachten Säle des Sprechtheaters eingeschlossen, wo man überhaupt, wie weiland Goethes Faust-Theaterdirektor, die zitatenreif weltbedeutenden *Bretter aufschlägt*. Also neben den pompösesten Staatstheatern auch solche *In der Westentasche*, die mit dem modernen grünen Wagen reisenden und die Festspiele; aber noch nicht einmal die unter freiem Himmel, und dort lauschen immer noch ein paar Hunderttausende mehr alljährlich dem Mimenwort, oder sie genießen gar, wie in Webers zufälliger Geburtsstadt Eutin, den *Freischütz* oder die *Verkaufte Braut* mit holsteinischem Waldesduft. Überflüssig zu betonen, daß dieses theatralische Angebot in der ganzen Welt völlig unvergleichlich ist.

Dahinter steckt eine Bauleistung, die ebenso einzigartig ist in der Theatergeschichte, und hinter allem Materiellen schließlich Ideelles: die Liebe der Deutschen zu ihrem Theater. Man darf nie vergessen, daß jedes Landesparlament, jeder Stadtrat, der gleich Dutzende Millionen (und immer wachsende) für die Renovierung oder den Neuaufbau eines Theaters zu bewilligen hatte, stets in Gewissensnot geriet, ob nicht eine Schule, ein Krankenhaus, ein Sportstadion wichtiger waren – kaputt war ja alles. In diese, sich höchst praktisch in – insgesamt mehrere hundert Millionen schwere – steinerne und technische Realität umsetzende Liebe zum Theater blieb dessen teuerstes, luxuriösestes Produkt, die Oper, von Anfang an einbezogen. Darüber gab es eigentlich nie Diskussionen – und wenn sie gelegentlich zaghaft auftauchten, so erstickte sie die auf Pflege des *nationalen Erbes* eingependelte Praxis im Nachbar-Deutschland des real existierenden Sozialismus, wo man brav die belastend vielen ehemals landesfürstlichen Operntheater am Leben erhielt. Oper mußte vielleicht nicht, sollte aber sein – diesseits wie jenseits des bald schon niedergehenden Eisernen Vorhanges.

Nur vier Operntheater blieben intakt

Was das Musiktheater betrifft, so hatten diesseits lediglich vier große Opernhäuser die Bombardierung so weit überlebt, daß sie sofort wieder bespielbar waren: die in Stuttgart, in Wiesbaden, in Nürnberg und in Düsseldorf. Eine katastrophale Kriegsbilanz. Die Bespielbarkeit erwies sich teilweise sogar als relativ; im großen Haus der Stuttgarter Landestheater (das kleinere war ein einziger Schutthaufen) hörten die Besucher in den feierlichsten, klangzartesten Opernminuten ein gleichmäßiges Ping-Pong von draußen hereinklappern: Im Foyer durfte sich der Tischtennisklub der amerikanischen Besatzungsmacht betätigen. Anderwärts wich man mit der Oper in Behelfsräume aus: In München ins beschädigte, aber noch brauchbare Prinzregententheater, in Hamburg auf die gerettete Opernbühne, in die ein Auditorium eingebaut wurde, in Berlin in das schäbige Operettentheater des Westens, in Darmstadt in die großherzogliche Orangerie, in Hannover in den Gartensaal des Herrenhauser Landschlosses, in Ulm in eine Schule, in Pforzheim in einen Turnsaal – Beispiele für Dutzende gänzlich opernungeeigneter, dennoch Oper ermöglichender und die Phantasie zu erstaunlichen Leistungen anregender Behelfstheater.

Heute ist das alles Vergangenheit, schon wieder nostalgisch verklärt. So gut wie alle zerbombten Theater sind wieder aufgebaut, viele Spielstätten für die Oper sind neu dazugekommen, auch wenn sie dort nur zu Gast ist; so etwa in den oft luxuriösen Stadthallen, die steuerreiche Städte wie Böblingen, Leverkusen, Ludwigshafen aus dem Boden stampften. In dreiundsiebzig Theatern der Bundesrepublik wird regelmäßig Oper gespielt. Wir erwähnten die Zahl schon; sie schließt die Abstecher-Vorstellungen ein, mit denen Landestheater oder Städtebundtheater (z.B. das in Hof oder das von Landshut-Passau) ihren regionalen Umkreis beliefern. Selbstproduzierende, also mit eigenen Sängern, eigenem Orchester und eigener Ausstattung Opernaufführungen anbietende Theater gibt es vierundfünfzig (wenn man die Deutsche Oper am Rhein, Düsseldorf und Duisburg bespielend, zweifach zählt, da Duisburg immerhin ein eigenes Orchester beiträgt). Die Zahl würde noch höher, wenn man kleine Bühnen mit kurzer Spielzeit dazunimmt, wie die Kammeroper Berlin, das Offenbach-Theater in Köln, die Weißenhorner, die Neuburger, die Veitshöchheimer Kammeroper, von den Opernfestspielen von Bayreuth bis Eutin zu schweigen.

Nicht weniger als einundfünfzig dieser vierundfünfzig, in eigenen Opernhäusern oder in Theatern mit sogenanntem gemischtem (auch Operetten und Schauspiel umfassendem) Betrieb Opern produzierenden Theater waren nach dem Krieg ganz oder teilweise zerstört, jedenfalls zunächst unbespielbar. Bis heute scheiden sich die Geister an der Frage: War es Segen oder Unsegen, daß man gleich nach der Währungsreform von 1948, praktisch mit dem in Schwung kommenden deutschen Wirtschaftswunder, mit dem Wiederaufbau der Theater beginnen konnte? Die jüngere Generation, die auf den Trümmern der Katastrophe von der *Stunde Null* an neu anfangen wollte, bezog auch die Theaterbauten ein; was einst typisch bürgerlich und so fürchterlich bankrottgegangen war, konnte nicht ihr Ideal sein.

Die Illusion der Guckkasten-Bühne mit ihrem traditionellen Graben zwischen aktiven Mimen und passiven Zuschauern galt als denkbar altmodisch. Brechts neu entdecktes, antiillusionistisches episches Theater (das man im Fortschrittsrausch oft als antikulinarisch mißverstand) trug theoretisch dazu bei; die notgedrungen primitiven Behelfsbühnen der ersten Nachkriegszeit führten praktisch in die gleiche Richtung. Zugleich wucherten utopische Ideen. Ob man sie nun aus avantgardistischer Vergangenheit bezog (Walter Gropius hatte schon 1927 für Piscator ein *Totaltheater* entworfen, in dem sich nicht die Bühne, sondern das Zuschauerparkett um 180 Grad drehte), ob der Opernkomponist Bernd Alois Zimmermann (*Die Soldaten*) über die *Kugelgestalt der Zeit* philosophierte und mit ungeheurem technischen Aufwand neuartige Theaterbauten verwirklichen wollte, wo eine *pluralistische Oper* Bühne und Auditorium, Architektur und Film, Ton und elektronisches Gehäuse vereinte. All das blieb Utopie. So gut wie nichts davon drückte sich in den neuen Theaterbauten aus. Sie sind in ihrer Vielzahl imposante Zeugen der unschlagbaren, auch zu großen materiellen Opfern bereiten Opernverrücktheit der Deutschen, in ihrer äußeren Erscheinung aber ein getreuer Spiegel der Restauration.

Für 5 und für 278 Millionen Mark

Wo die Grundmauern noch standen, baute man die meist aus der zweiten Hälfte des 19. Jahrhunderts stammenden Theater so auf, wie sie einmal waren, also in der alten Guckkasten-Konzeption; allenfalls wurde ein wenig modernisiert, indem man statt originaler Stukkaturen kahle Wände und Brüstungen erstellte. Bei Neubauten herrschten Glas- und Betonlösungen im Stil der Zeit vor. In Frankfurt wurde das Schauspielhausgebäude 1951 Opernhaus, 1963 ergänzt durch einen Neubau für das Schauspiel mit gemeinsamem Glasfoyer. Heute wirkt der klobige Klotz mit seinen stur rechtwinklig aufgeteilten Glasflächen schon wieder als veralteter Tribut zur damals zeitmodischen Raster-Architektur. Kleiner, aber phantasievoller erschien das neue Stadttheater in Münster (1956), ein gläsernes Oval, der Gelsenkirchener Bau mit seinem spartanisch-sachlichen Auditorium, das Theater in Dortmund (1966), dessen Bühnentrakt man einen abenteuerlichen Betonhut vorgelagert hatte. Dazwischen lag ein ergiebiges deutschsprachiges Restaurationsjahr: 1955 wurden die Staatsoper und das Burgtheater in Wien und die Staatsoper Unter den Linden in Berlin wieder eröffnet, pietätvoll den alten Plänen nachgebaut, technisch natürlich verbessert. Die 55 Millionen Ost-Mark, die für die Lindenoper aufgebracht wurden, galten damals als unerhört; schließlich hatte das Theater in Münster nur 5,2 Millionen gekostet, und selbst der ein Jahr darauf folgende Riesenkasten des Nationaltheaters in Mannheim stand nur mit 13 Millionen zu Buche. Aber etwas später, die DM verlor an Wert, verschlang das neue Staatstheater in Darmstadt schon 75 Millionen (hier wagte man eine variable Portalszene und schwelgte in Lichtapparaturen). Auch diese gewaltige Summe blieb nicht lange unübertroffen. Je geläufiger das Wort Nostalgie wurde, je liebevoller man alte Ruinen wieder aufbaute, desto kostspieliger wurde die Restauration. Frankfurts Alte Oper (wo aber jetzt nur noch Konzerte stattfinden) wurde mit über 200 Millionen der unvergleichlich teuerste Theaterbau auf dem Boden der Bundesrepublik. Setzt man West- gleich Ost-Mark, so schlug der Wiederaufbau der Dresdner Staatsoper Gottfried Sempers (Eröffnung 1985) alle Rekorde. 278 Millionen wurden unwidersprochen in der Presse genannt; an Ort und Stelle war von einer um Millionen höheren Summe die Rede, offiziell schwieg man dazu.

Kurz davor hatten die Stuttgarter ihr Großes Haus, das in den fünfziger Jahren seiner Stukkaturen – und zugleich seiner hervorragenden Akustik – beraubt worden war, für 34 Millionen in den originalen Zustand von 1912 zurückversetzt, und die Züricher ließen sich die Restauration ihres Opernhauses (samt technischen Anbauten) sogar 80 Millionen Franken kosten. Hier hatte schon die ursprünglich viel niedriger veranschlagte Bausumme zu einer Jugendrevolte geführt, in Stuttgart hingegen bildete sich eine begeisterte Bürgerinitiative für die *Alte Oper,* die nicht weniger als 3,5 Millionen DM, eine ins Gewicht fallende Summe, an Spenden aufbrachte. Auch den Grazern war nichts zu teuer, um alle Gesimse, Goldstukkaturen und Gipsfiguren ihres überdimensionierten Neurenaissance-Opernhauses aus dem späten 19. Jahrhundert getreulich wiederherzustellen.

Längst waren die theaterrevolutionären Träume von der Stunde Null ausgeträumt. Die alte Guckkasten-Bühne, die Gold-Rot-Feierlichkeit von möglichst historischen Zuschauerräumen hatten über alle Architektenpläne gesiegt, von Jahrzehnt zu Jahrzehnt sicherer. *Das Theater ist schon erfunden* – diese trockene Feststellung eines Diskussionsbeitrages bei einem der vielen Kolloquien über die permanente Theaterkrise traf auch die architektonische Situation. Theater brauchte also nicht mehr erfunden zu werden, der Bedarf zielte nach restauriertem Alten oder traditionellem Neuem. Eine Mitte der sechziger Jahre vom Deutschen Bühnenverein veranstaltete repräsentative Umfrage ergab, daß sich volle 90 Prozent der Besucher in den neuen Theaterbauten wohl fühlten, und das heißt: im zweigeteilten, Bühne und Auditorium illusionistisch trennenden Theater, ob mit oder ohne Vorhang, ob in Glaskästen oder in liebevoll wiederhergestellten altmodischen Häusern.

Bezeichnend, daß keiner der weltberühmten deutschen Architekten, von Mies van der Rohe und Gropius bis Scharoun, zu einem der Vieldutzende neuen Theaterbauten beitrug. Scharouns neue Berliner Philharmonie oder Abel/Gutbrods Stuttgarter Liederhalle, beides epochale Bauwerke, haben so wenig Opernpendants gefunden wie die in einem umgestalteten Gehäuse des Architekten Erich Mendelsohn variabel eingerichtete neue Berliner Schaubühne. Alvar Aaltos Pläne für ein neues Theater in Essen blieben jahrzehntelang auf Eis gelegt und werden erst spät, und modifiziert, endlich ausgeführt.

Die revolutionären *Weg-vom-Guckkasten*-Fanfaren widerhallen nur noch gedämpft, und räumlich arg beengt, in den kleinen Studiobühnen, die sich große Staatstheater und auch fortschrittlich gesinnte kleine Stadttheater nach dem Krieg zulegten. Inzwischen sind es rund ein Dutzend, von der Opera stabile der Weltstadt Hamburg bis zur von James Stirling eigens geplanten, vorhanglosen *Black box* des neuen Kammertheaters der Württembergischen Staatstheater in Stuttgart. Man mag diese Westentaschen-Theater für sechzig bis zweihundert Neugierige als kulturpolitische Alibi-Opern oder als Moderne-Ghettos bespötteln – aber wo denn sonst, wenn nicht in diesen nüchtern selbstbeschränkten Studios, soll man die Opernexperimente pflegen, die in den normalen Theatern vom Publikum boykottiert werden?

Länder und Städte der Bundesrepublik haben sich den Wieder- oder Neuaufbau ihrer Theater insgesamt Milliarden Mark kosten lassen, und jedes Jahr legen sie weit über eine Milliarde zu, um sie in Betrieb zu halten (wir werden uns im nächsten Kapitel näher damit beschäftigen). Es gibt keine nennenswerte Theater-Ruine mehr, sieht man von dem immer noch geschlossenen Prinzregenten-Theater in München ab. Neues Leben aus Ruinen? Nach dem Willen der Theatermacher gewiß; nach dem Willen des Opernpublikums, der sich im sehr unterschiedlichen Besuch von Klassikern und von atonalen Modernen ausdrückt, müßte man das Schiller-Zitat eher variieren: altes Leben aus Ruinen. Aber sehr resistentes Leben, durch keinerlei Steuerbelastungen oder Rezessionen ernstlich gefährdetes.

Das zeigt sich schon in dem seit Jahrzehnten mit geringen Schwankungen steigenden Opernbesuch. Kurz nach der Währungsreform gähnten die Theater vor Leere. Würste, Schuhe und Hemden hatten begreiflichen Vorrang vor Billets. In zwanzig Wirtschaftswunderjahren verdoppelte sich die Besucherzahl, dann stagnierte sie etwas, die Öl-Schock-Rezession kam dazu, aber im letzten Jahrzehnt ging es wieder deutlich aufwärts – und zwar in der Oper; das Schauspiel stagniert. Opernvorstellungen waren in der Spielzeit 1971/72 zu 75,7 Prozent besucht, Schauspielabende zu 71,4 Prozent. Zwölf Jahre später stieg die Platzausnützung in der Oper auf 82,2, im Schauspiel blieb sie jahrelang auf 71 Prozent stehen und stieg erst wieder im letzten statistisch belegbaren Jahr auf 75,1 Prozent. Das sind besonders für die Opernhäuser sehr hohe Besucherquoten (immer laut Theaterstatistik des Bühnenvereins); in den zwanziger

Jahren waren in Deutschland um 60 Prozent die Regel, ein bloß halbvolles Haus galt durchaus nicht als halbleer.

Die *absoluten* Besucherzahlen sprechen noch deutlicher für die – freilich nur den klassischen Evergreens gutzuschreibende – größere Krisenfestigkeit der Opern gegenüber dem Schauspieltheater. 1983/84 gingen nach der Theaterstatistik des Deutschen Bühnenvereins 4,7 Millionen Menschen (Mehrfachbesuche mitgerechnet) in die bundesdeutsche Oper; der Rückgang gegenüber dem Vorjahr wie auch gegenüber der Spielzeit vor zwölf Jahren um etwa 300000 Besuche bedeutet nicht viel, da die großen Häuser in Stuttgart und Braunschweig 1983/84 wegen Renovierung geschlossen hatten, es läßt sich also von konstantem Besuch auch in einer Zeit spürbarer Wirtschaftsrezession sprechen. (Die gestiegene Platzausnutzung erklärt sich daraus, daß weniger Abstecheraufführungen geboten wurden.) Hingegen sank der Schauspielbesuch in denselben zwölf Jahren von 8,7 auf 5,8 Millionen. Der Grund liegt darin, daß die Flaute an zugkräftigen neuen Sprechstücken nicht, wie in der Oper, durch attraktive Klassiker aufgefangen werden konnte. Nimmt man dazu noch die Ballette, Operetten und Musicals, so hat das Musiktheater insgesamt mit knapp über 8,5 Millionen Besuchern 1983/84 das gesprochene Theater weit hinter sich gelassen.

Natürlich kostet Musiktheater das meiste Geld; aber da es einen solchen Massenbedarf befriedigt, wer von subventionierenden Stadträten oder Landtagsabgeordneten könnte es ernstlich in Frage stellen? Es geschieht denn auch allenfalls noch bei radikalen, praktisch einflußlosen Hinterbänklern. Das war nicht immer so. Ende 1971, damals ließ sich zumal die Schauspielsaison schwach an und die Besucherzahlen schrumpften seit Jahren, machte der Publizist Joachim Fest mit einem grimmigen SPIEGEL-Essay *Wozu das Theater?* von sich reden. *Mit dem Ende der bürgerlichen Ära . . . ist auch das Ende des bürgerlichen Theaters gekommen,* hieß es da, Oper und Schauspiel nicht differenzierend. *Drei oder vier über das Bundesgebiet verteilte Häuser* wollte Fest gerade noch als Museen gelten lassen, *wirklich modernes Theater* sollte daneben in kleinen Werkstätten gemacht werden. Aber, so der Schlußsatz: *Theater muß nicht sein.* Wieder, wie schon bei Boulez' Bomber-Interview, bot das renommierte Forum des SPIEGEL bewußt irrealen, bewußt provokativen Thesen gewaltige

Publizität: Der sehr konservative Autor einer bedeutenden Hitler-Monographie hatte hier, was die Sache nur pikanter machte, in dasselbe Horn gestoßen wie die avantgardistischen Opernverächter von Boulez bis Kagel.

Lokalehrgeiz der Stadtväter

Selbstverständlich löste die Provokation eine Menge desto wohlgemuterer Bekenntnisse der Theaterverantwortlichen zu ihrem, dem deutschen (verläßlich subventionierten) Theater aus. Die Entscheidung für dieses mußte gar nicht mehr beteuert werden. Sie war schon längst gefallen. Der theaterfreudige Oberbürgermeister von Darmstadt und Präsident des Deutschen Bühnenvereins, Heinz-Winfried Sabais, hatte die Sachlage vorher schon in die griffige Formel gebracht: *Der Ehrgeiz, ein Theater zu besitzen, ist wie der Ehrgeiz, Stadt zu sein.* Ein Ehrgeiz, der vielen auf alternative Kultur schwörenden jungen Leuten auf die Nerven geht; um den uns ganze städtisch minder gehätschelte Theaterkontinente beneiden; und den die jüngste Entwicklung, mit ihrer wachsenden Verödung der Innenstädte, nur noch bestätigt. Davon konnte der damalige Intendant des Mannheimer Nationaltheaters, Payer, nichts ahnen, und doch nahm er, ein Theaternarr und Stadtpatriot, sich verzweifelt das Leben, als nach der parkettleerenden Währungsreform von 1948 eine Fusion *seines* altrenommierten, durch Dalberg und Schiller geadelten Hauses mit dem Stadttheater des benachbarten Heidelberg unausweichlich erschien. Ein trauriger, theaterhistorisch ganz überflüssiger Tod. Denn Theaterfusionen blieben fortan die Ausnahme, die meisten scheiterten an jenem schon zitierten Theaterehrgeiz der Stadtväter.

Sicher, kühlen Kalkulatoren mag es verrückt erscheinen, wenn sich die entsetzlich ausgebombte Mittelstadt Pforzheim eine halbe Autostunde neben der staatstheatralisch mit Subventionen bevorzugten Großstadt Karlsruhe ein eigenes Opern spielendes Stadttheater leistet, oder wenn man im Ruhrpott innerhalb weniger Autominuten oder Bahnkilometer zwischen mehr als einem halben Dutzend Opern auswählen kann. In dem industriellen Ballungsgebiet zwischen Rhein und Dortmund, wo fünfeinhalb Millionen Menschen praktisch in einer breitflächigen Megalopolis leben, konkurrieren miteinander sieben Opern spielende Städte, in weiteren dreien wird Schauspiel produziert, wovon eines als Landestheater mehrere Städte bespielt. Das ist aber nur der sogenannte Ruhrpott; dreißig Kilometer nach Süden bietet Wuppertal Opern, ebenso nahe über den Rhein nach Westen kann man Oper in Krefeld und Mönchengladbach hören, östlich von Dortmund in Münster, Osnabrück, Detmold und Bielefeld. Das sind fast alles Stadttheater; die Bürger müssen hier einen erheblich größeren steuerlichen Theater-Obolus entrichten als Städte mit einem Staatstheater. Sehr begreiflich, daß man seit langem bemüht ist, durch Fusion oder zumindest Kooperation die Betriebskosten zu senken.

Solche Bestrebungen reichen bis zum Jahrhundertbeginn zurück, in vielfach wechselnden, nie dauerhaften Konstellationen. Erst nach dem Zweiten Weltkrieg, als mit den horrend steigenden Kosten für die Kollektive (Orchester, Chor, Technik, Verwaltung) die Grenzen der Belastbarkeit erreicht schienen, kam es an einigen Orten zur Aufgabe einzelner Sparten (z.B. verzichteten Gelsenkirchen und Hagen auf das Schauspiel). Zusammenschlüsse gab es jedoch nur in zwei Fällen am Rande des Ruhrpotts: Die Deutsche Oper am Rhein, in Düsseldorf produziert, bespielt auch die Nachbarstadt Duisburg (die sich aber ihr Opernorchester nicht nehmen läßt), Krefeld und Mönchengladbach krochen unter das Dach Vereinigter Bühnen. Das hat sich klaglos bewährt; ähnlich im bayrischen Süden die Theatergemeinschaft Passau-Landshut.

Dennoch machten solche Vernunftehen keinesfalls Schule. In den sechziger Jahren scheiterte der Heidelberger Intendant Stoltzenberg mit seinem Plan, die Theater seiner Studentenstadt und die der benachbarten Industriemetropole Mannheim zu einem vernünftigen, kostensparenden Produktionsaustausch zu vereinen. Nicht anders erging es mehreren Stadtvätern im Ruhrgebiet. So wurde eine Zusammenarbeit der Oper in Gelsenkirchen mit dem Schauspiel in Bochum wieder aufgegeben, dann gedieh eine geplante *Ehe zu dritt* zwischen Gelsenkirchen, Essen und Dortmund nicht einmal zur Kooperation, spätere Drähte zwischen Gelsenkirchen und Essen wurden ebenso gekappt. Den radikalsten Plan brachte der Dortmunder Kulturreferent Alfons Spielhoff ein. Er wollte fünf Ruhr-Musiktheater (die Rheinoper ausgenommen) zu einer einzigen reisenden Ruhr-Oper vereinen, der er nicht nur erheblich geringere Kosten, sondern auch mehr Spielabende und höheres Niveau, eine *Weltklasse-Oper,* in Aussicht stellte. So kühn der Plan, so empört die Ablehnung: Das hätte ja bedeutet, daß vier Kommunen ihren Nimbus als Opernstädte aufgeben!

Kirchturmhorizont, löblicher kultureller Stadtpatriotismus? Man kann darüber streiten. Auch wer, skeptisch gesinnt, keine Zukunft für Opernkonkurrenz innerhalb einer Autoviertelstunde sieht, kann nicht wissen, wie lange die Gegenwart der zu allen Opfern entschlossenen Lokalpatrioten noch ausdauern mag. Bisher hat sich jedenfalls gezeigt, daß es unter Nachbarstädten nicht nur im Fußball, sondern auch im Musiktheater heftige Rivalitäten gibt. Ein Gelsenkirchner, der nach Dortmund oder Hagen in die Oper fährt, ist fast so unvorstellbar, wie der Samstag-Ausflug eines Schalke-Fans (Schalke ist ein fußballberühmter Vorort von Gelsenkirchen) zur Bundesliga in Dortmund – es sei denn, dort kicke Schalke 04.

Ähnliches gilt für die theaterdichte Industrielandschaft an der Mündung des Mains in den Rhein. Hier wetteifern, nur ein paar Kilometer voneinander getrennt, die Opern produzierenden Staats- und Stadttheater Frankfurt, Wiesbaden, Darmstadt und Mainz miteinander. Wetteifern? Eigentlich nicht. Kein echter Frankfurter hält die Nachbarn für wert genug, um einer Opernreise gewürdigt zu werden, und die Wiesbadener steigen schon deshalb nicht von ihrem Staatstheater-Roß herab, um über die Rheinbrücke zu einer Opernpremiere nach Mainz zu fahren, weil dort nur ein Stadttheater spielt. Das klingt schier nach biedermeierlicher Ständegesellschaft, und etwas von altdeutschem Provinzialismus schleppt ja jede deutsche Tradition mit sich. Doch kann der Lokalpatriotismus, der eifersüchtig auf *seine Oper* pocht, auch reale Gründe gegen stadtnachbarliche Verzichte vorbringen. Bei den heutigen Transportkosten, bei der Verschiedenheit der Bühnenmaße, die nicht jedes Szenenbild einfach verfrachten lassen, erscheint der Opernaustausch zwischen nahegelegenen Städten ziemlich kompliziert, vielleicht gar verteuernd. Vielleicht: Aber man hat es noch gar nicht recht durchprobiert, man hat bisher viel zuwenig rationell geplant. Die Erfolge, die der sonst wenig opernvorbildliche französische Nachbar mit seiner Opéra du Rhin nicht nur innerhalb des eigenen Landes, des Elsaß, sondern auch im Austausch zwischen Straßburg und Karlsruhe erzielt hat, sollten zum Nachdenken – und zum Nachmachen ermutigen. In die Zukunft blickt sicher nur, wer über Kirchturmhorizonte hinwegschaut.

Damit soll ganz und gar nicht in den vielkehligen Laienchor derer eingestimmt werden, die sich, aus welch ästhetischer Richtung immer, auch demagogischer Argumente bedienen, um der alten, so resistent beliebten Oper die Wurzeln zu kappen. Oper, tönt es aus dieser Ecke, sei eine sündhaft teure Überflüssigkeit. Eine absolut elitäre Angelegenheit – und das Wort *elitär* galt ja um 1968 als akademisches Schimpfwort –, die keine 5 Prozent wirklich interessiere. Es ist rein sachlich schwer zu entschlüsseln, wie diese vielzitierten 5 Prozent zustande kamen. Eigentlich könnte ihr in einer demokratischen Gesellschaft keinerlei Schwellenfunktion zukommen; Minderheitenschutz, bei welchem Prozentgrad immer (ob Homosexuelle, Schwarze, Ausländer, Juden, Künstler, Literaten oder wen sonst betreffend) bildet stets das immanente Gegengewicht, ausgleichend und unterdrückende Dominanz verhindernd, zu den 51 Prozent demokratischer Mehrheiten.

Fünf-Prozent-Hysterie

Verteidiger des subventionierten Theaters beklagten auf ihren Tagungen eine *Fünf-Prozent-Hysterie*. Daß sie sachlich unfundiert und polemisch geschürt war, erwies 1975 eine repräsentative Umfrage bei Zweitausend Deutschen, die als *Hamburger Opernstudie* Aufsehen erregte – weil sie eine überraschend hohe Teilnahme des Durchschnittsbürgers am Musiktheater enthüllte.* Das Fazit: *Weder empfindet die Bevölkerung die Oper als überflüssiges und elitäres, durch »moderne« Medien überholtes Kulturangebot, noch läßt sich die These von nur 5 Prozent an diesem Angebot Interessierten aufrechterhalten: Ein Fünftel der*

* Andreas Johannes Wiesand, Musiktheater und sein Publikum. In: Strukturprobleme des Musiktheaters in der Bundesrepublik Deutschland. Thurnau 1978. S. 232ff.

Bevölkerung (21 Prozent) hat in den letzten zwölf Monaten Opern-, Operetten-, Musical- und/oder Ballett-Aufführungen besucht, weitere 27 Prozent bedauerten, ein Musiktheater wegen zu großer räumlicher Entfernung (15 Prozent) oder aus anderen, meist finanziellen Gründen, nicht besuchen zu können – nicht einmal ein Drittel ist generell am Besuch uninteressiert.

Die Pro-Tendenz war auch noch steigend. Jenen 21 Prozent Musiktheaterbesuchern standen zehn Jahre früher nur 13 Prozent gegenüber; in der Oper allein stieg der Anteil von 8 auf 13 Prozent. Wobei man bei einer solchen Umfrage die Oper von den anderen Sparten des Musiktheaters schwerlich ganz klar scheiden kann. Einmal gibt es gemischte Abonnements, und was die Last neben der Lust betrifft, nämlich die vom einzelnen Steuerzahler aufzubringenden Gelder fürs Theater, so ist angesichts des Überwiegens der Stadttheater mit ihrem traditionellen Mehrspartenbetrieb (gesungenes, getanztes und gesprochenes Theater unter demselben Dach bietend) eine penible Aufsplitterung schon gar kein Gegenstand einer Massenbefragung. Da gilt der Satz: hic Rhodos, hic salta; hier das Theater, hier bezahl es. Daß Theater in Deutschland schon lange nicht mehr ohne Zuschüsse möglich ist und schon gar nicht im aufwendigen Musikbetrieb, das klar erkannt zu haben und selbst in einer wirtschaftlich schwierigen Zeit – 1975 wirkte sich der Öl-Schock lähmend aus – der demagogisch angeheizten Verprügelung des teuren Musiktheaters nüchtern ausgewichen zu sein, das plädiert eigentlich für den bei vielen demokratischen Wahlen (besonders von Verlierern) zitierten gesunden Menschenverstand der Masse. Jedenfalls erklärten sich bei der Umfrage 46 Prozent der keinesfalls theaterfixierten, sondern ganz durchschnittsbürgerlichen Befragten bereit, das Musiktheater aus Steuergeldern zu subventionieren, und weitere 19 Prozent drückten sich zumindest *grundsätzlich positiv* aus. Das heißt: Mehr als zwei Drittel der Bundesdeutschen, selbst wenn sie selten oder gar nicht ins Musiktheater gehen, wollen, daß es weiterbestehe, auch mit finanziellen Opfern. Wenn das kein praktisch-kulturpolitisches Credo ist!

Auch die Elitären-Schelte wird durch die Hamburger Opernstudie widerlegt. Zwar ist das Publikum, das Musiktheater will und frequentiert, gebildeter als der Bevölkerungsdurchschnitt: 46 Prozent (gegenüber 29 im allgemeinen) haben höhere, nämlich Mittelschul- oder Gymnasialbildung. Das überrascht sicher nicht; denn daß man auch für *Zar und Zimmermann* oder *La Bohème* etwas mehr geistiges Training mitbringen muß, als für einen Disco-Besuch oder einen Pornofilm, dürfte unbestritten sein. Erstaunlicher könnte schon wirken, daß das Durchschnittsalter der Opernbesucher niedriger ist als das der Gesamtbevölkerung. Jedenfalls widerlegt die Umfrage die These von einer Elite-Oper als arrogante, vom Notgroschen der Armen schmarotzende Intellektuellenclique. Die gibt es sicher, aber sie ist nicht für das Opernpublikum repräsentativ.

Nun mag man, selbst wenn man Statistiken nicht als einer subtilen Form der Lüge grundsätzlich mißtraut, Umfragen mit kulturellen Aussagen besonders kritisch gegenüberstehen. Die Grauzone der Glaubwürdigkeit von Antworten ist schwer kalkulierbar: Wer bekennt sich schon gerne, selbst unter dem versprochenen Deckmantel der Anonymität, als Kulturbanause? Aber abgesehen davon, daß die Aussagen der Hamburger Opernstudie in ihrem anti-elitären Trend durch die Entwicklung der folgenden zehn Jahre steigenden Musiktheaterbesuches nur gefestigt wurden, gibt es klare Fakten, nicht nur Bekenntnisse. Von der einschneidenden Währungsreform von 1948 bis 1983 hat sich die Zahl aller bundesdeutschen Theaterbesuche von 11 Millionen bis auf über 31 Millionen im Jahr erhöht, also fast verdreifacht. (Hier sind alle Theater, auch die privaten und die Festspiele, eingeschlossen.) Statistisch gesehen (selbst Babys und unbewegliche Greise rechnerisch eingeschlossen) geht jeder zweite Bürger jährlich einmal ins Theater. Da kann man gewiß nicht von einem elitären *Lieblingsspielzeug einiger weniger* sprechen, sondern eher von einem der Lieblingsspielzeuge der Deutschen überhaupt.

Die als besonders elitär diffamierte Oper erweist sich bei spezieller Betrachtung als besonders volkstümlich. Wer würde schon einen Tristan-Fan mit einem Fußball-Fan auf einer gemeinsamen Waage sozialgewichtig abwiegen lassen? Und doch darf man das – Zahlen offenbaren es höchst verblüffend. Über 5 Millionen Menschen besuchten 1982/83 die bundesrepublikanischen Opernaufführungen. Nur wenige mehr, nämlich 5,3 Millionen, wollten 1985/86 die von allen Massenblättern gehätschelten und populär gemachten Fußballstars Rummenigge und Co, die Kicker der 1. Bundesliga, in den Stadien sehen. In München 70000, in Hamburg 60000 Fans bei einem der seltenen Spitzen-Fußballmatches reichten kaum aus, um die allabendliche Masse von *Zauberflöte-* bis *Wozzeck*-Freunden zu übertreffen! Nähme man die 1,8 Millionen Besucher der (rückläufigen) 2. Fußball-Bundesliga, andererseits die (zunehmende) Zahl der Operetten-, Musical- und Ballett-Fans, noch mit dazu, so ergäbe sich gar ein eindeutiges Übergewicht des Musiktheaters als Ganzes. Der Wiener-Staatsopern-Direktor Seefehlner warf im fußballkrisengeschüttelten Österreich mit noch übermütigeren Zahlen um sich: 600000 jährliche Besucher seiner Oper, das sei *das Doppelte mehr als bei allen Fußballspielen in Österreich.* Was anzuzweifeln ist. Bloße Zahlenspiele? Ihr Aussagewert mag relativ sein, aber vergessen wir nicht die Ausgangsbasis: Daß man überhaupt die angeblich elitäre Oper mit dem geradezu symbolhaft populären Profi-Fußball messen kann, spricht für sich.

In den siebziger Jahren der Gefährdung, verursacht durch Infragestellung ihrer sozialen Funktion und damit ihrer Subventionswürdigkeit, profitierte der bundesdeutsche Opernbetrieb von der Demoskopie-Autorität von Umfragen wie der zitierten Hamburger Opernstudie, und auch von engagierten Verteidigern, deren Wort desto mehr wog, je progressiver sie ihrer kulturpolitischen Couleur nach waren. So zerpflückte der kampflustige und einflußreiche Frankfurter Kulturdezernent Hilmar Hoffmann 1975 in einer vielbeachteten Untersuchung gleich acht Vorurteile gegen den etablierten Opernbetrieb, von elitär bis museal, und 1984 sekundierte ihm, neben anderen, der Theaterintendant Drese (vom erfolgreichen Zürich an die Wiener Staatsoper berufen) mit fünf ähnlichen Anti-Vorurteils-Thesen. Da war aber Verteidigung mit dem Rücken zur Wand gar nicht mehr aktuell. Was das Internationale Musiktheater-Colloquium 1975 in Berlin in einer Schlußresolution geradezu beschworen hatte – *Musiktheater ist eine unverzichtbare Institution für alle Schichten der Bevölkerung* – wurde eine Selbstverständlichkeit. Auch für die Verwalter der entscheidenden Geldsäckel. Eine Umfrage der Frankfurter Oper bei Kulturverantwortlichen, vom Bundesminister bis zum Abgeordneten, erbrachte 1977 fast ausschließlich zustimmende, kaum nach Parteien differenzierte Bekenntnisse zur kulturellen Notwendigkeit des deutschen Musiktheaters. So wie es ist, auch so teuer, wie es nun einmal ist.

Damit es wenigstens nicht für die am unmittelbarsten Betroffenen, die Operngeher selbst, unerschwinglich teuer wird, und damit man sie zu möglichst regelmäßigen, kalkulierbaren Theaterbesuchen verlockt, hat man ein kompliziertes System von Ermäßigungen eingeführt, für wiederholten Besuch und für weniger bemitteltes Publikum. Das funktioniert schon seit vielen Jahrzehnten, es ist vom Repertoiretheater des deutschen Modells nicht wegzudenken. Dabei ist Oper, die hohen Subventionen machen es möglich, durchaus kein elitäres Vergnügen. Natürlich gibt es eine ziemliche Spannweite, je nach dem Rang der Operntheater und der Qualität der Sitzplätze. An der Deutschen Oper in Berlin kann man über 111 DM oder auch nur 8 DM für dieselbe Aufführung bezahlen, in Stuttgart 10 bis 44 DM, an Stadttheatern wie Münster oder Hagen kostet aber ein billiger Opernplatz nicht mehr als einer im Kino.

Das sind alles volle Preise, die man an der Abendkasse bezahlt. Das tut nur einer von vier Opernbesuchern. Die restlichen drei nehmen Ermäßigungen verschiedenster Art in Anspruch, kommen also viel billiger weg. Abonnenten, die rund ein Drittel weniger bezahlen, stellen mit etwa 28 Prozent sogar die größte Besuchergruppe, gefolgt von 25 Prozent Mitgliedern der Volksbühnengemeinden und Theatervereine. 11 Prozent der Karten gehen, noch stärker verbilligt, an Studenten und Schüler, nicht viel weniger nehmen alle möglichen Privilegierten mit Vorzugs- und Ehrenkarten in Anspruch, woran die praktisch auf Premieren konzentrierten Kritiker gegenüber den beamteten Schmarotzern (samt Gattinnen) nur einen verschwindenden Anteil haben.

Nicht mehr wegzudenken sind die Volksbühnen und Theatergemeinden – über sie geht jeder Vierte ins Theater. Die Stücke werden meist in gemischten, Sprech- und Musiktheater umschließenden Listen angeboten, im Verhältnis etwa drei zu zwei. Die größere und ältere Organisation ist die der Volksbühne. Schon 1890 wurde sie als sozialdemokratische Freie Volksbühne in Berlin gegründet, in den zwanziger Jahren versuchte sie in einer spannungsreichen Zusammenarbeit mit der von Klemperer geprägten Kroll-Oper ihre Anhänger auch an das Musiktheater heranzuführen. Im Hitler-Reich wurde sie aufgelöst, nach dem Krieg blühte sie rasch wieder auf und brachte es bald auf rund 300000 Mitglieder. Nach einem leichten Rückgang in den Rezessionsjahren hat sich der Bestand jetzt bei 275000 Mitgliedern in neunzig Vereinen stabilisiert. Arbeiter nennt sich kaum jeder Zehnte (das hängt auch mit der gewandelten Berufsbezeichnung zusammen), die Hälfte sind Angestellte. Eine Organisation für theaterfreudiges Publikum aus dem Mittelstand und dem Kleinbürgertum. Entsprechend muß das Opern-Angebot ausfallen. Noch konservativer freilich bei den nicht so zahlreichen Mitgliedern der Theatergemeinden, die in den zwanziger Jahren als christliches Gegengewicht zu den sozialdemokratischen Volksbühnen gegründet wurden.

Nicht nur diese beiden gewichtigen Besucherorganisationen tragen zum konservativen Trend des Opernpublikums bei. Die Abonnements zielen in die gleiche Richtung. Zusammen bilden sie die Mehrheit. Gegen sie zu *regieren* ist zwar im Theater nicht so gänzlich unmöglich wie in der Politik mit dem 51-Prozent-Zwang der Parlamente, aber doch auf die Dauer kaum durchführbar. Auch der noch so progressiv gesinnte Operndirektor gibt schließlich seufzend nach, wenn seine Angebote – sei es durch schlichtes Fernbleiben, sei es durch ständigen Umtausch unbeliebter Stücke – hartnäckig abgelehnt werden. Man kann Abonnements und Besucherorganisationen kritisieren, weil sie sich lähmend auf Wagnisse und Buntheit des Spielplans auswirken, aber sie sind nun einmal dem Repertoiretheater immanente Machtfaktoren. Man muß mit ihnen leben.

Anders wären die wohlgefüllten Auditorien der deutschen Musiktheater, heute ein gewohnter Anblick, und die ganze Vielfalt und Dichte der Opern produzierenden Theaterstädte gar nicht mehr möglich. Zwar wohnen nur ein Drittel der Gesamtbevölkerung, rund 20 Millionen Menschen, in diesen Städten. Aber durch die vielen Abstecherorte der Landesbühnen, dazu durch die Theater (wie etwa Heilbronn) und die Stadthallen, die – was viel billiger kommt als Eigenproduktion – auswärtige Operntruppen mit einer gewissen Regelmäßigkeit einkaufen, kann man schon von einem weitgehend flächendeckenden Opernangebot sprechen. Schließlich umspannt dieses Netz dreiundsiebzig Opern anbietende Städte in der Bundesrepublik. Die *weißen Flecken* auf dieser Opernlandkarte sind, um noch einmal einen Vergleich mit dem Profifußball zu wagen, erheblich kleiner als die zwischen den Kickermetropolen. Denn nur in knapp vierzig bundesdeutschen Städten, erste und zweite Bundesliga zusammengenommen, wird regelmäßig die populäre Profifußball-Show geboten, und dies durchschnittlich nur jede zweite Woche am Ort, nicht fast täglich, wie in den Opernstädten. Deren Publikum, dem auch noch eigene Theaterbusse den Weg erleichtern, werden viel kürzere und bequemere Fahrten zugemutet als den Fußball-Fans.

Welche Auswahl an schönen und attraktiven Theatern! Althistorische, durchweg aus Trümmern wiedererstandene, wie das Nationaltheater in München (mit seinen 2100 Plätzen das größte deutschsprachige) und, am anderen Ende, das kleine E.T.A. Hoffmann-Theater in Bamberg oder das Operchen in Passau. Ganz moderne, mit der Deutschen Oper in Berlin (1885 Plätze) und der Hamburgischen Staatsoper (1675) an der Spitze. Der Fassungsraum der größten Opernhäuser, auch wenn er zu gut 90 Prozent ausgenutzt wird, besagt noch lange nicht, daß die Großstädte das fleißigste Opernpublikum hätten und die kleinen rechte Opernmuffel. Ganz im Gegenteil.

In den drei deutschen Städten mit über einer Million Einwohnern, in Berlin, Hamburg und München, gehen nur zwei von drei Einwohnern, das ist knapp unter dem Bundesdurchschnitt, jährlich wenigstens einmal ins Theater; in Darmstadt, (138000 Einwohner) mit einem überdimensionierten Großen Haus von fast 1000 Plätzen, kommt jeder Einwohner jährlich auf 2,27 Theaterbesuche, und den Rekord der Theaterfreudigkeit hält die kleinste aller bundesdeutschen, ein eigenes Opernensemble unterhaltenden Städte, nämlich Coburg, mit 45000 Bewohnern und einem ererbten fürstlichen Theater von 557 Sitzen: 2,36mal im Jahr besucht es jeder seiner Bürger.* Ähnlich überdimensioniert sind die Opern produzierenden Theater in Lüneburg (626 Plätze für 61000 Bewohner) oder Detmold (676 für 67000). Und doch, auch die kleinsten Städte lassen sich *ihre Oper* nicht nehmen. Noch erweist sich der kulturpolitische Lokalpatriotismus als unglaublich opferbereit – wie lange noch, visieren

* Heinz Ludwig, Der ungewisse Weg der Provinztheater. In: Strukturprobleme des Musiktheaters in der Bundesrepublik Deutschland. Thurnau 1978. S. 62.

viele Stadtväter mit Seufzen und Stirnrunzeln an. Der Bremer Bürgermeister Koschnick sprach, leicht hintersinnig, bei der schon erwähnten Politiker-Umfrage der Frankfurter Oper den meisten seiner den Geldhahn betätigenden Kollegen aus der Seele: *Die Oper ist mir lieb – und teuer.*

Wie teuer, soll gleich näher untersucht werden.

Ein teurer Spaß

Seit jeher ist es das Geschäft des Theaters, wie aller anderen Künste auch, die Leute zu unterhalten, schreibt Bertolt Brecht in seinem *Kleinen Organon für das Theater.* Und weiter: *Dieses Geschäft verleiht ihm immer seine besondere Würde; es benötigt keinen anderen Ausweis als den Spaß, diesen freilich unbedingt.* Die Theaterweisheit des international meistgespielten deutschen Theaterautors hat seit damals, 1948, nicht das geringste von ihrem Realitätsgehalt verloren. Ihr Urheber selber hat dazu die schlagendsten schöpferischen Argumente geliefert: Er hat dutzendfach mit seinen Stücken unterhalten (worin Erschütterung, Belehrung, Nachdenklichmachen ganz legitim eingeschlossen ist) und Spaß bereitet – als Mitautor der *Dreigroschenoper, der Mahagonny-Oper* und noch einiger Song-Stücke ist er ja auch ein Experte des modernen Musiktheaters, sogar einer der allererfolgreichsten. Seine *unbedingte* Spaß-Forderung läßt sich also zwanglos vom allgemeinen auf das musikalische Theater übertragen.

Hier wird es freilich ein besonders teurer Spaß. Einst hieß es: Hängt die Wäsche weg, die Komödianten kommen. Sie standen nämlich im Ruf zu klauen; ihr soziales Ansehen war so niedrig wie ihre Einkünfte. Das galt für Schauspieler wie für Sänger. Alle waren gleicherweise als *fahrendes Volk* unterste Unterschicht, Proletarier schon in einer Zeit, als man dieses Wort noch gar nicht kannte. Wobei die Wort-Mimen immer noch etwas billiger arbeiten konnten als die singenden, die stets den zehn bis zwanzig Mann schweren Ballast von Fiedlern und Bläsern in ihren über Land fahrenden Planwagen mit sich schleppen mußten. Später, als die Schmierentruppen in *feste Theater* einzogen und ihr Geld sogar mit Mozart-Opern einspielten – Schikaneder, der Zauberflöten-Librettist, war hier ein Pionier – verteuerte sich der musiktheatralische Apparat noch durch etablierte Orchester, Chöre und überdimensionale Prunkdekorationen gegenüber dem bescheideneren Sprechtheater. Aber er erwies sich noch lange, bis gegen das Ende des 19. Jahrhunderts, als durchaus rentabel. Was Oper und Singspiel, später die Operette von Offenbach, Strauß und Nachfolgern, mehr kosteten, brachten sie durch Popularität, also durch größere Abendkasse wieder ein. Sogar gewinnbringend. Selbst mit Wagners höchst modernen, Riesenorchester und teure Ausstattungswunder erfordernden Musikdramen konnte man um 1900 noch Geschäfte machen. Der mit seiner Elite-Truppe durch die deutschen Lande reisende – auf seine eigenen Kosten reisende! – Theaterunternehmer Angelo Neumann bewies es. Heute könnte er es nicht ohne öffentliche Millionen-Subventionen für jede Tournee, und da kämen die Geldgeber, die Gemeinden und Länder, noch billig weg. Die müssen heute, um die blühende bundesdeutsche Spielwiese von rund dreihundert Theaterstätten in ihrer bunten Vielfalt zu erhalten, Milliardenbeträge an Subventionen aufbringen. Den Löwenanteil verbrauchen selbstverständlich die vierundachtzig öffentlichen Theater. Im Jahr 1984 waren es 1,7 Milliarden DM*, um rund 3 Prozent mehr als im Jahr zuvor – wie denn auch nicht, da doch alles stetig teurer wird! Die detaillierte Theaterstatistik für 1983/84 weist aus, daß dazu noch sechsundachtzig Privattheater fast 60 Millionen DM Zuschuß erhielten, an die dreißig Festspieltheater 18,5 Millionen. Für Musik- und Sprechtheater zusammen also eine Milliardensumme. Eine irrsinnige, eine Unsumme?

Ein Flugzeug = fünf Operntheater

Summen sind Zahlen, also einige Zahlen zum Vergleich. Sport ist wichtig, dient angeblich der Volksgesundheit (obgleich für den Leistungssport dreißigjährige Invaliden charakteristisch sind) und wird

* Nur diese – vorläufige – Endsumme konnte ich der Theaterstatistik 1984/85 vorab entnehmen. Die gesamte Statistik erschien, wie schon im 2. Kapitel erwähnt, für diese Schrift zu spät, um im einzelnen ausgewertet zu werden.

reichlich subventioniert: mit rund 5 Milliarden DM jährlich. Kaum ein Profifußballklub, um bei der allerpopulärsten Sportart zu bleiben, kann sich heute noch ein eigenes Stadion leisten; sofern er eines eignete, hat er es längst, um dem Bankrott zu entgehen, seiner Stadt verkauft, die es mit jährlichen Millionensubventionen auf Kosten der Steuerzahler in Schuß hält. Nicht reden wollen wir von den Dutzenden, nicht etwa einzelnen, Milliarden, die jedes Jahr in den bundesdeutschen Hochschulbetrieb fließen, der, nach vielfacher Fachkritik, von Jahr zu Jahr immer problematischer wird, jedenfalls immer mehr Arbeitslose produziert. 1985 wurde das Klinikum in Aachen eingeweiht – es war mit 570 Millionen DM geplant und hatte nach fünfzehn Baujahren 2,3 Milliarden gekostet. Schweigen wir von dem fehlgeplanten 6,5 Milliarden-Grab des Kernkraftwerks in Kalkar; versagen wir uns Spekulationen über die Tatsache, daß ein einziges Tornado-Flugzeug (Anschaffungspreis der Bundeswehr im Jahre 1983 82 Millionen DM, mit den notwendigen Ersatzteilen weit über 100 Millionen) soviel (und in Devisen!) kostet wie die Opern, Ballett, Operette und Schauspiel bietenden Theater in Saarbrücken, Kassel, Mainz, Freiburg und Darmstadt alle zusammen jährlich an Unterstützung erhalten.

Man kann nicht Äpfel und Birnen vergleichen. Anhänger der Abschreckungstheorie mögen argumentieren: Erst die teueren Tornados gewährleisten, daß die teuren Theater überhaupt spielen können. Wer von Segen und Notwendigkeit der unaufhaltsamen Wettrüstung weniger überzeugt ist, wird den Kostenvergleich zwischen den Flugzeugen (die wahrscheinlich auch ohne Feindeinwirkung zu Schrott werden) und den Theatern als sinnkräftiges Memento des gesunden Menschenverstandes für nützlich halten.

Der Anteil des Musiktheaters allein an den gesamten Theaterkosten ist nicht genau abzugrenzen. Zweifellos ist es von seiner Struktur her teurer als das Sprechtheater; schon die Kollektive der Orchester und Chöre bedingen das. Bei Mehrspartentheatern, wo ja Verwaltung und Technik gemeinsam sind, ist die klare Trennung des musik gebundenen vom Sprechtheater schwer möglich, die zwischen den Kosten von Oper, Ballett und Operette schon gar nicht. Erfahrene Statistiker rechnen, daß das Musiktheater insgesamt, also Ballett und Operette eingeschlossen, bei Dreispartentheatern etwa zwei Drittel der Gesamt-Subventionen beansprucht, also rund so viel, wie zehn Tornado-Flugzeuge kosten, die demnächst verschrottet werden, sofern nichts Schlimmeres mit ihnen geschieht.

Eine happige Summe bleibt es doch. Muß denn Theater so teuer sein, muß es überhaupt mit Steuergeldern finanziert werden? Es muß – sogar schon in England und Amerika, wo Oper noch bis zum Zweiten Weltkrieg fast ausschließlich von den Spenden reicher Leute in Betrieb gehalten wurde. In Deutschland erwuchs die Theaterstruktur ganz anders, nämlich aus Hof- und Stadttheatern, und die Zahl der Bühnen war seit altersher unvergleichlich größer; aber auch hier kann heute nicht einmal das kleinste Zimmertheater ganz ohne Subventionen spielen, und Opernaufführungen sind ohne viel größere schon gar nicht denkbar.

Das war nicht immer so. Die bürgerlichen Stadttheater, die im späteren 19. Jahrhundert den lokalen Ehrgeiz entwickelten, mit den Hoftheatern und den Nachbarstädten zu wetteifern, suchten so billig wie möglich wegzukommen, indem sie vom privaten Theaterunternehmer noch einen Pachtzins verlangten, später ihre Unterstützung auf die kostenlose Überlassung des Hauses, allenfalls noch der Beleuchtung, beschränkten. Auch die fürstlichen Hoftheater-Eigner konnten nicht mehr mit so vollen Händen in die Privatschatulle greifen wie einst ihre verschwenderischen barocken Ahnen. Die kleineren Duodez-Herzöge blieben sich zwar ihrer kulturellen Pflicht meist bewußt und zogen ihre Theater brav durch – bis heute zeugt die unglaubliche Operndichte in der heutigen DDR davon –, aber am liebsten war es ihnen schon, wenn sie einen Hoftheaterdirektor fanden, der nicht bloß seinem Stand nach repräsentieren, sondern auch wirtschaften konnte. Vom Staatsminister und Theaterdirektor Goethe erwartete das jedenfalls sein kunstfreudiger, aber armer Landesherr. Eckermann gibt unter dem 1. Mai 1825 ein Tischgespräch mit Goethe wieder: *Der Großherzog . . . äußerte gegen mich die Meinung, ein Theater brauche keineswegs ein architektonisches Prachtwerk zu sein; . . . es sei doch immer nur ein Haus, das den Zweck habe, Geld zu verdienen.* Die Ansicht des Großherzogs schien Goethe *eine durchaus praktische zu sein, indem in ihr eine Nötigung liegt, sich fortwährend auf der Höhe des Vortrefflichen zu erhalten.* Eine sehr ideale Forderung, der Goethe durchaus nicht genügte; schon gar nicht im Niveau seiner

Stücke. Nicht mit Shakespeare, Molière, Lessing, Goethe und Schiller hielt er sein Repertoire durch und sein Publikum bei Zahllaune, sondern mit den erbärmlichsten Nichtigkeiten der Tagesmode, wobei die Räuberpistolen seines Schwagers Vulpius sich als Bestseller erwiesen. Sogar die *Zauberflöte* spielte der Mozart-Verehrer Goethe keinesfalls im Original, sondern in einer sehr freien textlichen Bearbeitung von Vulpius.

Immerhin: damals war mit einem Dreispartentheater, also auch mit der Oper, noch Geld zu verdienen, fünzig Jahre später kaum mehr. Man kennt ziemlich genau den Wendepunkt: 1895 wurden erstmals in deutschen Stadttheatern Subventionen gezahlt. Mit sehr bescheidenen Summen, nämlich durchschnittlich 54444 Reichsmark jährlich für ein (auch) Opern produzierendes Theater. Das blieb nicht lange so billig, sondern steigerte sich Hand in Hand mit den Löhnen und Gehältern. In Zürich steuerten die Stadtväter im Jahre 1900 bloße 20000 Franken für ihr prächtiges neuerbautes Stadttheater bei, das auch die aufwendigsten Wagner-Opern bot; 1918 mußten es schon (etwas entwertete) 200000 Franken sein, und heute ist dasselbe, kostspielig modernisierte, jetzt Opernhaus genannte Theater nur mit 41,5 Millionen Franken Zuschuß am Leben zu halten. Ein Subventionsgalopp, den ganz ähnlich sprunghaft alle deutschen Musiktheater absolvierten.

Unaufhaltsam. So unaufhaltsam eben, wie die Geldentwertungsraten (ob gebremster oder schneller), die Sachkosten (besonders für Ausstattung) und, vor allem, die tariflich zu vereinbarenden Lohn- und Gehaltskosten von Jahr zu Jahr ansteigen – und diese Personalkosten machen 85 bis 90 Prozent sämtlicher Musiktheater-Ausgaben aus.* Ein ganz dominierender, felsenfester Block, an dem nicht zu rütteln ist. Die entscheidende Schwelle zu dieser Kostenverfestigung,

* Der Statistiker Franz-Heinz Köhler (Auswirkungen der öffentlichen Finanzkrise auf die kommunalen Haushalte, Deutscher Städtetag, 12/1984, S. 764) gibt die Personalausgaben der öffentlichen Theater mit 83,5 Prozent an, Claus Helmut Drese (Theater, Theater . . ., Zürich 1984) veranschlagt sie für die Züricher Oper mit fast 90 Prozent. Aus der Theaterstatistik des Deutschen Bühnenvereins 1983/84 errechnet sich für *alle* öffentlichen bundesdeutschen Theater ein Anteil der Personalausgaben von 77,6 Prozent. Aber darin ist die große Zahl der Schauspielbühnen inbegriffen, bei denen die Personalkosten relativ geringer sind, weil die großen Blöcke von Orchester, Chor und Ballett dort wegfallen.

und damit zu den stetig steigenden Subventionen, wurde während der fünziger Jahre des deutschen Wirtschaftswunders überstiegen. Bis zum Zweiten Weltkrieg war es möglich, außerhalb der Opernmetropolen – die auch damals schon Millionen Zuschüsse schluckten –, in der sogenannten *tiefsten Provinz* Theater, auch Musiktheater, mit lächerlich niedrigen Subventionen zu betreiben. Zugunsten theaternärrischer Bürger, zu Lasten jämmerlich bezahlter, von keiner mächtigen Gewerkschaft geschützten Schauspieler, Sänger und Musiker.

Blick zurück nach Böhmen

Das gilt für keine andere Theaterlandschaft so wie für die deutsch besiedelten Randgebiete Böhmens und Mährens. Eine solche Musiktheaterdichte gab es nicht einmal im Mitteldeutschland der kleinen Herzogtümer. Dort waren es Hoftheater, in den Sudetengebieten ausnahmslos bürgerliche Stadttheater. Auch in der Landeshauptstadt; in Prag leisteten sich 40000 Deutsche, darunter mit entscheidendem Finanzanteil deutsche Juden, zwei ständig spielende Theater, deren großes, das Neue Deutsche Theater, mit seinen 1600 Plätzen geradezu ein Prunkhaus war – aber vom tschechoslowakischen Staat nur die Lappalie von 200000 bis 300000 Kronen als Zuschuß erhielt. Die deutschen Provinztheater wären selbst darüber glücklich gewesen, aber sie mußten sich selber finanzieren. Dabei spielten hier noch während des Zweiten Weltkrieges nicht weniger als vierzehn Stadttheater in festen Häusern, und acht davon boten ganzjährig Musiktheater mit Operette und Oper! Man konnte in Aussig den *Ring des Nibelungen* besuchen, zwanzig Kilometer daneben in Teplitz *Aida* (1200 Plätze im großen, dazu 450 im kleinen Haus bot dieser in den zwanziger Jahren von reichen Bürgern errichtete Riesenbau – für 30000 Einwohner!).

Es gibt eine schon fast klassisch gewordene Kabarett-Schallplatte Helmut Qualtingers, *Der Menschheit Würde ist in eure Hand gegeben;* da wird diese deutschböhmisch–deutschmährische Theaterprovinz, die so großen Stars wie Emil Jannings und Hedwig Bleibtreu, Leo Slezak, der Jeritza und der Maria Müller die Sprungbretter zum Weltruhm bot, in wehmütigen Karriere-Erinnerungen zweier alter

Mimen abgegrast, mit der absurdtheatralischen Pointe: *Voll entfalten konnte er sich erst in Leitmeritz.* In diesem schönen alten Städtchen an der Elbe steht bis heute (von den Tschechen aber längst geschlossen) das älteste, nämlich schon 1822 eröffnete, Provinztheater Böhmens. Sein zweiter Superlativ ist wohl ein globaler Rekord: Es war bis in den Zweiten Weltkrieg hinein das kleinste, regelmäßig spielende Musiktheater der ganzen Welt – sein Publikumsreservoir erschöpfte sich ja in 13000 deutschen Bürgern! Die brachten in den zwanziger Jahren einen jährlichen Zuschuß von 12000 bis 14000 Kronen auf (an Kaufkraft etwa ebensoviel heutigen DM entsprechend), und damit, vor allem aber mit der Theatertreue seines Publikums, mußte der pachtende Direktor eine Spielzeit von Oktober bis Mai bestreiten.

Das war nur möglich, indem er jede Woche eine neue Premiere erarbeitete: von *Faust* bis Molnár, von *Fledermaus* bis *Gräfin Mariza,* und gelegentlich raffte man sich auch noch zu einer Spieloper auf. Vierunddreißig Schauspiele und dreiundzwanzig Operetten standen beispielsweise 1937 im Repertoire. Natürlich bewegten sich die Gagen am Rande des Existenzminimums (bei Solisten) und darunter (bei Chorsängern und Orchesterspielern), und natürlich mußten alle Stücke *aus dem Fundus* ausgestattet werden, mit Leinwanddekorationen, die da hießen: Waldlandschaft, altdeutsche Stadt, italienische Stadt, Schloß, Bauernstube, Salon. Man kannte sie alle längst auswendig. Wiedersehen machte keine besondere Freude, da sie von Jahr zu Jahr schäbiger wurden, aber was tat's: Die Leitmeritzer hatten *ihr Theater* und ihre Freude daran, es gab keine Fernsehvergleiche, die sie vergällen konnten. Der Verfasser dieses Buches ist dort aufgewachsen, er hat in dem kleinsten Musiktheater der Welt seinen ersten *Hamlet,* seinen ersten Ibsen, seinen ersten *Freischütz* erlebt, intensiver erlebt als je wieder in seiner Kritikerlaufbahn, und bis zum letzten Atemzug wird er dafür dankbar bleiben.

Undenkbar heute, daß sich 13000 Bürger ein ständig spielendes Musiktheater leisteten. Nicht nur, weil durch Fernsehen, Tonfilm, Langspielplatte, Videokassetten und Reisemobilität die Qualitätsansprüche des Publikums ebenso gestiegen sind wie die Theaterlust nachgelassen hat. Auch weil solches noch so bescheidene Musiktheater für Kleinstädte einfach unerschwinglich geworden ist. Coburg,

Detmold oder Lüneburg, wir erwähnten es schon, bilden heute die Untergrenze für Opernstädte. Eine immer noch viel zu niedrige, sagen die Rechner und Skeptiker, die der deutschen Opernprovinz das unausweichliche Ende voraussagen. Den Trend der Kosten- und Subventionsentwicklung in den jüngsten Jahrzehnten scheint ihnen recht zu geben – irrationale, wenn auch unbezweifelbar reale Unwägbarkeiten des Theatererlebnisses sind ja nicht in Zahlen zu bilanzieren.

Tatsächlich sind die vom Steuerzahler aufzubringenden Theatersubventionen innerhalb einer Generation geradezu explodiert – wie eben alle Kosten, auch die für Schulen, Sportstadien oder Hallenbäder, und noch längst nicht so abenteuerlich wie die im Gesundheitswesen. 1949 unterstützten Länder und Gemeinden ihre öffentlichen Theater mit 63 Millionen DM, fünfundzwanzig Jahre später, 1974, mußten dafür 924 Millionen, also das Fünfzehnfache, aufgebracht werden, und heute schon über 1,7 Milliarden DM. Davon tragen die größte Last, nämlich 60 Prozent, die Kommunen, fast 40 Prozent die Länder, den winzigen Rest der Bund. Da die Löhne und Gehälter, die wesentlichsten Kostenanteile der Theater, im Gleichmaß der allgemeinen Aufbesserungen kräftiger zunahmen als die Lebenshaltungskosten, stieg auch die Kurve der Subventionen steiler an als die der jährlichen Geldentwertung.

Damit korrespondiert gegenläufig, daß die Einspielquoten der Theater stetig zurückgingen. Mit anderen Worten, die Einnahmen aus verkauften Eintrittskarten (und Abonnements) decken die Ausgaben immer weniger. Nur in den allerersten Jahren nach der Währungsreform, von 1949 bis 1957, nahm mit dem steigenden Theaterbesuch auch die Einspielquote etwas zu (von 36,7 auf 40 Prozent). Dann fiel sie steil ab. 1974 wurden bloß noch 18,3 Prozent der Ausgaben durch Kasseneinnahmen gedeckt, heute sind es gar nur noch 16,6 Prozent, mit sinkender Tendenz. Das liegt nicht an nachlassendem Besuch (was im letzten Jahrzehnt allenfalls fürs Schauspiel, aber nicht fürs Musiktheater gilt), sondern einfach daran, daß die Eintrittskarten und Abonnements bei weitem nicht so schnell und so stark verteuert werden wie die fixen Kosten steigen. Theater wird also *relativ* ständig billiger, auch wenn man ständig mehr für seinen Sitz zahlen muß – nur ein scheinbares Theaterparadoxon.

Jedem Theaterbesucher, der seine Eintrittskarte gekauft hat, zahlt die öffentliche Hand also fast das Sechsfache dazu, damit er sein Billet zu einem erschwinglichen Preis erstehen kann. Ohne Subventionen müßte ein 15-DM-Platz eben fast 100 DM kosten. Aber nur so ist eine Demokratisierung des Theaters möglich. *Auf der Bühne muß man elitär sein, im Zuschauerraum demokratisch,* verkündete schon 1980 der damalige Pariser Opernchef Rolf Liebermann. Die von ihm vorgeschlagenen *Gala-Abonnements mit Smoking-Zwang* für Opernmäzene, die etwa 1000 DM für ihren Nobelplatz zu zahlen hätten *(damit wäre auch der Vorwurf aus der Welt geschafft, daß man mit dem Geld der Armen das Vergnügen der Reichen subventioniert)* blieben damals eine Utopie. Nicht so im opernsnobistischen Mailand: dort zahlten wirklich die Käufer der besten Parkettplätze der Scala zur Aida-Premiere 1985 umgerechnet etwa 1000 DM.

Da blieb Liebermann vor Antritt seines zweiten Hamburger Operndirektoriats viel bescheidener, wenn er bekanntgab, daß in Hamburg ab 1985 die teuersten Plätze nicht mehr 135 DM, sondern bis zu 180 DM kosten werden; dafür soll man auf dem dritten und vierten Rang den Stars schon für 4 bis 8 DM lauschen können.

Die Wohlhabenden werden also tiefer in die Tasche greifen und bei ihrem mäzenatischen Portepee gefaßt. Falls sie nicht, zum Undank dafür, bei ihrem Gang vom Mercedes zur strahlenden Opernpforte zwischen höhnischen Plakaten oder gar Tomatenschmeißern Spießruten laufen müssen (was dem Frack- und Nerzpublikum der Mailänder Scala schon öfter passierte), wird Liebermanns Umwegstrategie der Operndemokratisierung wahrscheinlich erfolgreich sein. Bei Herbert von Karajans Osterfestspielen und bei den Salzburger Sommerfestspielen wird ja seit Jahren vorexerziert, was reichen Leuten die Status-Bestätigung wert ist. Nämlich einen runden DM-Tausender, wenn man die Gattin und das Hotel dazunimmt, pro Opernabend.

Allerdings ist solches Mäzenatentum durch sehr hohe Eintrittspreise nur bei Luxus-Festivals oder in Millionenstädten praktikabel. Noch in München, schon nicht mehr in Stuttgart. Oder doch? Man hat es ja noch gar nicht allgemein zu erproben versucht. Allenfalls gelegentlich. Wenn etwa ein mittleres Theater wie Mannheim teure Stars von auswärts für festliche Opernabende engagiert, dann darf es den Kulinariern schon einiges an Überpreisen zumuten, und es wird klaglos bezahlt. Alles ist letztlich auch eine Frage der Relationen. Wenn 400 DM in Salzburg, 180 DM in Hamburg für zwei- oder vierhundert spendable Opernfreunde, warum nicht 60 bis 90 DM in Freiburg, Bielefeld und Nürnberg für hundert? Auch das würde zu einer Demokratisierung der Oper, jedenfalls ihrer Kosten, beitragen.

Denn die sind derzeit sehr willkürlich, ungleich, kurzum: ungerecht verteilt. Am schlechtesten kommt weg, wer überhaupt kein Interesse fürs Theater hat. Er muß dennoch dafür blechen und desto mehr, wenn er in einer Stadt mit einem öffentlich subventionierten Theater lebt. Dort trug 1983 jeder Bürger, ob er das Theater besuchte oder nicht, jährlich 76,61 DM zu dessen Betrieb bei; in theaterlosen Städten nur 15,82 DM. Diese Differenz ist ein gravierendes Problem für die Theaterkommunen. Wie kommen deren Steuerzahler dazu, ihr Theater zu finanzieren, während Nachbargemeinden, die es ja auch mitbenützen, praktisch nichts dazu beitragen?

Ähnlich ungleich verteilt sind die Lasten zwischen Städten, die ein einstiges Hoftheater geerbt haben, und denen, die immer schon ein Stadttheater unterhielten. Die Münchner, die Stuttgarter kommen mit ihren Staatstheatern ungleich billiger weg als etwa, um im vergleichbaren Opernrahmen zu bleiben, die Kölner oder die Frankfurter. An der Münchner Staatsoper trugen im Rechnungsjahr 1983 zur Subvention von 55 Millionen DM das Land Bayern 44 Millionen, die Stadt München nur 11 Millionen DM bei. Bei den Württembergischen Staatstheatern in Stuttgart mußten die Stadtbürger schon etwas mehr zulegen, denn hier teilen sich Land und Kommune den Zuschuß von 81 Millionen halb und halb. Viel stärker müssen die Stadttheater-Kommunen, und die stellen das Gros der deutschen Musiktheater, ihre Steuerbürger belasten. Am empfindlichsten Frankfurt, wo die Gemeinde praktisch den gesamten Zuschuß von über 71 Millionen aufbrachte, das Land Hessen aber gar nichts, und Köln, wo das Verhältnis 57 Millionen zu 3 Millionen DM war. Die drei theaterreichsten Bundesländer – Nordrhein-Westfalen mit einundzwanzig, Bayern mit dreizehn, Baden-Württemberg mit ebenfalls dreizehn plansubventionierenden Theaterstädten – sind durch die verschiedene historische Herkunft ihrer Musentempel finanziell äußerst ungleich belastet. In den beiden südlichen Ländern tragen Staat und Stadt, grob gesehen, etwa mit gleichen Anteilen die Subventionen, in Nordrhein-Westfalen, wo einstige Hoftheater und neue Landestheater ganz in der Minderheit sind, mußten die Theaterkommunen 1983 die horrende Summe von 409 Millionen DM aufbringen, während das Land nur 48 Millionen beisteuerte. In diesen Zahlen, alle nach der Theaterstatistik 1983/84, sind die Sprechtheater eingeschlossen; die Kosten fürs Musiktheater allein könnten, wie schon erwähnt, nur sehr ungenau geschätzt werden.

Für die Subventionsspender, besonders für die vielen Theaterstädte, fällt ja auch der Theateraufwand nur als Ganzes ins Gewicht. Daß er, und warum er ständig wächst, wurde schon gezeigt. Wächst er ungebührlich, gar unerschwinglich? Was immer in Landtags- und Stadtratsdebatten mit pathetischem Brustton und aufrichtiger Emotion vorgebracht werden mag, die Fakten sprechen eine nüchternere Sprache. Zwar haben die gesamten Kulturausgaben der bundesdeutschen Gemeinden, nach der Sättigung des dringendsten allgemeinen Aufbaus, zwischen 1975 bis 1983 etwas zugenommen, ihr Anteil an den kommunalen Gesamtetats stieg von 3,5 Prozent auf 4,5 Prozent. Das kam aber mehr den bisher etwas vernachlässigten Volksmusikschulen und alternativen Angeboten als den Theatern zugute; denn deren Anteil am Kulturhaushalt ging laut dem Statistiker F.H. Köhler in derselben Zeit von 41,7 auf 39,2 Prozent zurück. Wobei die Theaterstädte gegenüber den theaterlosen ungleich stärker belastet blieben: mit über 54 Prozent des Kulturhaushaltes gegenüber 20 Prozent. So hoch diese relativen Theaterkosten erscheinen, so eng sie alle anderen kulturellen Initiativen der Städte einschränken, man darf nicht vergessen, daß deren gesamte Kulturetats immer noch viel zu niedrig sind; jedenfalls hinter den Anforderungen, die von der gewandelten Freizeitgesellschaft gestellt werden, ständig zurückbleiben.

Nur 1 Betonprozent für die deutsche Kultur

Nur 1 Prozent der gesamten Ausgaben der bundesdeutschen Länder und Städte wird für die Förderung kultureller Einrichtungen und Initiativen verwendet (Schulen und Wissenschaft, die selbstverständlich ein Vielfaches an Subventionskosten erfordern, sind darin nicht enthalten, wohl aber sämtliche Aufwendungen für Museen, bildende Kunst, Orchester, Theater, alternative künstlerische Aktivitäten und Erwachsenenbildung). Dieser Anteil von einem einzigen Prozent – viel zu wenig, wie alle Kulturpolitiker von Etat zu Etat stets aufs neue beklagen! – ist nicht nur seit dem letzten Krieg, mit geringen Schwankungen, konstant geblieben, so wie auch die höchst unterschiedliche Kulturbelastung bei den deutschen Flächenstaaten (0,4 Prozent des Gesamthaushalts im Jahre 1980) und bei den Theaterstädten (damals 2 bis 3 Prozent). Was aber viel nachdenkenswerter, ja absurd erscheint: Dieser betonierte 1-Prozent-Anteil der deutschen Kultur hat sich selbst seit dem Wilhelminischen Reich nicht verändert! Das errechnete jedenfalls Dieter Sauberzweig vom Deutschen Städtetag, einer der Referenten beim Deutschen Orchestertag in Trier 1982. Gewiß, unter Wilhelm II. waren damals die kulturellen Pflichten der öffentlichen Hand erheblich enger abgesteckt als heute, wie auch Steueraufkommen und Gesamtetats ungleich niedriger lagen. Aber es geht ja um die Relation: Soll diese 1-Prozent-Kultur wirklich für alle Zeiten petrifiziert bleiben, obwohl die kulturellen Ansprüche der modernen, immer kürzer arbeitenden Freizeitgesellschaft doch stetig wachsen, und obwohl von dem einen Prozent nicht nur die mit steigenden Löhnen und Gehältern ständig teurer werdenden Theater, sondern auch die neuen alternativen Kunsteinrichtungen gefördert werden müssen?

Erst wenn man das Ganze der Freizeitkultur im Auge behält, behält man den Blick für Subventionsrealitäten. Es ist demagogisch und weltfremd, Theater in seiner gewachsenen Fülle (und Zugänglichkeit auch für schmale Geldbeutel) zu wollen und zugleich über die von Jahr zu Jahr steigenden Zuschüsse zu jammern. Ohne sie ist es nicht zu haben. Schon seit langem nicht. Man kann allenfalls über die Verteilung des subventionierten Kuchens streiten, die Theatermacher zu mehr Wirtschaftlichkeit anhalten.

So hoch die öffentlichen Theatersubventionen sind, relativ bleiben sie seit Jahrzehnten hinter der Aufblähung der Gesamtetats zurück, und immer weniger steht für rein künstlerische Zwecke zur Verfügung. Dieter Angermann, der Vorstand des Deutschen Bühnenvereins, zog im Vorwort zur Theaterstatistik 1982/83 diese Bilanz: *Die Bundesländer und vor allem die Gemeinden haben ihre Zuweisungen an die von ihnen getragenen Bühnen im Schnitt nur noch mit einer Rate erhöht, die deutlich unter Tarif- und Preissteigerungsraten liegt. Real müssen die Theater ihr Angebot also mit weniger Geld aufrechterhalten.* Ähnliches hatte Henning Rischbieter in der von ihm herausgegebenen Zeitschrift *Theater heute* schon für die Zeit von 1951 bis 1973 festgestellt. Damals erhöhten sich die öffentlichen Gesamtetats um das Achtfache, die Theatersubventionen um das Siebenfache, sie blieben also deutlich hinter der allgemeinen Kostensteigerung zurück. Wobei noch zu bedenken ist, daß die institutionell unvermeidlichen Löcher in den Theaterbilanzen nicht einmal teilweise durch erheblich verteuerte Eintrittspreise zu stopfen sind. *Sie können nicht alles haben, Herr Schmidt* – Brechts Mahagonny-Weisheit heißt auf unser Thema übertragen: Man kann nicht das Ideal eines *Theaters für alle* mit Billetts ansteuern, die nur für wenige erschwinglich wären. Entweder, oder.

Was keineswegs ein Plädoyer für Mißwirtschaft und verantwortungsloses Aasen mit öffentlichen Geldern sein soll. Doch macht es sich zu leicht, wer nur die Milliarden der Theaterunterstützungen zur Zielscheibe nimmt. Sie sind gewaltig, aber nicht unerschwinglich, zumal sie seit langem stagnieren, ja im Verhältnis zu den gesamten öffentlichen Ausgaben zurückgehen. Nicht daß sie so hoch sind, wäre der entscheidende Ansatzpunkt realistischer Kritik, sondern daß die Kulturetats zu niedrig sind, allen Kulturbekenntnissen zum Trotz, die sich die demokratischen Repräsentanten des gern so genannten Volkes der Dichter und Denker alle Jahre wieder leisten. Immer ohne andere Folgen als Gewissensberuhigung und preisberichtigtes, nichts wirklich änderndes Weiterwurschteln.

Zwar steht das deutschsprachige Repertoiretheater, die Oper eingeschlossen, heute samt seinen Milliarden-Subventionen nicht mehr ernstlich in Frage. Der bedeutende Berliner Theatermann Peter Stein hatte das noch 1976 (im österreichischen Magazin *Profil*) resignierend ins Auge gefaßt: *diese großen Häuser sind von einem bestimmten Punkt einfach nicht mehr zu finanzieren . . . Das gilt nicht nur fürs Theater, das ist zum Beispiel mit der Oper genauso . . . Sie sind drauf und dran, abzunippeln, bankrott zu machen.* Rischbieter hingegen erschien schon die *Zusammenbruchstheorie . . . gegenüber der Konstanz des Systems nicht haltbar*, und diese Einsicht wurde durch die Jahre seither nur bestätigt. Immerhin, auch wenn sich das Theatersystem deutschen Modells als haltbarer erwies als die Zusammenbruchstheorie, außer Kulturbekenntnissen kann es schon auch habhaftere, möglichst wissenschaftlich und mit Wirtschaftszahlen untermauerte Apologien gebrauchen, die den Geldbewilligern in Staat und Stadt imponieren. Je luxuriöser das jeweilige Theater – die Oper ist da immer dabei –, desto näher liegen solche Rechtfertigungen.

Zauberwort Umwegrentabilität

Eine der ersten sorgfältig ausgearbeiteten Berechnungen solcher Art ließ Herbert von Karajan für die von ihm gegründeten und als Leiter fast allein bestrittenen Salzburger Osterfestspiele ausarbeiten. Daß er im ersten Jahr, 1967, die aufwendige *Walküre* neuinszenieren, mehrere Konzerte mit den hochrangigen Berliner Philharmonikern bieten und dennoch mit plus minus null, ohne direkte Subventionen, abschneiden konnte, war völlig theateranachronistisch und grenzte an ein Wunder. Wie zu erwarten, ließ es sich nicht wiederholen; auch Karajans Privatfestival ging den Weg aller Opernproduktionen – unter das rettende Dach öffentlicher Finanzierung, und zwar einer von Jahr zu Jahr wachsenden. Um aufmüpfigen Subventionsbewilligern Salzburgs den Wind aus den Segeln zu nehmen, untermauerte man den neu aufkommenden Begriff der *Umwegrentabilität* mit volkswirtschaftlichen Argumenten. Im fünften Jahr der Osterfestspiele, als Stadt und Land Salzburg bereits mit 4 Millionen Schilling Karajan die Bilanzlöcher stopften (wie wenig, aus heutiger Sicht!), versuchte eine Analyse der Salzburger Kammer der gewerblichen Wirtschaft zu beweisen, daß Stadt und Land eigentlich mit den Osterfestspielen ein gutes Geschäft machten. Den 4 Millionen Schilling Zuschuß stand demnach eine Umwegrentabilität von über

45 Millionen Schilling gegenüber. Sie wurde so errechnet: 21000 Besucher kamen *zusätzlich*, nämlich als Mitwirkende und, vor allem, als Publikum in die Stadt. Sie gaben hier 33 Millionen Schilling aus; die Osterfestspiele selber investierten 2 Millionen, ein Steuer-Mehr erbrachte der Stadt über 7 Millionen Schilling, dem Land über 2 Millionen, was zusammen 45 Millionen Schilling ausmacht.* Natürlich können Skeptiker fragen, ob es mit den *zusätzlichen* Einnahmen seine volle Richtigkeit hat, ob sie wirklich in so hohem Maß den Osterfestspielen gutgeschrieben werden können. Schließlich ist Salzburg, wenn die Magnolien blühen und der Schnee vom Untersberg über Forsythien schimmert, auch ohne Karajan ein sicherer Touristenmagnet und normalerweise ausverkauft (oder doch fast).

Was den kurzen und relativ subventionsbescheidenen Salzburger Osterfestspielen zurechtkam, konnte den ein Mehrfaches an Zuschüssen verschlingenden Sommerfestspielen nur billig sein. Das Zauberwort *Umwegrentabilität* wurde auch hier bald beschwichtigend ins Treffen geführt. So in den offiziellen *Salzburger Festspielinformationen* 1983, wo unter Bezug auf die jüngste Untersuchung der Salzburger Wirtschaftskammer und der Arbeiterkammer (wie schön, daß die sich hier einig waren) errechnet wird: Im Festspielsommer 1979 gab es zwar ein Defizit von 76 Millionen Schilling, aber zugleich bewirkten die Festspielgäste Umsatzerlöse von fast 200 Millionen, *indirekt kann man mit weiteren 123 Millionen Schilling rechnen*. Summa summarum verbleibe ein Plus von 160 Millionen Schilling öffentlicher Einnahmen, *d.h.also, daß die durch die Salzburger Festspiele bewirkten Steuereinnahmen doppelt so hoch sind, als das mit öffentlichen Mitteln gedeckte Defizit.***

Nach der jüngsten, im Sommer 1985 veröffentlichten Hochrechnung der Salzburger Handelskammer hätte sich die Umwegrentabilität der Salzburger Festspiele 1984 gar auf über eine Milliarde Schilling erhöht! Dies wird so errechnet: Die Festspielgäste erbringen, bei angenommenen Tagesausgaben von 1300 Schilling je Kopf, einen zusätzlichen Umsatz von 800 Millionen Schilling (davon bleiben 500

* Osterfestspiele Salzburg. Wirtschaftliche Auswirkungen auf Stadt und Land. Salzburg 1971.

** Salzburger Festspielinformationen. Heft 21, Juni 1983. S. 25.

Millionen im Land Salzburg), und zusätzliche Steuern von 272 Millionen Schilling.

Den Vogel wirtschaftswissenschaftlicher Argumentationsgründlichkeit zum Beweis der Umwegrentabilität schoß, wenn die Metapher gestattet ist, der österreichische Bundestheaterverband mit seinem *Bericht 1983/84* ab, einem fast fünfhundert Seiten dicken, sehr informativen Buch. Der Verband hat es ja auch ziemlich nötig: Er umfaßt die vier teuersten Theater Österreichs (Staatsoper, Volksoper, Burgtheater und Akademietheater), alle in Wien, was die anderen Bundesländer schon neidisch macht. Zumal dieser bundesstaatliche Wiener Theaterblock zwar den weltweiten Ruhm österreichischen Theaters recht eigentlich repräsentiert, aber auch die dominante Steuerlast bewirkt. Und das in einem kleinen Land, das sich seine alttraditionelle Theaterlust verhältnismäßig mehr kosten läßt, als die ungleich reichere Bundesrepublik Deutschland, nämlich ein Drittel Prozent des Staats-Gesamtetats, während die Bundesrepublik Deutschland von ihrem Etat nur 1 Promille für die *gesamte* Kultur ausgibt (die hier freilich nach der Verfassung viel mehr Ländersache ist). Sind die fast 1,3 Milliarden Schilling für die genannten vier Wiener Bundestheater zuviel, gar hinausgeworfenes Geld? Keinesfalls, wenn man den volkswirtschaftlich argumentierenden Ökonomen (ein Wiener Universitätsprofessor und ein Magister der Wirtschaftsuniversität Wien) auf ihren mit Tabellen und unzähligen Zahlen gespickten Plädoyers für die Umwegrentabilität der berühmtesten, am höchsten subventionierten Wiener Theater folgt.*

Danach sind jene in die zweite Schilling-Milliarde reichenden öffentlichen Zuschüsse ein ausgesprochenes Geschäft. Einmal müssen von den 1267 Millionen Schilling Subventionen gleich die 240 Millionen Schilling Lohnsteuer abgezogen werden, die von den Angestellten jener vier Theater entrichtet werden; bleiben also noch 1027 Millionen. Eine durchaus nachdenkenswerte (auch für uns in Deutschland), sehr selten Kritikern des teueren Theaters auch nur bekannte Überlegung. Weiter im Wiener Text: 255 Millionen Schilling verdienten an die zweihundert österreichische Wirtschaftsunternehmungen durch Aufträge der subventionierten Theater, 180 Mil-

* Österreichischer Bundestheaterverband, Bericht 1983/84. Wien 1984. S. 14ff.

lionen der Wiener öffentliche Verkehr und die Restaurants durch Theaterbesucher, 600 Millionen Schilling kamen durch ausländische Theatergeher herein, 560 Millionen nahm die Finanzkasse durch erhöhten Steuerrückfluß ein. Insgesamt ergeben alle diese mit dem Theaterbesuch zusammenhängenden Ausgaben die stolze Summe von rund 2 Milliarden Schilling; sie wird ganz zum Schluß, Doppel- und Mehrfachzählungen ausschaltend, auf eine faktische *Wertschöpfung* der Wirtschaft durch die Bundestheater (1050 Millionen, plus 557 Millionen zusätzliche Steuereinnahmen) reduziert. Insgesamt immer noch viel mehr als die entrichteten Theatersubventionen von netto 1027 Millionen Schilling. Die teueren Theater, mit etwa zwei Drittel Kostenanteil die beiden Wiener Opern, wären demnach überhaupt nicht teuer gewesen. Sie hätten sich sogar rentiert.

Kein Außenstehender kann solche komplizierten Rechnungen von Fachgelehrten sachlich auf Herz und Nieren überprüfen oder im Detail zerpflücken. Selbst wenn das – sicher überraschende und bedenkenswerte – Fazit einleuchtet, ist es nicht generell auf deutsche Verhältnisse übertragbar. Ganz sicher nicht auf Würzburg oder Gelsenkirchen, zu deren Opernaufführungen man nun einmal nicht von weither, und schon gar nicht aus dem fernen Ausland, anreist. Eher schon auf attraktive Fremdenverkehrsstädte wie München, Köln oder Hamburg, auf Grenzstädte wie Karlsruhe, die Austausch mit dem Nachbarn pflegen, oder auf Stuttgart, Düsseldorf oder Frankfurt, die als Zentren dichter Ballungsräume auswärtige Operngäste anziehen.

Bei aller Vorsicht: An jene Umwegrentabilität der Theater wird viel zu wenig gedacht, auf die nackten Subventionszahlen viel zu oft blind gestarrt. Die imposante bundesdeutsche Theaterphalanx ist eben nicht nur eine unbestreitbare kulturelle und gesellschaftlich relevante Größe, sie bildet auch eine habhafte Wirtschaftsmacht. Sie einzuschränken, durch undurchdachte Sparmaßnahmen Theater lebensunfähig zu machen und eingehen zu lassen, hieße nicht nur das ohnehin schon schwer abzubauende Millionenheer der Arbeitslosen noch vermehren. Es hieße auch, Umwegrentabilität in Umwegverluste verwandeln. Diese wären noch unsicherer in Zahlen zu prognostizieren, jedenfalls aber wären es sichere rote Milliardenkosten, die dem Steuerzahler zu Lasten fielen.

Dabei muß sich jeder Theaterfreund darüber im klaren bleiben, daß wirtschaftliche Argumente fürs Theater dubios, im Sinne des Wortes unsachlich sind. Das hieße ja, die Existenznotwendigkeit des Theaters mit seiner Rentabilität zu motivieren – was nun wirklich in einer sozial denkenden Gesellschaft, die nicht mehr vor hungernden Komödianten die Wäsche weghängt, nicht Sache des Theaters sein kann, schon gar nicht der Oper. Sie ist teuer, sie muß teuer sein. Sie ist aber in den deutschsprachigen Ländern, die sich vielerlei öffentlich unterstützte Institutionen und Einrichtungen leisten, nicht unerschwinglich teuer.

Ein teurer Spaß, das schon. Auch ein Luxus – sofern man dieses Wort so (scheinparadox, dem theatralischen Wesen angemessen) versteht, wie – um auch am Schluß von seiner Theaterweisheit zu profitieren – Brecht es in seinem *Kleinen Organon* hintersinnig, und äußerst opernkulinarisch ausdrückte: *Theater muß nämlich durchaus etwas Überflüssiges bleiben dürfen, was freilich dann bedeutet, daß man für den Überfluß ja lebt.*

Oper oder Musiktheater?

Wann die allererste Oper aufgeführt wurde, weiß man ziemlich genau: im Karneval 1597/98 in einem florentinischen Adelspalast, sie hieß *La favola di Dafne* und stammte von dem Dramatiker Ottavio Rinuccini und dem Musiker Iacopo Peri. Seit wann es das gibt, was man heute Musiktheater nennt und der alten Oper gegenüberstellt, ist schon viel ungewisser. Von der historisch-schöpferischen Seite her verfließen die Grenzen völlig. Haben Glucks sogenannte Reformopern, mit *Orfeo ed Euridice* beginnend, sie entscheidend überschritten oder erst Mozart mit seinen theaterkomödiantischen Reifwerken oder gar erst Wagner, oder ist das alles vieux jeu, und neues, wirklich neues Musiktheater beginnt erst dort, wo Bergs *Wozzeck* nicht als ein modernes Musikdrama, sondern als gewichtige Endstation eines abgelebten Typus angesehen wird?

Auch vom Interpretatorischen her, von den maßgebend prägenden Inszenatoren, ist Musiktheater weder personell noch zeitlich genau zu fixieren. Sicher kann niemand von zeitgenössischem Musiktheater sprechen, ohne die Beiträge Walter Felsensteins und Günther Rennerts in Betracht zu ziehen. Beide jedoch hatten wegbahnende Vorgänger, zumal im Opernberlin der zwanziger Jahre. Jedenfalls auf deutschen Bühnen. Ohne allzu terrible Simplifikation kann man sagen: Die Oper wurde in Italien erfunden, das Musiktheater unserer Zeit in Deutschland.

Aber muß man denn Oper und Musiktheater trennen, kann man das überhaupt klar? Ästhetisch-theoretisch wird die imaginäre Scheidelinie in einer Grauzone verlaufen. Schon in der Opernhochblüte des ausgehenden 18. Jahrhunderts steckten zwei Meister jener Zeit die Pole ab: *Ich versuchte . . . die Musik zu ihrer wahren Bestimmung zurückzuführen, nämlich der Poesie zu dienen*, begründete Gluck seine Opernreform. *Bei einer opera muss schlechterdings die Poesie der Musick gehorsame Tochter seyn*, lautete Mozarts Losung. Beide Parolen betrafen die Grundfrage der Oper, das Verhältnis von Wort und Ton, jedoch auch die szenische Erscheinungsform. Gluck sah sie durch die von ihm so genannte Poesie, worunter er das zeitgemäße Drama der französischen Klassik verstand, entscheidend bestimmt; Mozart, der ungleich reichere Musiker, durch die Musik als Herrin.

Dennoch war er es, und nicht der Rationalist Gluck, der aus der alten Oper bis heute aktuell fortwirkendes Musiktheater schuf. Wer kann sich *Figaro, Don Giovanni* oder *Zauberflöte* konzertant aufgeführt vorstellen, ohne Werkwesentliches, nämlich die theatralische Dimension, zu vermissen? Bei Händels italienischen Opern wäre das schon eher denkbar. Mozarts überwältigende Präsenz im Opernleben von heute ist nicht nur der Attraktion *schöner Melodien* gutzuschreiben (die schüttelte auch Händel aus dem Ärmel), sie plädiert für die *dramatische* Melodie als Lebenselixier einer bestimmten historischen Opernform, und vor allem für Oper als musikalisches Theater.

Oper und Musiktheater – wer je eine flüchtig einstudierte, ganz auf Rampenschmetterei von Tenor und Primadonna abgestellte Aufführung in einer italienischen Durchschnittsstagione gehört und dann mit sorgfältigen Felsenstein- oder Rennert-Inszenierungen verglichen hat, dem braucht man den Unterschied nicht klarzumachen. Über die *Unnatur* der Oper haben zwar (in Verkennung ihrer eingeborenen Paradoxien) schon rationale Ästhetiker der Barockzeit gespottet. Aber Jahrhunderte lang blieb der Regisseur eine Schattenfigur, auf dem Programmzettel überhaupt nicht erwähnt, ein bloßer Arrangeur von Auftritten, viel unwichtiger als der Dekorateur. Richard Wagner war der erste wirkliche Inszenator. Er fand die szenische Einstudierung so wichtig, daß er beim Bayreuther *Ur-Ring* von 1876 sogar das Dirigat lieber einem anderen überließ und sich statt dessen auf die Bühne, ans Regiepult setzte. Schule machte er dennoch nicht. Noch jahrzehntelang blieb der Kapellmeister Herr im Haus. Die Dirigentenvergötterung seit Toscanini trug dazu bei, daß es zu einer Partnerschaft mit dem Regisseur nicht kommen konnte, schon gar nicht in romanischen Ländern.

Auch an den nicht so sehr von Sängerstars beherrschten deutschen Häusern wurde Oper in ihrer herkömmlichen Darstellungsform zur Karikatur von Theater und seit dem Fin de siècle mit seiner verfeinerten, psychologisierten Schauspielkunst zum Gespött der Anspruchsvolleren. Ob entillusionierende Hünenweiber und schwertrasselnde Schmerbäuche bei Wagner oder das an die Rampe vorgeschobene Troubadourbein (ein Wort, mit dem Fritz Kortner auf seinen Proben Klischeeposen verhöhnte), es blieb sich gleich. Was da über den Orchestergraben als Rampenservice kam, konnte durchaus Effekt machen, ja begeistern – sofern brillante Stimmen am Werke waren. Nur eben: Es war Oper, nicht Musiktheater, wie es die Kritiker jener alten Oper seit den zwanziger Jahren im Auge hatten, als Komponisten, als expressionistische Librettisten und als inszenierende Theaterleute.

Was Musiktheater nicht ist, verkörpert das Troubadourbein. Was aber ist es denn? Keiner seiner Verwirklicher hat sich darüber so ausgiebig geäußert, seine Theaterprodukte so scharfsinnig kommentiert wie Felsenstein. Im Zentrum stehen zwei Wörter: *Handlung* und: *singender Darsteller. Die Handlung . . . ist seit jeher das Grundelement des Theaters,* heißt es bei Felsenstein – man denkt da an Wagners Untertitel zu *Tristan und Isolde,* der eben nicht Musikdrama, sondern *Handlung* lautete. Mit Wagners Ästhetik – dabei lag Wagner in der Praxis Felsenstein denkbar fern – verbindet auch das angestrebte Identifikationstheater, in dem die Zuschauer *ihre eigenen Sehnsüchte wiedererkennen;* das Bekenntnis zur Wahrheit der Aussage vor Schönheit im Gesang; auch zur Realistik von Geste, Kostüm und Bühnenbild, am perfektesten durchgeführt in der bahnbrechenden Inszenierung von Janáčeks *Schlauem Füchslein.* Aber auf das Etikett *realistisches Musiktheater* wollte sich Felsenstein auch nicht festlegen lassen. *Es wäre besser zu sagen: verständlich oder unverständlich,* bog er in einem Interview ab. Unerschütterlich blieb er seinem Ideal des *singenden Darstellers als schöpferischer Erscheinung* treu; lieber nahm er in Kauf, daß auch die Besten im Ensemble seiner Ost-Berliner Komischen Oper keine überragenden Stimmen besaßen, wenn sie nur glaubhaft machten, daß Gesang als *unentbehrliche Äußerung,* in dem gegebenen dramatischen Augenblick als einzig mögliche wirkte. Man dürfe von Musiktheater *nur dort sprechen, wo Musik und Gesang handlungsbedingt sind, wahrhafte und unentbehrliche menschliche Äußerungen.*

Was immer ich an Felsenstein-Inszenierungen erlebt habe, immer boten sie – vor allem, besonders vor allem Gesangskulinarischen – packendes Theater. Mit Sängern, die es mit jedem Wortmimen an gestischer Virtuosität und Nuancierungskunst aufnehmen konnten und die noch etwas zuzugeben hatten. Etwas für das Wesen von Musiktheater äußerst Wesentliches: Sie plädierten für das Mehr an Wirkungsintensität, das dem musikalischen Theater gegenüber dem gesprochenen immanent, darstellerisch primitiver Oper jedoch unzugänglich ist.

Felsenstein hat epochal Schule gemacht. Auch wenn selbst Schüler seine realistische Fixiertheit zu größerer symbolhafterer Freiheit weiterentwickelt haben (so Götz Friedrich, der sich aber ebenso zum *singend handelnden Menschen* als entscheidendem Element des Musiktheaters bekennt), oder wenn Joachim Herz eine halb ironisch geschärfte Lanze für die von Felsenstein verachtete kulinarische Oper bricht, die nicht tot sei, sondern nur an Stimmenmangel leide, und wenn er ausplaudert, der Meister habe intern gespöttelt, sein Musiktheater sei Ersatz für die Sänger, die er nicht habe – was man nun wirklich als selbstironischen Spaß nehmen muß.

Jedenfalls hat Felsenstein durch seine, vornehmlich in Ost-Berlin vollbrachten, Theatertaten dem modernen Musiktheater ein Prestige verschafft, das es zum fast unbestrittenen Ideal erhebt. Statuarische Wagnerbäuche und Troubadourbeine sind seither von der anspruchsvolleren Bühne verbannt. Zwar erscheint Felsensteins szenenrealistischer Stil den meisten Regisseuren von heute überholt (wer beherrscht ihn schon so virtuos wie Zeffirelli in seiner berühmten *Bohème!*). Aber auch das antipodische Musiktheater Wieland Wagners, mit seiner irreal *entrümpelten Szene* und Stilisierung ins Mythische, hat seine die Wagnerwelt beherrschende Epoche schon wieder hinter sich, und von Rennerts Inszenierungen sind nur noch Bilder und Berichte geblieben, das Wesentliche seiner von Salzburg bis zur Met bewunderten Kunst, Sänger zu beseelten Menschenbildern zu machen, komödiantischen Aktionismus durch Psychologie zu grundieren, ist mit der Bühnenluft verweht.

Was weiterwirkt, ist ein grundlegend geändertes Bewußtsein, bei Theaterleuten wie – teilweise – beim Publikum: daß Oper kein *kostümiertes Konzert* mit bekannten, also schönen Gesangsmelodien ist, sondern Theater mit und durch Musik. Nicht einfach aus dem wohligen Gefühlsfauteuil zu genießen, sondern gar nicht einfach, mit einiger intellektueller Anstrengung, als theatralischer Komplex nachzuvollziehen – wie eben Theater überhaupt, und mit noch etwas mehr Phantasie und Aktivität als das gesprochene Theater. Selbst in der vielzitierten *tiefsten Provinz* traut man sich nicht mehr, die Evergreens bloß szenisch zu arrangieren. Überall ist der Regisseur zum vollwertigen Partner des Dirigenten geworden. Oft zum dominierenden, gar erdrückenden.

Umstrittenes Regisseurstheater

Ein Gespenst geht um in der deutschsprachigen Opernwelt: Es heißt Regie- oder (eigentlich genauer) Regisseurstheater. Damit sind meist die Verwirklichungen wohlbekannter klassischer Meisterwerke gemeint, die zumal in Bühnenbild und Kostüm so radikal vom Gewohnten abweichen, daß sie das scharenweise empörte Publikum *nicht wiedererkennt* (während die Kritiker sie meist als kühn und provozierend begrüßen, zumindest als interessant anerkennen). In der Diskussion fällt dann unweigerlich das Wort *Werktreue*. Zu ihm bekennen sich schließlich beide Seiten, die konservative wie die novatorische. Nur meinen sie nicht dasselbe. Gunther in der *Götterdämmerung* im modernen Frack (so Chéreau in Bayreuth), Siegfried in Tante Mimes Wohnküche, der Troubadour-Graf Luna als faschistischer südamerikanischer Macho mit Maschinenpistole – dergleichen empört viele Leute (soll es ja auch). Sie wollen ihren Wagner, ihren Verdi, ihren Mozart und auch ihren Shakespeare und Schiller unverfälscht, original wiederhaben.

Über Verfälschen kann man streiten. Aber original ist keiner zu haben. Es sei denn, man spielte Hamlet nicht abends bei Scheinwerferbeleuchtung, sondern nachmittags, bei untheatralischem Tageslicht, auf einer Mini-Bühne ohne alle Ausstattung und mit weibisch wirkenden jungen Herren als Ophelia und Gertrude. Auch die Tribute an die griechischen Urklassiker dürften nicht im schummrigen Schauspielhaus, sondern müßten in Freilichtarenen stattfinden. Schiller wäre nur dann original zu genießen, wenn *Don Karlos* und *Wallenstein* nicht nur ungekürzt gespielt würden (was im 20. Jahrhundert noch nie und nirgends geschehen ist), sondern auch mit je vier Pausen an jedem Abend; auf diese Pauseneffekte hin, samt Endreim am Aktschluß, sind sie nämlich konzipiert. Und für Wagners *Ring* müßte man die bunt bepinselten, leinwandflatternden Wald- und Wiesenkulissen der Coburger Theatermaler Max und Gotthold Brückner imitieren, die 1876 in Bayreuth Furore und dem Meister großen Kummer machten. (Wetten, daß diese Ausgrabung als dernier cri unserer Postmoderne bald kommt?)

Natürlich kann nachgemachte Originalität nicht Werktreue sein. Realisierungen auf dem Theater sind flüchtig, Produkte aus menschlichen Leibern und Atem, aus Leinwand, Holz, Pappe und Licht, zusammengehalten nur durch das Allerflüchtigste, den Geist des jeweiligen Theaterabends. Bilder und Plastiken alter Meister lassen sich restaurieren, bis sie museumsreif werden, ein für allemal. Für Musiktheater würde Museumsreife den Tod bedeuten. Aber da man doch die großen Opernmeister allseits hoch verehrt, sie werktreu immer neu verwirklichen will, fragt man, was ist Werktreue wirklich? Rennert hat darüber nachgedacht: *Pragmatisch gesprochen: die szenischen und regielichen Anweisungen des Autors, auf zeit- und stilbedingten Voraussetzungen beruhend, müssen häufig umgedacht werden im Hinblick auf neue szenische Möglichkeiten und Wirkungen, vor allem aber auf notwendig gewordene Akzentverschiebungen in bezug von »Ewigkeitswert« und dem hinc et nunc unserer Zeit.* Felsenstein sagte es dialektisch zugespitzt ähnlich: *Interpretation ohne Werktreue ist in unserem Sinne nicht möglich. Werktreue ohne Interpretation ist jedoch unmöglich.* Wobei er den Begriff von Interpretation sehr variabel auffaßte. Manchmal suchte er sich dem Original so weit wie möglich zu nähern, indem er statt entstellender alter Übersetzungen neue, originalnähere wählte (so in seiner *Carmen* mit gesprochenen Dialogen), manchmal griff er dramaturgisch tief in die Substanz ein und machte aus *Hoffmanns Erzählungen* ein fünfstündiges Musical.

Wo verlaufen die Grenzen zwischen Interpretation und Regiewillkür? Bestimmt sie nur die theatralische Evidenz des Opernabends, die erfolgreiche Handschrift des Inszenators? 1926 kleidete Erwin Piscator Schillers *Räuber* in deutsche Landseruniformen, und im selben Jahr brachte Leopold Jessner *Hamlet* im Frack auf die Berliner Bühne, ein sprichwörtlich gewordenes Skandalon schaffend. *Dürfen die denn das?* Die kopfschüttelnde Frage des letzten sächsischen Königs angesichts seiner nach dem Weltkrieg revolutionierenden braven Untertanen ist seither, auf revolutionierende Regisseure bezogen, von zahllosen ratlosen Opernbesuchern nachgeseufzt worden. Der konservative Komponist Hans Pfitzner entschied 1929 mit der Autorität seiner damaligen Berühmtheit: Sie dürfen nicht, und er verlangte allen Ernstes *ein Reichsgesetz zum Schutz von Kunstwerken gegen willkürliche Entstellung*. Wieland Wagner, der sich, nachdem er den Weihetempel Bayreuth zur lebendigen Experimentierwerkstatt verwandelt hatte, ähnlicher Empörung der Alt-Wagnerianer gegenübersah, lehnte jedweden *Denkmalschutz für Wagner* entschieden ab, sein Bruder Wolfgang folgte ihm. Von der avantgardistischen Seite her akklamierte Adorno: *Rechte Aktualisierung ist nicht Willkür am Werk, sondern bessere Treue.* Wobei *recht* und *besser* so vage blieben wie vorher schon Brechts pointierte Meinung zur Frage, ob man die Klassiker bei Aufführungen ändern solle: *Wir können sie ändern, wenn wir sie ändern können.*

Wer kann, der darf

Wer also kann, der darf. Wer entscheidet aber, ob einer kann? Die Zustimmung der sogenannten Großkritiker? Die hat sich sehr oft als kurzlebig, Tagesmoden folgend erwiesen. Der Erfolg beim Publikum? Das ist schon eine etwas dauerhaftere, wenn auch bei Theaterschocks erst mit Zeitzündung wirkende Größe. Das Publikum hat Wieland Wagners szenisch nackten *Parsifal*-Blackout, diesen beunruhigenden Auftakt von Neu-Bayreuth, nach anfänglicher Befremdung ebenso als großen Wurf erkannt wie ein Vierteljahrhundert später den gänzlich konträren *Ring des Nibelungen* Chéreaus. Aber oft bestreikte das Publikum auch Regie-Exzesse, und seine ganz legitime Abstimmung mit den Füßen kann weder erzkonservative Verbocktheit rechtfertigen noch ästhetische Grenzen der Willkür definieren.

Sicher ist, daß es keinem noch so weit gefaßten Begriff von Werktreue genügen kann, wenn Regisseure (zumal junge, um sich zu profilieren) alte Stücke grundsätzlich auf Schockwirkung hin neu trimmen. Davon haben sich gerade Inszenatoren, die durch neuartige Lösungen berühmt wurden, entschieden distanziert. Joachim Herz, dessen Leipziger *Ring* die wilhelminische Inbesitznahme Wagners anachronistisch bildhaft machte, spottete später über billige Imitatoren: *»Des Kaisers neue Kleider« scheint zuweilen das meistgespielte Stück auf deutschen Bühnen; die Jagd, bemerkt werden zu wollen, das eigentliche Agens.* Und über die Sucht, historisch fixierte Opern durch Einkleidung in Blue jeans und Minirock zu aktualisieren (Hamlet im Frack geistert immer als Urahn mit): *Fidelio im KZ informiert falsch über KZs und informiert falsch über Beethoven.* Alles falsch also. Die Geschichtlichkeit des Kunstwerkes Oper komme auch bei der Einkleidung ins Kostüm der Werkentstehung zu kurz: . . . *mich beschleicht leiser Horror, wenn ich mir vorstelle, daß nur noch die Tracht von 1780 bis 1912 auf der Opernbühne uns begegnen soll – denn aus dieser Zeit stammt ja, was wir pflegen, unser »Erbe«* . . .

In eben diese Zeit verlegte Götz Friedrich seine jugendstilige Stuttgarter Inszenierung des *Rosenkavalier,* einer Oper, die nach dem Willen der Autoren im Rokoko spielt. Friedrich verabreichte auch den Schock seines säkularisierten Bayreuther *Tannhäuser,* wenn er am Schluß statt frommer Pilger Chorsänger im modernen Arbeitsgewand die erlösende Botschaft verkünden ließ (was eine geplante werkwidersprüchliche Herausforderung war). Derselbe, inzwischen international arrivierte Friedrich distanzierte sich später von allen Gegen-den-Strich-Bürstern: *Ich gehöre nicht zu diesen Sensationalisten. Viel interessanter fände ich Vergegenwärtigung ohne modische Modernisierung.*

Aber wie macht man das? Vielleicht gar, obwohl das Publikum modische Opern-Maskeraden allmählich toleriert, indem man den ins ästhetische Zwielicht geratenen Begriff der Werktreue nur auf die Musik konzentriert? So Ponnelle 1980: *Was ich unter Werktreue meine, ist die absolute, totale Treue zur Partitur.* Sie also soll Leitstern bleiben, unantastbar; während die szenische Erscheinungsform, selbst wenn sie so präzis in Regie- und Bildanweisungen festgelegt ist wie bei Wagner, ignoriert und jeweils dem Zeitgeschmack angepaßt wird. Aber auch dieser Leitstern strahlt ein trügerisches Licht in unsere widersprüchliche Opernwelt aus.

Absolute und totale Treue gibt es nicht einmal im rein Musikalischen. Schon wer Bach ohne die alten, viel zarteren Barockinstrumente in den Riesensälen des modernen Konzertbetriebs spielt, kann nicht mehr ganz werktreu sein; was die großen Pianisten Glen Gould, Friedrich Gulda und Swjatoslaw Richter nicht davon abgehalten hat, das Wohltemperierte Klavier auf dem völlig anachronistischen Konzertflügel von heute auf Schallplatte einzuspielen. Ganz zu schweigen davon, wie unendlich fern hochglanzpolierte Beethoven-Symphonien mit Karajan und den Berliner Philharmonikern von den schlichten, musikwissenschaftlich einigermaßen restituierbaren Originalen bleiben müssen. Auch Notenzeichen sind nur Chiffren, vieldeutige Hieroglyphen, je älter sie sind. Die sie im Klang verwirklichende Praxis macht sie noch wandelbarer, noch unwiederholbarer.

Also wäre schon rein musikalische Werktreue, wie alle Treue, ein leerer Wahn? Kein leerer: Nachleben erfüllt mit neuem Leben. Selbst wenn die Partitur bei einem so komplexen Kunstwerk, wie es die Oper ist, kein Garant absoluter Werktreue sein kann – nichts ist in der Theaterlebendigkeit absolut –, es übersteigt schon alle denkbaren, als opernimmanent anerkannten Grenzen von Paradoxie, wenn selbst die am hemmungslosesten mit Zeitkostüm, historischer Bühnenform und Regieanweisung der Autoren umspringenden Regisseure dem – längst in die Defensive gedrängten – Partner am Dirigentenpult großmütig konzedieren, daß er die Partitur nicht ebenso als Rohstoff behandelt, sich vielmehr um möglichste Werkgerechtigkeit bemüht. Da sind Schauspielregisseure, die den Partnerballast des Dirigenten nicht mitzuschleppen brauchen, schon etwas freier. Daß sie sich nicht mit dem seit jeher theaterüblichen Kürzen der Texte begnügen, daß sie auch nach Belieben umstellen, gar aus von anderen Autoren stammenden Werken hinzufügen, ist längst der Brauch (so baute Boy Gobert in seine Berliner Inszenierung von Schillers *Wallenstein* 1985 eine Passage aus Döblins Wallenstein-Roman ein, Hansgünther Heyme garnierte in Stuttgart Schillers *Wilhelm Tell* mit modernen Songs).

So weit ist man im Musiktheater noch nicht – es sei denn, es handle sich um betonte Bearbeitungen dramaturgisch notleidender

Opern. Die Musiktexte der großen Meisterwerke waren bisher selbst den respektlosesten Regisseuren tabu. Wie lange noch? Der Musik ein möglichst konträres, provozierend fremdes Szenenkleid überzustülpen ist längst in Mode. Solche Provokation kann bei Werken, die so vieldeutig und so kräftig sind, daß sie es aushalten, durchaus anregend sein und neue, von der Routine zugedeckte Perspektiven aufschließen. Vorausgesetzt, eine regieliche Meisterhand ist am Werk. Das galt sicher für Chéreaus Bayreuther *Ring* von 1976. Er bedeutete mit seiner bewegungsstrotzenden Personenführung und seiner realistischen Bilderfülle eine epochale Wende nach den blassen Wieland-Wagner-Nachgeburten. Soll aber die Partitur wirklich die Quelle und Richtschnur der Inszenierung bleiben, so kann alle Bewunderung für Chéreaus Phantasie und glänzendes Regiehandwerk die Kritik an unbewältigten Resten, ja krassen Entstellungen nicht abtöten. Wenn – wenige Beispiele für viele mögliche – im *Rheingold* auf dem Grunde des Rheines (was immer man darunter verstehen mag) ein Schleusenwerk die Szene füllt, also ein Bauwerk aus industrieller Spätzeit, während die Musik, aus einem einzigen Baßton sich entfaltend, den archaischen, vorzivilisatorischen Urgrund aller Welt beschwört; oder wenn Wotans Speer, der für Wagner kein bloßes Requisit, sondern ein mit einem bedeutsamen Leitmotiv bedachtes und auskomponiertes Stück Handlung und Philosophie ist, achtlos inmitten anderen Gerümpels von Umzugsgut in der Ecke liegt, so ist das einfach unmusikalisch inszeniert – oder der Regisseur tut es musikalisch bewußt, dann nimmt er den Komponisten Wagner nicht ernster als den Verfasser breitschweifiger Szenenanweisungen.

Paradox, aber unübersehbar: die Gleichzeitigkeit von penibler Quellenforschung in der Musik und kaum gehemmter Selbstherrlichkeit in der Regie. Die neue Mozart-Gesamtausgabe bietet den Sängern sorgfältig ausgeschriebene Appoggiaturen an, um von der Nachromantik verschüttete, der Mozart-Zeit selbstverständliche Gesangspraktiken zu erneuern; ähnliches gilt für Bach. Der originalfanatische Dirigent Ricardo Muti duldet nicht einmal effektvolle, seit hundert und mehr Jahren allgemein eingebürgerte hohe Tenor-Töne, wo sie Verdi nicht hingeschrieben hat – wohl aber die viel freieren szenischen Veränderungen durch seinen Partner, den Regisseur. Merkwürdig, wie wenig heute über diese schizophrene Auffassung der Oper, die doch, auch wenn man der Komponente Musik noch so starke Dominantfunktion zubilligt, immer eine Art von Gesamtkunstwerk bleibt, nachgedacht und diskutiert wird. Ein namhafter Regisseur, den ich auf diesen Widerspruch hinwies, meinte achselzuckend: *Ja, wenn die Musik doch unantastbar ist, wo soll ich denn sonst verändern und aktualisieren als im szenischen Bild?* Die Gegenfrage: *Müssen Sie denn unbedingt?* wäre so naiv, wie die erste absurd.

Wiedererkennen – aber wen?

Als im Herbst 1984 die Stuttgarter Staatsoper im frischen Silberglanz ihres restaurierten Original-Auditoriums wiedereröffnet wurde, machte sich in einer der Festreden ein Abgeordneter (er hatte sich um jene Erneuerung sehr verdient gemacht) zum Sprecher des Publikums und drückte die Hoffnung aus, künftig Opern so inszeniert zu sehen, daß man sie *wiedererkennen kann*. Das hat ihm viel Schelte bei Kritikern eingetragen. Warum eigentlich? Wenn sich Musikwissenschaftler und Dirigenten um jedes strittige Sechzehntel, jeden Legatobogen bemühen, damit die Partitur so originalgetreu wie möglich erkennbar wird, kann man es da einem Opernfreund übelnehmen, wenn ihm *Verdis Aida* wichtiger ist als *Neuenfels'* Frankfurter *Aida, Strauss/Hofmannsthals Elektra* wichtiger als Ruth *Berghaus'* Ost-Berliner *Elektra* auf ihrem nackten Brettergerüst?

Gewiß breitet sich ein weites Feld aus zwischen radikalen Schockforderungen und Einsichten gereifter Regisseure wie Strehler *(. . . die rechte Mitte finden zwischen Stoff und Komposition . . . eine mitvollziehbare Logik aufdecken)* und Theatermachern wie Liebermann *(Das wirklich musikalische Theatererlebnis kann vom Regisseur . . . lediglich unterstützt werden)*. Auch wenn man die Züricher Äußerung des neuen Wiener Opernchefs Drese über die tabula-rasa-Praxis exzessiver Regisseure für überzogen hält *(. . . jeder Gag, jede Klamotte, jede Manier wird eingebaut in eine Collage von ordinär-zynisch-brutalen Verhaltensmustern, in denen der Zeitgenosse sich wiedererkennen soll);* auch wenn man erkennt, daß manche konservative Ressentiments nicht das imaginäre Original, sondern eigentlich den gewohnten Bühnenstil der letzten, inzwischen etablierten Generation meinen (als ob uns Verdi näherkäme, wenn wir ihn im Stil der Toscanini-Zeit auf der Bühne sehen!); auch wenn man den Begriff der Werktreue in seiner Vieldeutigkeit in Frage stellt und dem Regisseur denkbar große Interpretationsfreiheit zubilligt – *wiedererkennen* sollte man die Meisterwerke schon. Erst *sie,* dann *sich selber* als Zeitgenosse – in dieser Reihenfolge.

Eine Schrift, die so betont praxisbezogen ist wie diese, kann hier unmöglich das theoretische und ästhetische Für und Wider im gegenwärtigen Regisseurstheater erschöpfend behandeln. Beachtlich erscheint innerhalb dieser Grenzen, wie das Publikum reagiert. Sehr verschieden. Desto benevolenter, je prominenter Inszenator und Theater sind, mit Nuancen im deutschsprachigen Bereich. In Bayreuth läßt es sich viel gefallen, was man im Karajan-beherrschten konservativen Salzburg gar nicht erst wagt. In Hamburg toleriert es Experimente, die an der Wiener Staatsoper von vornherein ausgeschlossen sind. In der sogenannten Provinz – die aber, nie zu vergessen, weitaus die meisten Opernfreunde bevölkern – haben Regieexzesse keine Chance. In Stuttgart mit seinem Millionen-Einzugsgebiet kann Zadek ungestraft Mozarts *Figaro* zur Klamotte degradieren, man zieht die verkorkste Inszenierung eben durch. Mozart ist nicht umzubringen. In Ulm schon. Dort erregte die ebenso ungekonnte wie provozierende *Figaro*-Inszenierung eines jungen Revoluzzers (mit einem betont häßlichen Cherubino in härenem Gewand und mit hinzuerfundenen Gespenstern im gräflichen Schloß) soviel Ärger bei den Abonnenten, daß sie einfach streikten und die zweitpopulärste aller Opern praktisch absetzten.

Aber auch im Operngroßraum Frankfurt stieß die Inszenierungspolitik des fortschrittlichen Opernchefs Michael Gielen an Grenzen. Sein ähnlich progressiv amtierender Protektor, der Frankfurter Kulturdezernent Hilmar Hoffmann, mußte 1984 einen *Besucherschwund* zugeben: Die neu gewonnenen Jungen glichen die vergrätzten Älteren, die wegblieben, bei weitem nicht aus. Dabei hatte Gielen die publikumsferne zeitgenössische Oper bis auf eine einzige Ausnahme (Nonos *Il gran sole*) so gut wie ausgespart, sich vielmehr darauf beschränkt, populäre klassische Opern *zeitgerecht auf(zu-)schlüsseln.* Es wurde ihm nicht gut gedankt. Unter seinem Vorgänger

Dohnányi bezahlten die Operngeher fast 87 Prozent der Frankfurter Plätze, unter Gielen sank der Besuch bis auf 74 Prozent, Ende 1984 sollte er, nach einer dem Autor vom Chefdramaturgen Zehelein mitgeteilten Schätzung, sich auf knapp unter 80 Prozent erholen. Jedenfalls: eine deutliche Diskrepanz zwischen Beifall bei progressiven Kritikern und Publikumsabstimmung.

In Krefeld–Mönchengladbach wagte man im Frühjahr 1985 eine *Ring*-Inszenierung des in Bielefeld beunruhigenden Amerikaners John Dew. Er machte brav, aber aufmüpfig, bei Chéreau weiter, ließ Brünnhilde Kaffee kochen, Walhall als Atomkraftwerk mit Stacheldraht einzäunen, Siegfried einen auf dem Sofa lümmelnden Flegel sein, die Götterdämmerung vor Manhattans Kapitalistenkulisse stattfinden, und er bewirkte mit allen kalt geplanten Rotzigkeiten nur, außer obligatem Beifall bei Premierenkritikern, daß das Publikum revoltierte: Nur noch einmal durfte dieser kalkulierte Ring-Schock stattfinden. Aller Aufwand – für vier teure Abende! – war für die Katz. In Berlin oder München ermöglichen dergleichen Pleiten Millionen Steuerzahler. In der nordrhein-westfälischen Provinz geht das an die Nieren.

Ewiger Theaterwiderspruch zwischen Geist und Materie, zwischen Fortschritt und Reaktion? Das hieße reichlich simplifizieren. Nicht jeder kleine Provinzregisseur, der die Großkritiker durch Verrücktheiten auf sich aufmerksam machen möchte, ist ein Revolutionär, und nicht jeder durch mannigfache Experimentiererei gereifte Spielleiter, der gegenüber dem Werk bescheiden wird, ein Rückschrittler. Der Frankfurter Kulturboß Hilmar Hoffmann distanzierte sich 1984 von manchem, was *heute als Innovation gefeiert wird* und das sich *nach einiger Zeit abnutzt.* Also von bloß Modischem. Ernst Křenek beklagte 1980, der Komponist werde von *»ideenreichen«* Regisseuren *als Notenlieferant akzeptiert, dessen Vorstellungen vom Ganzen aber glatt ignoriert werden können, um das Werk im Sinn solcher Regie zu »retten«.* (Die ironisierenden Anführungszeichen sind original.) Joachim Herz stellte in einem beachtlichen Aufsatz, aus dem schon zitiert wurde, die Frage: *. . . für wen spielen wir eigentlich?* Für den Zuschauer, der das Stück nicht kennt? Oder dürfe man statt des Stückes *Paraphrasen darüber spielen,* auch wenn solche *verblüffende Lesart . . . weder zur Musik noch zum Fabelgerüst sich schicken will?*

Zwei kritische, viel zu selten ernsthaft diskutierte Gedanken zum Thema Regisseurstheater, geäußert von zwei Persönlichkeiten, die gewiß nicht im Verdacht des Rückschrittlertums stehen. Komponist wie Publikum, beide auf verschiedene Weise, aber mit gleicher Arroganz vom selbstherrlichen Regisseur ignoriert und bevormundet – darauf läuft es doch hinaus. So vage die Grenzen der Regisseurslizenzen sein mögen, sie sind überschritten, wenn dadurch ein Zweifrontenkrieg eröffnet wird. Eher sollte ja wohl der Inszenierer Diener dieser zwei Herren sein, des Komponisten und des Publikums. Ohne sie kann er nicht leben, sie schon eher ohne ihn.

Am nötigsten bedarf seiner Dienste der heute lebende Komponist. Das neue Werk hat ja erst Überlebenschancen, wenn es auf der Bühne Eindruck macht, was um so größeres Können vom Regisseur erfordert, je wirkungsschwächer die Partitur ist. (Hier kann nicht von rein musikalischen Qualitäten die Rede sein, sondern von musiktheatralischer Wirkung.) Wie sieht es aber in der Opernpraxis aus? Gut die Hälfte aller neuen Opern wird auf die kostensparenden Alibi-Studios abgeschoben oder fällt überhaupt der B- bis C-Klasse unter den Regisseuren in die Hände. Die Hochprominenz, die sich alljährlich durch Newcomer aus dem ausgelaugten Sprechtheater erneuert, stürzt sich viel lieber auf die Evergreens von Mozart bis Wagner, als daß sie mit einem noch so hochgelobten Nachwuchskomponisten etwas riskierte.

Wer den altvertrauten *Troubadour,* dieses Monument von Opernunsinn, so auf die Bretter bringt, daß ihn keiner wiedererkennt; oder wer im *Rheingold* links unten die Wagner-Familie am Plüschtisch von Wahnfried dem vergeblichen Werben Alberichs samt dem weltwendenden Goldraub beiwohnen läßt; oder wer den dubiosen Edelmann Don Giovanni statt in einer von Mozart auskomponierten Hölle (nie ward dieser theologisch so umstrittene Ort präziser in Noten gefaßt!) in einer modernen Hotelhalle zugrunde gehen läßt, er riskiert allemal weniger und ist sich allemal der Beachtung von Premierenkritikern sicherer, als wenn er seinen Namen, seine szenische Kraft der Partitur eines lebenden Herrn Nobody gewidmet hätte.

Prominenz vernachlässigt die Moderne

Nichts diskreditiert, nichts belastet die Regie-Zaren peinlicher als ihre Zuflucht zu den alten Stücken. Sie enthüllt angebliche Progressivität als bloße Tagesmode, als Tribut an die institutionell Mächtigen. Dabei gibt es doch sehr aktuelle Beispiele dafür, wie wirkliche, im Handwerklichen fundierte und dazu noch mit Bühnenhauch inspirierte Regiearbeit produktiv sein kann. Was für ein Flop wäre Cerhas postbergisch ehrfürchtiger, gänzlich brechtferner *Baal,* selbst wenn man die publicityträchtige Uraufführungsstätte der Salzburger Festspiele in Rechnung stellt, ohne des Regisseurs Otto Schenk praktikable Inszenierung geworden! Wem verdankte Luciano Berios, im librettistischen Um-die-Ecke-Denken ausgesprochen publikumsferner *Rè in ascolto* das Minimum seiner Szenenwirkung und seines Pressebeifalls anders als der glanzvoll selbsterfinderischen Theaterrealisierung durch Götz Friedrich? Wer machte die ungefügen, halb dilettantischen, in Deutschland noch ganz unbekannten Entwürfe des Minimal-Art-Propheten Philip Glass namens *Satyagraha* und *Echnaton* zu Bestsellern eines ganz neuartigen, an weltheilenden Gurus orientierten Publikums (die alte Dame Oper ist ja so tolerant . . .) anders als der Inszenator Achim Freyer in Stuttgart, der sich auch hier, wie schon bei seinem Romantik ironisierenden *Freischütz,* über Partitur samt Wort und Regieanweisung hinwegsetzte? Mit der Respektlosigkeit eines späten, unbelasteten Nachkommen, mit der frischen Schöpferkraft eines Theatermannes von heute.

Hätten sich nur mehr solcher an Bilder und Sinnlichkeit glaubender Prominenter der blassen Produkte junger Opernkomponisten angenommen! Die hätten es am nötigsten, verunsichert wie sie sind durch die zur Verfügung stehende Vielfalt von Kompositionstechniken (von denen nur wenige Musiktheaterchancen haben), verlockt durch postmoderne Hör-Anpassung. Die etablierte Elite der Regisseure hat die Komponisten-Talente zu oft links liegengelassen. Sie hat sensationalistischen Paraphrasen über die altbewährten Bestseller den (sehr rentablen) Vorrang gegeben; vor deren Werkgerechtigkeit wie vor dem Wagnis, Neues erst einmal auf der Bühne zu schaffen, also Risiken einzugehen.

Ponnelles, eines Regisseur-Stars, Meinung über die Vorrangigkeit von Klassiker-Neusichten gegenüber mitschöpferischer Partnerschaft an neuen Werken haben wir schon zitiert. Sie ist geradezu typisch. Keine Kritikerhand griff in die Schreibmaschinentasten, als der Frankfurter Opernchef Gielen, geradezu eine Symbolfigur für modernistisches Regisseurstheater, 1981, also gar nicht lange her, dem *zeitgerechten Aufschlüsseln* das eindeutige Prä gab vor *gelegentlichen Alibi-Uraufführungen* (seine Worte) neuer Opern. Da zeigte er sich nahe am Pulsschlag der Praxis. Man kann wirklich mit einer szenisch noch so verrückten *Aida* mehr Kritiker-Punkte sammeln als mit einer musikalisch hochrangigen, vornehmlich Verdi-gerechten *Aida*.

Klassiker-Neusichten wären also wichtiger als Alibi-Aufführungen lebender Komponisten. Das ist sehr realistisch erkannt, dennoch ein vernichtendes Urteil über die herrschende deutsche Opernpraxis. Nichts kann der Willkür von Protagonisten des Regisseurstheaters einen glänzenderen Heiligenschein aufsetzen als die Zustimmung des Partners am Dirigentenpult. Wenn aber erkannt wird, daß solche Scheinharmonie den kreativen Opernnachwuchs, die Lebenszukunft torpediert – entlarvt solche Einsicht nicht vorgeblichen Progressivismus als bloße Tagesmode, herrschendes Regisseurstheater nicht als im Grunde und de facto rückschrittlich?

Deutsch oder italienisch?

Sofern es sich noch zu dem Gesetz bekennt, wonach es angetreten ist, nämlich: um pures Glotzen auf die Pseudobühne kostümierter Konzerte und stupides Lauern auf bekannte Melodien durch ein wirkliches, Gefühl und Vernunft untrennbar mobilisierendes Theatererlebnis abzulösen und zu steigern; sofern Regisseurstheater nicht konventionelle, auf das Troubadourbein gestützte Oper sein will, müßte es Verständlichkeit, intellektuelle Einsichtigkeit als höchste Tugend anstreben. Das heißt, daß in einer Sprache gesungen wird, die das Publikum auch wirklich versteht, also auf deutsch.

Wie viel oder wenig man überhaupt von gesungenen Texten verstehen kann, bleibt dabei eine relative Frage. Von Baritonen, von sorgfältig einstudierten Aufführungen, von gut übersetzten Libretti, von Rezitativen sicher mehr. Von obertonreichen Sopranen, von schlampig oder ahnungslos korrepetierten Sängerfesten, von verjährtem Operndeutsch aus dem 19. Jahrhundert sicher weniger. Ob man von Mozart-Rezitativen in werkgerechtem Deutsch praktisch alles, in Vokalensembles, diesen wunderbaren Plädoyers für die Einzigartigkeit und Überlegenheit der Kunstform Oper, fast nichts wörtlich aufnimmt, das sind nur zweitrangige Fragen gegenüber der viel wesentlicheren Grundfrage allen musikalischen Theaters: Warum nämlich überhaupt hier und jetzt und so gesungen wird.

Damit wird die schwer zu ziehende Grenzscheide zwischen Oper und Musiktheater angezielt, die Dominanz des modernen Regisseurstheaters zugleich als äußerst zwiespältig in Frage gestellt. Denn dieselben inszenierenden Stars, die sich über Rampenschmetterei und Standardposen bloßer Stimmbesitzer lustig machen, weil sie dergleichen als altmodischen Opernstumpfsinn verachten, finden gar nichts dabei, eminent musiktheatralische Meisterwerke wie *Don Giovanni* oder den *Ring des Nibelungen* dadurch zu unverständlichen kostümierten Konzerten zu degradieren, daß sie das Mozart-Werk deutschen, zu 99 Prozent des Italienischen unkundigen Besuchern auf italienisch, das von Wagner an der Mailänder Scala oder an der Met zu 99 Prozent des Deutschen Unkundigen auf deutsch vorsetzen.

Der innere, wenn auch praxisbedingte Widerspruch des modernen Regisseurstheaters tritt nirgends so deutlich, geradezu grotesk hervor wie bei der Frage: deutsch oder originalsprachig. Je prominenter, je jetsetverpflichteter ein Regisseur, desto geringer sein Widerstand gegen Sachzwänge. Bessere, ästhetisch begründete Einsichten wiegen demgegenüber nur wenig. Günther Rennert, einer der Pioniere modernen Musiktheaters, gestand mir einmal, wie ungern er eigentlich Mozarts *Così fan tutte* auf italienisch inszeniere (aber das mußte er eben als Starregisseur in Salzburg oder an der Met); er und seine Sänger brächten sich schier um, um Da Pontes Wortwitz über die Rampe umzusetzen – und kein Raunen der guten Laune, des Verstehens antworte aus dem Auditorium, alle glotzten stur auf die Bühne – höchst deprimierend für alle musiktheatralische Investition der Interpreten! Zu ganz der gleichen Einsicht kam 1985 der Kritiker Joachim Kaiser, wenn er, nachdem er früher schon für Mozart auf deutsch eingetreten war, zur ersten deutschsprachigen *Così*-Schallplatteneinspielung in der Nachkriegzeit schrieb: *Wer also – ohne perfekt italienisch zu können – einzig den italienischen Originaltext gelten läßt, der befördert nicht etwa authentisches Mozart-Verständnis, sondern viel eher kulinarischen Arien-Fetischismus.*

Felsenstein war da ganz unerbittlich, er konnte es sich als allmächtiger Hausherr der Ost-Berliner Komischen Oper auch leisten: Er ließ jedwedes Werk, ob italienischen, französischen oder tschechischen Ursprungs, ausnahmslos auf deutsch singen. Wenn die konventionellen Übersetzungen ihm verfälschend erschienen, machte er selber neue – und stets bessere. Bei der Eröffnung der renovierten Komischen Oper fragte ich ihn, warum er *Don Giovanni* nicht wenigstens bei einem so festivalartigen Anlaß in der Originalsprache inszeniere. Seine Antwort war theaternah: weil er das Stück nicht für entrückt klassisch, sondern für eminent aufregend halte, weil deshalb die Leute es möglichst genau verstehen sollten, und weil von den Berlinern, für die er es ja auch künftig, im Abonnement, spielen wolle, kaum einer italienisch verstehe. Auf deutsch verstand man bei Felsenstein hingegen immer optimal viel.

Felsensteins Schüler Götz Friedrich glaubte noch 1966 (als Chef der Berliner Deutschen Oper hat auch er inzwischen vor Sängerzwängen kapituliert) eine italienischsprachige *La Bohème* in Bremen eigens rechtfertigen zu sollen. *Das, was an Verständnis eingebüßt wird, wird kompensiert durch die gesteigerte Notwendigkeit der eigenen Phantasie.* Aber dramaturgisch dunkle Werke, oder die vom Esprit der Rezitative geprägten Mozart-Da-Ponte-Opern, sollten seiner Meinung nach doch lieber auf deutsch aufgeführt werden. Ähnlich pragmatisch, aber widersprüchlicher äußerte sich Rolf Liebermann. Daß man Opern *grundsätzlich deutsch* singen sollte, modifizierte er später, als er als Hamburger Intendant seine Kompromisse mit der Praxis zu schließen hatte, zugunsten originalsprachiger Aufführungen, die nicht modisch, sondern *wünschenswert und notwendig* seien. Es fragt sich nur, wo, und in welcher Sprache. Dem Publikum von Festivals wie dem in Salzburg, das sich geschmeichelt fühlt, wenn man ihm Originalkenntnis zumutet, oder von Millionenstädten, wo Evergreens immer ausverkauft sind, einerlei in welcher Sprache gesungen wird, kann man alles vorsetzen – Hauptsache, Weltstars sind am Werk. In Bielefeld oder Regensburg bleiben Tausende Abonnenten einfach weg, wenn sie bei Rossinis *Barbier* oder Mozarts *Così* kein Theatervergnügen finden, weil italienisch gesungen wird und sie das nicht verstehen.

Ist das Publikum von Bielefeld und Regensburg deshalb schlechter als das der Salzburger Festspiele? Ich meine: keinesfalls, eher im Gegenteil. Dadurch, daß man statt 20 DM 300 DM Eintritt zahlt, versteht man noch längst nicht Da Pontes Sprache und kann Mozarts musiktheatralische Feinheiten nicht besser begreifen als die Provinzler. Die sind keine Snobs, die einen Violinschlüssel nicht vom Mercedes-Schlüssel unterscheiden können und *Karajans Figaro* bejauchzen, sondern Theaterfreunde, die *Mozarts Figaro* erleben wollen.

Es ist richtig, daß seit etwa zwanzig Jahren in einigen hochdotierten deutschsprachigen Opernhäusern, die von ausländischen Stars leben, die Tendenz zu mehr Aufführungen auf italienisch, seltener auch auf französisch besteht. Die Frage: deutsch oder originalsprachig? ist nämlich ganz unzutreffend formuliert, auch wenn dies noch so oft in Diskussionen geschieht. An der Praxis orientiert müßte sie vielmehr lauten: deutsch oder italienisch? Die wenigen französischen Aufführungen von *Carmen, Manon, Werther, Hoffmann* oder *Pelléas* fallen im Gesamtrepertoire nicht ins Gewicht, weil schon mittlere Bühnen Offenbachs und Massenets Meisterwerke lieber verständlich auf deutsch spielen; die vielen russischen, tschechischen, ungarischen, englischen Bereicherungen des Repertoires werden so gut wie immer übersetzt gesungen (ein russischsprachiger *Boris Godunow,* etwa in Hamburg, fällt aus dem Rahmen). Der ganze sogenannte originalsprachige Trend beschränkt sich auf ein halbes Dutzend deutscher Spitzenbühnen, und selbst bei den italienisch textierten Bestsellern geht man dort sehr wählerisch vor, nach der Faustregel: ernste Belcantoopern, wie *Idomeneo, Norma, Lucia di Lammermoor, Aida* lieber italienisch; heitere, bei denen das verstehende Mitgehen der Zuhörer wichtiger ist, wie *Così, Barbier von Sevilla, Liebestrank, Gianni Schicchi,* lieber auf deutsch. Es kommt eben darauf an, wie ernst ein Regisseur die Oper als Theater nimmt. Harry Kupfer z.B. bestand in Stuttgart darauf, daß *Idomeneo* nicht bloß ein genialer Melodienreigen sei, sondern ein musikalisches Drama und ließ auf deutsch singen; ähnlich wollte Zadek am selben Theater seine provozierende Auffassung von *Figaros Hochzeit* nur in einer neuen Übersetzung mitteilen.

Dabei hat sich die Stuttgarter Staatsoper, wo einst, in der legendären Musiktheater-Ära Schäfer, auch Mozart und Verdi grundsätzlich auf deutsch gegeben wurden, seit ein paar Jahren auch schon den Reisestars und deren Agenten gefügt. Es ist eben auch eine Frage der Autorität. Bei Schäfer hatte nur der Superstar Mario del Monaco das Privileg, Don José und Othello in seiner Muttersprache zu singen; Jess Thomas war sich nicht zu schade, einen unbekannten Verdi auf deutsch zu erarbeiten, Windgassen brillierte als Othello und als Fra Diavolo, Wunderlich als Almaviva, die Mödl als Carmen – alle auf deutsch. Das war damals auch für Weltstars, und auch an den größten Bühnen, eher die Regel als die Ausnahme. Die berühmten Mozart-Modelle der Wiener Staatsoper, als sie in ihrem Ausweichquartier an der Wien aus der Not eine musiktheatralische Tugend machte (ein Ruhmesblatt für den musikalisch feinfühligen, nicht profilierungssüchtigen Inszenator Oscar Fritz Schuh) fanden alle auf deutsch statt. Auch wenn die wichtigsten Protagonisten, Ljuba Welitsch, Sena Jurinac, Anton Dermota an der Spitze, Ausländer waren. Erst als Karajan an der wiederaufgebauten Wiener Staatsoper das Zepter ergriff und das traditionsreiche Haus in sein geplantes (bald gescheitertes) weltweites Opernimperium einbezog, wurde Deutsch dort eine Fremdsprache.

Neunzig von hundert deutschsprachiger Operntheater schert das wenig. Sie können sich Ausländer nur als Anfänger oder künstlerisches Mittelmaß leisten (was sie reichlich tun), unterliegen dafür nicht dem Sprachendiktat eines Pavarotti oder Domingo und können Oper so spielen, wie die Mehrzahl des Publikums dies vorzieht. Nämlich verstehbar. Trotz des Originalsprachen-Trends der paar Großen: Immer noch hört der Besucher deutschsprachiger Theater an zwei von drei Abenden Opern auf deutsch; in der DDR ist dieser Anteil noch viel höher.

Sage mir, in welcher Sprache du ausländische Opern spielst, und ich sage dir, wie lebendig dein Musiktheater ist – oder wie museal! Wo die Opernkultur so deprimierend schrumpft wie in Italien; wo es nur ganz wenige, oft auf eine Millionenmetropole beschränkte

Operntheater gibt wie etwa in Spanien, Portugal, Argentinien; wo die Primera mit Brillanten, Nerzen und Adabeis eine vorwiegend repräsentative, nicht künstlerische Angelegenheit ist, dort wird grundsätzlich in der Originalsprache gespielt. Wo Oper mehr ein Vergnügen der theatergierigen Musikfreunde ist; wo ein dichtes Netz von Theatern das Land überzieht – was besonders für die DDR und die Tschechoslowakei gilt –; wo die Kulturpolitik zumindest in diese Richtung zielt, wie in Polen oder in der Sowjetunion; oder wo Musiktheater überhaupt erst sich aus eigener Kraft, mit eigenen Sängern zu etablieren beginnt, wie in der englischen und schottischen Provinz – überall dort wird grundsätzlich in der Landessprache gesungen. Ob *Figaro, Traviata* oder *Meistersinger.*

Rein ästhetisch gesehen bleibt die Aufführung in der Originalsprache natürlich der Idealfall. Aber Oper fand und findet nicht in einem idealen Niemandsland statt, sondern in sehr irdischen Theaterhäusern. Für die Praxis ist die original vertonte Sprache nur unter zwei Voraussetzungen die beste Lösung: Erstens, wenn die Sänger sie einwandfrei beherrschen; zweitens, wenn das Publikum sie versteht. Wo Künstler zu Wellensittichen dressiert werden, indem sie *Boris Godunow* auf russisch radebrechen, ohne überhaupt russisch zu verstehen, oder *Don Giovanni* in fürchterlichem Deutsch-Italienisch und American-Italian, und wo die Zuhörer, die sich ein Theatererlebnis erhoffen, zu primitiven Arienkonsumenten degradiert werden – wo kann da noch von Musiktheater die Rede sein? Welche Schizophrenie: Dieselben Regisseure, die für die szenische Untrennbarkeit des Autorenwillens keinen Pfifferling geben, plädieren oft für die originale Untrennbarkeit von Wort und Ton! Aber meist sind es ja die Dirigenten, die sich für die Originalsprache einsetzen. Mozart und Verdi klängen halt auf italienisch viel schöner. Welch grandiose Erkenntnis! Aber Shakespeares Wortmusik ist noch viel kostbarer, auch Molières Verse, Tschechows psychologische Nuancen verlieren unweigerlich bei jeder Übersetzung – und wer würde ernstlich fordern, ohne als theaterfremder Phantast abgetan zu werden, man dürfe *Hamlet,* den *Eingebildeten Kranken* oder den *Kirschgarten* nicht mehr auf deutsch spielen?

Wagner und Verdi wollten Übersetzungen

In allen theaterlebendigen Zeiten, als Oper noch kein Museum voller hundertjähriger Klassiker war, stand gar nicht zur Debatte, wie Opern zu spielen waren: in der Landessprache. Für Wagner waren überhaupt nur deutschsprachige Aufführungen denkbar. Er bearbeitete Glucks *Iphigenie in Aulis* auf deutsch (Gluck selber hatte sich schon zusammen mit dem Wiener Literaten Joh. Baptist Alxinger um Übersetzungen seiner französischen Reformopern bemüht). Wagner fand es normal, daß seine eigenen Werke in Paris auf französisch gegeben wurden. Auch seinem Antipoden Verdi war das selbstverständlich. 1894 schrieb er dem Theatermann Gailhard, der eine originalsprachige Otello-Aufführung in Paris vorschlug: *»Otello« in der Opéra in italienischer Sprache?! Das überrascht und erstaunt mich! . . . Wenn man also unbedingt den »Otello« in der Opéra bringen will, muß man ihn, glaube ich, ins Französische übersetzen.*

Kann es ein kompetenteres Argument geben? Der Autor selbst, der ein ruhmreiches Dramatikerleben lang um die Verschmelzung von Wort und Ton gerungen hatte, verzichtete freiwillig auf die (im Reifewerk *Otello* besonders subtil erreichte) originale Einheit – um der Verständlichkeit, der Theaterhaftigkeit willen. Umgekehrt, und das war nur konsequent, arbeitete er an italienischen Fassungen seiner ursprünglich französischen Pariser Opern mit: In Italien wollte er ganz selbstverständlich und im Einklang mit seinem Publikum, nicht *Les Vêpres siciliennes* und *Don Carlos,* sondern *I Vespri Siciliani* und *Don Carlo* gespielt wissen.

Aber die meisten deutschen Übersetzungen von ausländischen Meisteropern sind doch gräßlich! Ein Argument, das viel für sich hat – nein, hätte, wenn es heute noch stimmte. Tatsächlich wurden zumal im 19. Jahrhundert Mozart, Verdi, Bizet und andere Meister so schlampig, entstellend und literarisch miserabel (oft von Kapellmeistern) übersetzt, daß *Operndeutsch* geradezu zur Karikatur von Deutsch wurde. Einige Phrasen davon (*Auf, in den Kampf, Torero – Wie sich die Bilder gleichen,* etwa) sind, dank der Popularität der Melodien, geradezu in den deutschen Zitatenschatz eingegangen.

Daß sie dem Originaltext so fremd sind wie die *Holde* Aida, der *Freundlich* um sich blickende Wüstling von Mantua, der dann auch noch eine Vorstadtdirne als *Teures* Mädchen anschmachtet, wie die Marie in der *Verkauften Braut,* die bei Smetana ein vollblütiges (und genau so auskomponiertes) Weib von Rasse und Temperament ist, bei Max Kalbeck hingegen eine deutschbürgerlich züchtige Tränensuse (Gern ja will ich dir vertrauen . . .) – die vieltausendfachen Verfälschungen originaler Libretti (bei der Zahl genommen: Allein in der alteingebürgerten Übersetzung von Gounods auf deutsch sogenannter *Margarethe* wurden rund zweitausend Noten verändert!), die kabarettreifen Zitate von einst ganz ernst genommenem Operndeutsch sind nicht Gegenstand dieses Buches. Sie füllen selber eines.*

Hier nur soviel und für unser Thema Entscheidendes: So gut wie alle diese alten, die größten Operngenies zwischen Gluck und Puccini (Verdi immer eingeschlossen) malträtierenden operndeutschen Übersetzungen sind seit etwa dreißig Jahren durch neue, und ausnahmslos bessere, ersetzt. Seit den fünfziger Jahren ist eine – von den marktbeherrschenden Opernverlagen unterstützte –, auf gutes Deutsch und Werktreue zugleich zielende, das alte Operndeutsch gemeinsam bekämpfende Bewegung im Gang. Eine wahre Renaissance-Zeit der Opernübersetzung. Kein sprachempfindlicher Regisseur kann seinen erwünschten Freiraum für irrationale Szenenverrücktheiten damit motivieren, daß die *Holde Aida* (stellvertretend für tausend andere operndeutsche Antiquitäten) eben nicht mehr inszenierbar sei. Er hat ja die Wahl. Besseres auf deutsch liegt vor, erheblich Originalnäheres als des Inszenators eigene Absichten.

Ernster zu nehmen als solche Spiegelfechtereien ist der Einwand, die alten, nichtdeutschen Evergreens seien ja in der heutigen Rezeption gar nicht mehr die, die sie einmal waren, sie unterlägen einem Prozeß des Alterns und würden vom Publikum ganz anders empfunden als zu ihrer Zeit. Sicher nützen sich Wirkungen ab. *Nabucco* wurde einst als nationale Allegorie erlebt, *La muette de Portici* entzündete die Brüsseler Patrioten gar so, daß sie den niederländischen Regierungspalast stürmten, was zur Gründung des Staates Belgien führte, *Carmen, Les contes d'Hoffmann, Boris Godunow* fielen bei den

* Kurt Honolka, Opernübersetzungen. Zur Geschichte der Verdeutschung musiktheatralischer Texte. Wilhelmshaven 1978.

Uraufführungen fast durch, weil sie als befremdlich, wenn nicht als unverständlich erlebt wurden. Kann man die Ur-Schocks nachvollziehen? Kaum, allenfalls in historischer Einsicht. Denn alle diese Moderne von vorgestern ist ja längst Klassiker von heute, Kulinarierkost geworden.

Diese Folge unausweichlichen Alterns großer Kunstwerke läßt radikale Advokaten des Regisseurstheaters argumentieren: Gerade darum müßten die ursprünglichen Provokationen, die von – immer noch (wie lange noch?) – unantastbaren Partituren nicht mehr geleistet werden können, durch szenische Herausforderungen wettgemacht werden. Der Prozeß des Alterns hat aber auch eine werkimmanente Seite. Wenn die alten Meisteropern inzwischen hundert bis zweihundert Jahre lang wiederholt und von den Multiplikatoren Rundfunk, Fernsehen und Schallplatte millionenfach popularisiert wurden, kann man da nicht zumindest für die Superseller von *Figaro* über *Carmen* bis *Butterfly* die Vermutung, langsam habe der langsamste Opernfan die Handlung kapiert, für Aufführungen auf italienisch und französisch plädieren lassen?

Das hat etwas für sich. Aber nur auf unterster Rezeptionsebene. Wem es genügt zu wissen, daß José in seiner sogenannten Blumenarie irgend etwas von Liebe und vor allem eine wunderschöne Melodie singt, oder wer das Rigoletto-Quartett (was immer Verdi hier in viererlei, vierfach psychologisch verschiedenen motivierten Stimmen ausdrückt) nur als belcantistisches Prachtstück genießt, der ist auf französisch und italienisch gewiß bestens bedient. Nur: Sowohl Bizet wie Verdi hatten mehr vor, Komplexeres, Feineres, Musiktheatralischeres. Um es zu begreifen, genügt opernführerhafte Vorbereitung auf eine unverständliche fremdsprachige Darbietung nicht, oder doch nur im primitivsten Sinne. Wer sich dem Werk außer mit angenehm gekitzelten Ohren auch noch mit reflektierendem Verstand nähern will, der sollte doch etwas mehr kapieren als den Gang der Handlung. Nämlich, wieviel Bemühung, kompositorische Sorgfalt, musikalische Expressionserfindung, kurzum: wieviel Genie die großen Musikdramatiker in die idealische Wort-Klang-Verschmelzung investierten.

Dazu ist unumgänglich notwendig, daß der Opernbesucher intelligibel, also so verständlich und begreifbar wie möglich, hier und jetzt, im lebendigen Theater (und nicht durch distanzierte Programmhefte und Opernführer) nachvollziehen kann, worauf es den Meistern ankam, und was erst ihre papierenen Zeichen in die überzeitliche Wirkung großer Musikdramatik erhebt. Ein durchschnittsdeutscher, des Italienischen also unkundiger, Verdi-Fan mag sich beim Besuch eines italienisch gesungenen *Don Carlo* (warum nennt der deutsche Programmzettel ihn dann nicht so, sondern *Don Carlos?*) an einigen wohlbekannten schönen Melodien erquickt haben. Aber die waren Verdi viel unwichtiger als die unschönen, psychologisch desto kühner auskomponierten dramatischen Szenen. Etwa die Auseinandersetzung zwischen dem König und dem Großinquisitor. Warum dröhnen hier plötzlich Posaunen, warum begegnen hier einander zwei Bässe so unmelodiös aggressiv? Der Arienschlürfer wird es nie erfahren – außer auf deutsch, wenn er gut zuhört.

Noch bedauernswerter erscheinen mir die zu 95 Prozent des Deutschen unmächtigen Besucher der Scala oder der Met, wenn sie so kulturbewußt waren, in eine dem herrschenden Brauch gemäß deutsch gesungene *Ring*-Aufführung zu gehen. Sagen wir, es sei die *Walküre* gewesen. Was mag der Ärmste von Wagner mitbekommen haben, wenn er mitten in der schier endlosen Wotans-Erzählung des zweiten Aktes (einem wahren Herzstück des ganzen *Ringes!*) von unbarmherzigen, höchst teutonisch derben Blechbläsern aus wohltätigem, wegen textlicher Unverständlichkeit unvermeidlichem Dahindösen aufgescheucht wurde? Was für Durststrecken mutet man dem kaum weniger bedauernswerten *Rosenkavalier*-Fan in der Covent Garden Opera zu! Bis er sich zum kulinarischen Walzer und Terzett durchgefressen hat, muß er Fadessen über sich ergehen lassen wie die Monologe der Marschallin – deren subtile Reize nun wirklich unbegreiflich sind, wenn man nicht deutsch versteht.

Hingegen werden die Opern des Engländers Benjamin Britten auf deutschen Bühnen immer deutsch gespielt. So ernst nimmt man ihn bei uns als Musiktheaterkomponisten. Eigentlich ein Paradoxon: da ungleich mehr Deutsche englisch verstehen als italienisch, könnte man ja den gängigen *Albert Herring* eher in der Originalsprache spielen als *La Bohème*. Aber man tut es nie. Und das gilt für fast alle modernen Opern, gleich welcher Provenienz. Auch der so textsensible Henze verläßt sich lieber auf Übersetzungen, wenn er seine von Wystan H. Auden oder Edward Bond gedichteten Opern auf deutsche Bühnen bringt, und wer sich von Strawinskys *The Rake's Progress* nicht nur die Beachtung durch Großkritiker, sondern auch durch miterlebendes Publikum verspricht, spielt ihn als *Der Wüstling*.

Nur bei einigen altklassischen, wohlvertrauten und als musikalisches Theater hoffnungslos verjährten Werken mag es nicht entscheidend sein, was man von Text und Handlung versteht. Das trifft auf Ausgrabungen barocker Belcanto-Opern zu, vielleicht sogar auf die Händels; ihre musikalisch so üppig blühenden Ariengirlanden haben die verschiedenartigsten Inszenierungsversuche bisher nicht wirklich dramatisch beleben können. Also kostümierte Konzerte auf italienisch – aber warum dann überhaupt noch die teuren Barockkostüme? Warum sie nicht gleich rein konzertant aufführen? Neuinszenierungen sind ohnehin kaum noch erschwinglich.

Seit etwa zwanzig Jahren greifen tatsächlich immer mehr Theater, sogar so reiche wie die Deutsche Oper in Berlin und die Salzburger Festspiele, zu solchem kostensparenden Opernersatz. Das mag angehen bei Antiquitäten, denen man kein Bühnenleben mehr zutraut. Wenn aber eine Oper wie Stuttgart, die mit Wieland Wagner epochalen Wagner-Stil kreierte, sich 1985 nur noch zu einem konzertanten *Lohengrin* aufraffen kann, hat sie ein dafür denkbar ungeeignetes Werk gewählt und einen künstlerischen Offenbarungseid geleistet.

Aber vielleicht wird man auch bald *Troubadour* und *Macht des Schicksals* nur noch konzertant geben? Sie gelten ja bei aufgeklärten Leuten vom Bau ohnehin als typischer Opernunsinn, aus dem kein Musiktheater mehr zu machen ist, es sei denn betont absurdes (wie es denn auch Neuenfels mit seinem durch verwegene Bildassoziationen bewußt verdunkelnden *Troubadour* in Nürnberg tatsächlich provozierte). Die Forderung, italienisch singen zu lassen, wo es doch nichts Vernünftiges zu verstehen gibt, erscheint logisch. Nur darf man nie vergessen, daß sich dann das moderne Musiktheater verabschiedet hat.

Auch Regisseure, die nicht verdunkeln, sondern erhellen, den szenischen Sinn italienisch gesungener Opern wenigstens im Ungeführen, durch betonte Bewegung und Gestik verdeutlichen wollen, stoßen an Grenzen. Sie werden zu Hektik, Vergröberung, ja, selbst zu der in allen feinen Kreisen verachteten Komödiantik verleitet – seltsame Nachbarschaft zum *Rampendienst* der alten Primadonnen-Oper mit dem automatischen Hand-aufs-Herz-Pathos, sobald die Signale amore und core ertönen.

Aber damit wollen die Protagonisten der derzeitigen Regisseursoper natürlich nichts zu tun haben. Noch immer gilt dumpfer Opernstumpfsinn als verächtlich, und wie weit auch Musiktheater als erstrebenswert, die ästhetischen Ideale Felsensteins, des Theatermannes, und Adornos, des Musiktheoretikers, voneinander entfernt sein mögen, auch Adorno hatte etwas gegen den Kult der *unverständlichen Fremdsprachen* auf der Opernbühne: *Durch solche Praxis werden die Werke dem lebendigen Geist des Landes herausgebrochen . . . Nicht einzusehen, warum jene Werke sich nicht besser und menschenwürdiger sollten übersetzen lassen: dann würden sie auch singbar sein, der Sinn würde die Phonetik erleuchten. Statt dessen werden sie buchstäblich unverständlich, galvanisiert, gemäß dem primitiven Archetyp des italienisch schmetternden Tenors, den infantile Hörer als Urbild des Opernwesens hätscheln.*

Ensemble- oder Stagione-Oper?

Solche theoretisch-ästhetische Erörterungen, die hier nur stichwortartig behandelt werden können, erscheinen im Rahmen dieses Buches weniger wichtig als Fragen der Praxis, die Verwirklichung von Musiktheater betreffend. Die vorrangigste lautet: Ensemble- oder Stagione-Oper? Bis zum letzten Krieg wäre sie belanglos gewesen. Zu fest, zu selbstverständlich ist die Ensemble-Oper in der Geschichte des deutschsprachigen Theaters verankert. Ob Fürsten, ob Bürger sich Opern leisteten, spätestens seit dem 19. Jahrhundert wurden sie von fest engagierten Künstlern bestritten. Die Stagione-Oper italienischen Typs, mit einem Impresario und für praktisch jedes Stück wechselnden Sängern in einer kurzen Zeit des Jahres (= stagione) blieb fremd, und auch gar nicht beneidenswert. Deutscher Musik- und Theaterhunger wollte sich nicht mit den paar Wochen Stagione begnügen, deutscher Gründlichkeit widerstrebte das abenteuerlich-chaotische südländische Impresariowesen, und hatte man keine so geschmeidigen Sängerkehlen, so doch ein überaus treues Publikum und ab 1900 auch die Sicherheit eines dem *Wahren, Schönen, Guten* (so das Schiller-Motto auf der Prunkfront der Alten Frankfurter Oper) verpflichteten öffentlichen Kunstgewissens, das erst zaghaft, dann immer üppiger Subventionen aus dem Steuersäkkel gewährte.

Das funktionierte alles wenn nicht unangefochten, so doch sämtlichen Krisen trotzend. Deutschsprachige Oper schien gar nicht anders denkbar denn als Ensemble-Oper. Auch in den Millionen-Metropolen. Die Musiktheater-Kühnheiten der Berliner Kroll-Oper mit Otto Klemperer wurden ebenso aus theatereigenen Kräften bestritten wie die traditionelleren Belcanto-Feste der Lindenoper. Die Dresdner Oper, von Ernst von Schuch bis Karl Böhm, gewann ihr Profil ganz aus ihrem hauseigenen Ensemble. So wie die Münchner Oper, so wie die Wiener, die bis Karajan mit einem eigenen, hier beheimateten, wenn auch aus noch so vielen ursprünglichen Heimaten stammenden Sängerensemble Oper auf unverwechselbar wienerische Art machte (und immer auf deutsch, lebendigen Widerhall anstrebend).

Ob diese alten Zeiten wirklich so Goldene Zeiten waren? Schallplatten mit legendären Stars von damals, selbst wenn sie Jeritza oder Leo Slezak hießen, können daran zweifeln lassen. Jedenfalls sind sie vorbei, und mit ihnen die hochgelobte Ensemble-Oper in den deutschsprachigen Metropolen. Diese örtliche Einschränkung muß man immer im Auge behalten, sie ist opernsoziologisch sehr wichtig; denn was für das Halbdutzend höchst subventionierter Repräsentationsbühnen zwischen Berlin, Hamburg und Wien gilt, daß nämlich ihre Opernkultur sich mit der Übernahme fremder Sprachen mehr oder weniger auch dem fremden Stagione-Betrieb zu unterwerfen beginnt, das gilt mitnichten für den Rest der deutschsprachigen Opernbühnen, und der ist überwältigend: Immer noch halten über hundert Opern produzierende Theater, die der DDR natürlich einbezogen, am Ensemble-System fest.

Nicht aus historischer Pietät, sondern aus einem ganz einfachen Grund: es ist billiger als die Stagione. Will man bei der gewachsenen Tradition der Abonnenten- und Volksbühnen-Oper mit ihrer ganzjährigen Spielzeit, mit ihrer großen Zahl von verschiedenen Werken und Spielabenden, mit ihren niedrigen Jedermanns-Preisen bleiben, so kommt gar nichts anderes in Frage als die Ensemble-Oper.

Selbst mittlere deutsche Theater wie Kassel oder Dortmund, von München oder Hamburg zu schweigen, bieten alljährlich mehr Opernabende an als das Flaggschiff der Stagione-Armada, die Mailänder Scala. Man muß wissen, was man will. Will man die alteingewurzelte Opernlust breiter Schichten mit einem möglichst vielzähligen Angebot von Spielabenden befriedigen und insofern zugleich Kulturpolitik betreiben, als man sowohl das klassische Erbe pflegt wie Neuem eine Chance gibt, so ist das Repertoire- und Ensemble-System unschlagbar. Es ermöglicht allein die alljährlich über sechstausend Opernabende in der Bundesrepublik Deutschland – wovon die italienische Heimat der Stagione nicht einmal mehr träumen kann –, und gemessen an dieser Reichhaltigkeit ist das Produkt preiswert, jedenfalls pro Abend viel billiger.

Anders sieht die Bilanz aus, wenn man Qualitäten in Rechnung stellt. Daß eine *La Bohème* mit Mirella Freni und Luciano Pavarotti schöner klingt als eine deutsche mit den lokal bewährten Ensemble-Sängern X. und Y., ist unbestreitbar. Nur: Wer kann sich die genannten Superstars leisten? Nicht einmal jede hundertste deutschsprachige Opernbühne.

Aber da, durch Schallplatten-Kulinarismus gefördert, goldhaltige Kehlen augenblicklich höher im Kurs stehen als intelligent spielende Sänger oder singende Schauspieler, da zudem Plattenbosse, Sängerhändler und ihnen untertane Dirigenten-Unternehmer wie Karajan den Markt beherrschen, ist auch das deutschsprachige Musiktheater in die Mühlräder des Operngeschäftes geraten. Zwar scheiterte das geplante Monopoly-Spiel des Supermanagers Karajan zwischen Wien, Milano und New York (er brauchte in der gesponserten, nicht wie zu Hause bequem subventionierten Opernmetropole der USA einfach zuviel Zeit und Geld, um seine Wagner-Visionen lichttechnisch einzudunkeln). Episode war auch Karajans Wiener Staatsopern-Direktorat, doch ist davon etwas geblieben. Nämlich der Verlust wienerischen Eigenprofils zugunsten einer internationalen Wandervogel-Oper, deren Stars mit der Scala und anderen Spitzenbühnen fast austauschbar sind.

Karajanismus wurde zum Synonym für luxuriöse, regielich altmodische Elite-Oper, und da darin nun einmal vielerlei kulinarische Attraktionen eingeschlossen sind, darf man sich über die Gefolgschaft deutschsprachiger Großstadtbühnen nicht wundern. Sie segeln ja, wie Karajan und ähnliche hochsubventioniert, vor dem gleichen Zeitwind – Perfektionismus. Die Kosten solcher Elite-Oper sind dabei zweitrangig. In Amerika finanzieren Sponsoren, bei deren industriellem Multimilliarden-Umsatz die paar Millionen für Opernverrückte fast gleich Null sind. Die demokratischeren Financiers deutschsprachiger Oper in Gemeinderäten und Landtagen riskieren persönlich noch weniger, wenn sie ihre Brust kulturpolitisch schwellen lassen und für noch mehr Millionen zugunsten internationaler Hochprominenz an Kehlköpfen, Taktschwingern und Spielleitern stimmen.

Das geschieht immer noch nur an wenigen Großstadtbühnen, die ihre Elitesucht ungleich besser finanziell gesichert wissen als im Rest der Welt zwischen Mailand und New York. Aber diese paar Opernhäuser setzen nun einmal die Maßstäbe. Vom braven, oft auch wagelustigen *Freiburger Theater* (kaum eine Stadt bescheidet sich mehr mit der altehrwürdigen Bezeichnung *Stadttheater!*) schreibt nur selten ein Großkritiker; die unsinnigste Verunstaltung in Frankfurt oder Hamburg bekommt hingegen große Presse. Von intellektuell links (sehr relativ) bis rechts werden die mehr oder weniger millionenstädtischen Opernhäuser als Trendsetter anerkannt. Internationale Reisestars geben dort den Ton an. Der kann, bei der allgemeinen Marktgängigkeit, grundsätzlich nur italienisch timbriert sein. Ob die Besucher musikdramatische Feinheiten kapieren oder nicht erscheint unwichtig. In München, wie auch in Berlin, Hamburg, Düsseldorf, Köln, Frankfurt oder Wien, ist so viel Zahlungskraft versammelt, daß man sich fast alles gefallen läßt, jedenfalls in der Oper. Prestige gilt mehr als Verstehen, publicityträchtige Sängernamen gelten mehr als musikalisches Theater.

Mit welchem System ist es besser zu verwirklichen, mit dem Stagione- oder dem Ensemble-Theater? Beide bieten Vor- und Nachteile. Bei der Stagione werden für jede neue Opernaufführung über Agenturen die Sänger der Hauptrollen, meist auch die Leiter, eigens engagiert, die Oper wird vier- bis achtmal wiederholt, dann macht sie der nächsten Premiere Platz und ist verschwunden, zumindest für die laufende Spielzeit; ob sie in der nächsten wiederkehrt, und in welcher Besetzung, ist ungewiß. Der Hauptvorzug: Auch in der letzten Aufführung bekommt das Publikum dieselben Sänger zu hören wie in der Premiere, die Inszenierung (sofern wirklich eine stattgefunden hat) bleibt intakt und unverändert. Die Nachteile: Solche Gastsänger sind eben nur für wenige Reprisen zu haben, dann eilen sie zur nächsten Stagione-Stadt. Auch ist eine Neuausstattung für so wenige Abende relativ teuer. Deshalb reichen die Subventionen in einem klassischen Stagione-Land wie Italien nur für unvergleichlich weniger Theater und Spielabende im Jahr.

Die Ensemble-Oper deutschen Modells verringert Kosten dadurch, daß sie – grundsätzlich – die Aufführungen mit festangestellten Sängern besetzt, allenfalls für Spezialrollen Gäste engagiert, und daß sie die Kosten einer Neuinszenierung durch möglichst viele, auch über mehrere Spielzeiten erstreckte Wiederholungen amortisiert. Durch die Kontinuität eines ständigen Ensembles kann ein Operntheater leichter eigenes Profil gewinnen als mit den ständig wechselnden Stagione-Gästen, und Regisseur wie Dirigent haben es leichter, diesen Stil zu prägen, da sie viel länger – vier bis sechs Wochen – proben können. Auch die Vielfalt der Werkauswahl, schon durch die verschiedenen Abonnements geboten, spricht für die Ensemble-Oper. Einst galt es als Ideal, jeden Tag im Monat dem Publikum eine andere Oper anbieten zu können. Ein längst in unerreichbare Fernen entrücktes Ideal.

Vor dem Ersten Weltkrieg, als es noch ortsansässige Ensembles gab, konnten nicht nur die mit Sängern jeden Faches opulent besetzten großen Hoftheater praktisch alle gängigen Repertoire-Opern bereithalten, auch kleinere Stadttheater strebten ihnen nach. Bei diesen, also bei der Masse der Opern produzierenden Häuser, hat die Kostenlawine zu den empfindlichsten Einschränkungen geführt. In Aachen, wo 1901/2 – der schon erwähnte Kurt Wallstab ermittelte das – noch achtunddreißig verschiedene Opern präsent waren, waren es 1976/77 nur noch sieben, in Bremen sank der Repertoirebestand von vierundvierzig auf dreizehn, in Ulm von zweiundzwanzig auf sechs. Etwas besser hielten sich die weltstädtischen Opernhäuser: Die Hofoper Berlin bot damals einen Fundus von vierundfünfzig verschiedenen Opern, die heutige Staatsoper Unter den Linden noch neununddreißig, die Wiener Hofoper reduzierte von neunundfünfzig auf fünfunddreißig, die Hamburger Staatsoper, die als Stadttheater einst alljährlich neunundfünfzig Werke anbot, hat noch etwa vierundvierzig zur Verfügung.

Aber sind sie wirklich verfügbar? Nämlich in einem künstlerisch vertretbaren Zustand? Hier, wo es um Qualitätsansprüche geht, zeigt sich das Ensemble-Prinzip am anfälligsten. Auch an mittleren Theatern ist es längst durchlöchert. Halbwegs begehrte Sänger lassen sich nur noch für einen Teil der Spielzeit fest binden, den anderen verbringen sie auf Gastreisen. Das hat zur Folge, daß für sie in eine erfolgreiche, oft wiederholte Oper bald andere einspringen müssen. Gäste, die dann wieder in ihrer Stammoper fehlen. Ein kostensteigerndes Spielchen, das nach und nach auf die meisten Hauptrollen übergreift. Da die Einspringer nur ganz flüchtig in die Besonderheit der Konzeption eingewiesen werden können, führt das dazu, daß von der sorgfältigsten Inszenierung schließlich nur noch die Kulissen übrigbleiben. Und vielleicht war gerade diese Inszenierung die wesentliche Attraktion, die gesangliche Seite gar nicht so brillant, weil man eben mit bemessenen hauseigenen Kräften auskommen mußte. Auch das gehört zum Alltag des Ensemble-Theaters.

Im Schauspiel, wo es auf Vielseitigkeit der Akteure ankommt und nicht auf Stimmenglanz, funktioniert es bis heute viel unbestrittener; auch dort werden regelmäßig Gäste für Spezialrollen engagiert, aber das ist leichter zu machen, aus zwei Gründen: Weil Schauspiele schneller hintereinander abgespielt werden können, wenn mindestens doppelt so viele Premieren für immer Neues sorgen, und weil das Fundament des Repertoires, eben das Ensemble, im Schauspieltheater bei weitem nicht so von Gastiererei zersetzt ist wie in der Oper.

Werner Egks Wort, daß das Opernhaus zum Gasthaus werde, trifft jedenfalls auf die großen vier oder fünf zu, deren sängerische Gastwirtschaft, der Stagione zuneigend, von immer mehr kleineren zum ehrgeizig angestrebten Modell genommen wird. Es mutet schon etwas kurios an und spricht zugleich für das altrenommierte Prestige des Ensemble-Theaters, wenn sich der Wiener Staatsoperndirektor Egon Seefehlner noch 1980 zu ihm bekannte. Kann man die rund zweihundert Namen umfassende Liste der an seinem Haus geführten Sänger aber noch ein Ensemble nennen? Zwar gibt es darunter viele, die wirklich ständig verfügbar sind – bezeichnenderweise überwiegend zweitrangige, für Nebenrollen; die wirklichen Stars, von der Freni bis zu Domingo, teilt sich Wien mit vielen anderen Bühnen.

Insbesondere hat sich ein deutschsprachiges Viererkartell gebildet. Berlin, Hamburg, München und Wien haben rund ein Dutzend Weltstars gemeinsam. Agnes Baltsa, Eva Randová, Edita Gruberová wurden 1984 jeweils gleich in fünf deutschsprachigen Häusern als Ensemblemitglieder geführt, Mirella Freni, Helen Donath, Bernd Weikl in vier, usw. Bonn kann es sich dank ausgiebiger Subvention durch den Bund (70 Prozent!) leisten, im honorarsteigernden Starwettbewerb mitzulizitieren: Sein Theaterdirektor Jean-Claude Riber, ein radikaler Verfechter des Stagione-Prinzips, schmeichelt dem bundesstädtischen Repräsentationsbedürfnis mit Starnamen wie Hildegard Behrens, Katia Ricciarelli, Piero Cappuccilli. Ribers Generalmusikdirektor Gustav Kuhn äußerte sich in einem SPIEGEL-Interview 1985 höchst despektierlich über diese Art von Stagione-Betrieb, wo nach seiner Aussage *Don Giovanni* in drei Tagen Probezeit durchgepeitscht wurde: *Herr Riber . . . kauft für viel Geld gute Sänger ein und stellt sie wie vor 80 Jahren auf die Bühne, zwischen Kulissen wie in einer Klitsche und mit einer phantasielosen Unbeweglichkeit wie in einer Schmiere.*

Die Vielzahl der nicht so hauptstädtisch verhätschelten Bühnen kann von solchem Starglanz nicht träumen und muß schon aus Kostengründen mit ihren Ensembles auskommen. Es liegen eben tiefe Opernklüfte zwischen der Staatsoper München mit ihren hundertsiebenundvierzig Solisten (1984) und etwa dem Essener Theater mit vierundzwanzig, von Passau mit zehn zu schweigen. Aber auch eine Großstadtbühne wie die Stuttgarter Staatsoper bekennt sich mit den Worten des neuen Generalintendanten Wolfgang Gönnenwein hochgemut zu dem, was sie einst, in der Ära Schäfer, großgemacht hat: *Für mich ist Ensemble ein unabdingbar notwendiger, integraler Bestandteil eines Opernhauses.* Es fragt sich nur, was darunter zu verstehen ist. Der Begriff hat sich zumindest bei den größeren Theatern geändert und schließt heute Gast- und Teilzeitsänger ein. In der

Praxis läuft es auf ein Zweiklassensystem hinaus: Die Hauptrollen stellen die Wandervögel, die Nebenrollen die echten Ensemblemitglieder.

Liebermann hielt in seinen berühmten Hamburger Jahren ebenfalls am Ensembleprinzip fest, auch wenn er Ende der dritten Spielzeit *Festliche Opernabende* mit internationalen Gaststars einführte. Insbesondere erschien ihm *zeitgenössisches Musiktheater ohne ein Ensemble nicht möglich. Aufführungen moderner Opern nehmen leicht Festspielcharakter an, wenn anschließend alle verreisen.* Angestrebt war aber Integration in den Spielplan. Als Chef der Grand Opéra in Paris, wo Liebermann von Grund auf neu anfangen mußte und Moderne zurücktrat, arbeitete er hingegen eher nach dem Stagione-System. Andere Verhältnisse, andere Prinzipien. 1985, Liebermann war wieder als Chef und Retter der Hamburger Staatsoper am Werk, erklärte er mir, das Stagione-Prinzip sei nichts für deutsche Opernhäuser, er halte an der Ensemble-Oper fest und sei ständig um tüchtigen Nachwuchs bemüht, der dem Haus wirklich verfügbar ist; nur so, mit sorgfältiger, wochenlang vorbereiteter Probenzeit, sei Musiktheater praktisch möglich.

Blocksystem – ein Mittelweg

In den letzten Jahren versuchen einige Bühnen einen Mittelweg. Von beiden Systemen sollen nur die Vorteile übernommen werden. Blocksystem heißt das neue Schlagwort. Im Kern geht es darum, daß ein und dieselbe Oper in unveränderter Besetzung und unverfälschter Inszenierung binnen weniger Wochen möglichst oft wiederholt wird, dann für längere Zeit verschwindet und einem anderen Opernblock Platz macht, wobei gründlich überholte Wiederaufnahmen nach etwa einem halben Jahr, bei gutem Erfolg auch in den nächsten Spielzeiten, von vornherein eingeplant sind (im Unterschied zur Stagione).

Claus Helmut Drese findet die Bezeichnung Semi-Stagione zutreffender als Blocksystem. Wie immer, an der Züricher Oper praktizierte er es seit 1975 mit aufsehenerregendem Erfolg. Er reduzierte das festangestellte Ensemble auf den ungewöhnlich niedrigen

Kostenanteil von 4,5 Millionen Franken und erhöhte dafür den für Künstler mit Abendverträgen auf 3 Millionen Franken (Zahlen, die er bei der Eröffnung des umgebauten Opernhauses nannte). Dadurch konnte er viel internationalen Sängerglanz in Belcanto-Opern präsentieren, auch künstlerisch wertvolle Unternehmungen wie den Monteverdi-Zyklus hochrangig durchführen, dabei aber die Vielfalt des Repertoire-Theaters mit Balletten und Musicals einigermaßen beibehalten, allerdings mit erheblich weniger Abonnements. Vom Operndirektor wird bei solcher Semi-Stagione perfekte Organisation und Unternehmerwagemut verlangt. Drese hält sie selber, wie er mir sagte, für das *richtige System für mittlere Theater, nicht für die Wiener Oper.* Es wird sich erst noch allgemein bewähren müssen. In jeder Stadt liegen die Dinge anders, nicht jedes Publikum läßt sich so viele fremdsprachige Aufführungen vorsetzen wie das polyglotte in Zürich.

Um auf die Grundfrage zurückzukommen, ob das Stagione- oder das Ensembleprinzip dem Musiktheater dienlicher ist: Entscheidend wird stets bleiben, welche Realisierungsmöglichkeit jeweils dem Werk, dem Hier und Heute seines Bühnenlebens geboten wird. Wenn man kostümierte Sängerkonzerte als museal und nicht als intelligentes modernes Theater in und mit Musik empfindet, wird man vom reinen Stagione-Betrieb nicht viel erwarten dürfen. Auch nicht, und schon gar nicht, auf Superstar-Ebene. Welche Bühne bringt es schon fertig, die Caballé oder Pavarotti sechs Wochen lang in einen normalen Probenbetrieb einzuspannen? Dabei hätte es der Tenorkönig, schauspielerisch unbedarft wie er ist, am nötigsten. Auch an mittleren Bühnen, die dem Star-Ehrgeiz frönen, bestimmen mehr die Wandervögel den Proben- und Spielplan als die Betriebsbüros. Was Felsenstein einst als *Flugzeugbesetzungen* verspottete und für seine Komische Oper gänzlich ablehnte (dort war Ensemble kein Credo, sondern unerschütterliche Wirklichkeit), das ist heute da und dort fast Opernalltag.

Die meisten Sänger vom Jet-set sind Ausländer. Deutsch singen sie praktisch nur als Wagner- oder Strauss-Spezialisten. Auch an den kleinen Theatern geben sie längst den Ton an. Von 1675 im Jahre 1984 in der Bundesrepublik engagierten Opern-Solosängern sind rund die Hälfte Ausländer. Schon für 1980/81 wurde ihr Anteil mit über 47 Prozent angegeben, wovon 42 Prozent Amerikaner und 12 Prozent Nichtdeutsche aus dem Ostblock waren. Unter den neuengagierten Solosängern überwogen die ausländischen gar mit 71 Prozent, ein Indiz dafür, daß die Tendenz zu den Ausländern hin steigend ist, auch wenn keine neueren Zahlen vorliegen.* Ist es da verwunderlich, wenn Regisseure, die gerne verständliches musikalisches Theater machen möchten, angesichts dieser Phalanx immer öfter resignieren? Arrivierte Amerikaner denken gar nicht daran, Amonasro oder Don Ottavio auf deutsch einzustudieren – wie könnten sie denn damit woanders gastieren? Daß die meisten italienisch noch weniger können als deutsch, scheint weltweit nicht zu stören. Aber kann man unter solchen Umständen wirklich von Musiktheater sprechen? Ist dramatischer Gesang nicht viel mehr als die Produktion schöner Töne, nämlich eine untrennbare leibseelische Einheit?

Operndirektoren, die sich zum Musiktheater mit Brusttönen bekennen, als gelte es den Eidesschwur auf die Bibel, und die dann mit italienisch geradebrechten Aufführungen in Richtung Stagione steuern, treiben ein falsches Spiel. Was sie an Gründen vorgeben, von der subtilen Originaltreue (während zugleich der Regisseur dasselbe Original als Rohstoff verarbeiten darf) bis zum allgemeinen Trend, es sind bloße Vorspiegelungen, im besten Fall Selbsttäuschungen. Es mag ja sein, daß die vielzitierten Sachzwänge sehr groß geworden sind. An den paar großen deutschen Opernhäusern, wo vorwiegend italienisch gesungen wird, hat der Direktor einfach vor diesen Zwängen, praktisch vor dem Diktat der prominenten Reisestars, kapituliert. Gäbe er das zu, wenn auch noch so seufzend, wäre er wenigstens ehrlich.

* Laut Umfrage des Deutschen Bühnenvereins bei vierundfünfzig bundesdeutschen Musiktheater-Intendanten, den Bühnenvereins-Mitgliedern mitgeteilt am 14. Juli 1981.

Blick über Nachbarsgrenzen

Wie halten es die anderen mit ihrer Oper? Wie organisieren sie ihre Theater, was spielen sie? Fragen, die einer eingehenden informativen und kritischen Darstellung wert wären – aber nicht im Rahmen dieser Schrift. Sie beschränkt sich auf Probleme der *deutschen* Oper, und hier wiederum vornehmlich auf die in der größten Opernlandschaft der Welt, in der Bundesrepublik Deutschland. Wenn in diesem kurzen Kapitel über Nachbarsgrenzen geblickt wird, so muß es bei einem sehr flüchtigen Blick bleiben. Vor allem geht es darum, Gemeinsamkeiten und Unterschiede festzustellen, soweit sie aus der deutschen Perspektive beachtlich sind.

Österreich und die Schweiz nehmen dabei eine nachbarliche Sonderstellung ein. Einmal, weil beide bevorzugte Reiseländer der Deutschen sind, zum anderen weil die deutsche Opernstruktur sich dort fortsetzt – mit interessanten Varianten. Die eine zeigt sich in beiden Ländern darin, daß sie im Gegensatz zur opernhauptstadtlosen Bundesrepublik Deutschland eindeutig überragende Opernmetropolen haben: hier Wien, dort Zürich.

Als Wien, nach dem Ersten Weltkrieg, von einer Reichshauptstadt zum Regierungssitz eines Kleinstaates degradiert wurde, fand man den despektierlichen Vergleich mit einem Wasserkopf; auf das Opernwesen angewandt würde er noch drastischer zutreffen. Das Bundesland Wien beherbergt nicht weniger als drei regelmäßig spielende Operntheater: die Staatsoper, die Volksoper und die Kammeroper. Die Bundesländer Niederösterreich, Burgenland und Vorarlberg hingegen kein einziges. Der Rest der (auch) Opern produzierenden Theater verteilt sich auf die Hauptstädte der Bundesländer

Oberösterreich, Salzburg, Tirol, Kärnten und Steiermark. Alles Landestheater mit gemischtem Betrieb, auch Ballett, Operette und Schauspiel bietend.

Wiener Übermacht

Acht Opern produzierende Theater in einem Land von rund 7,5 Millionen Einwohnern – eine hohe, sogar die Bundesrepublik etwas übertreffende Operndichte also. Aber die Gewichte sind anders verteilt, nämlich ausgesprochen zentralistisch. Die Wiener Staatsoper prangt als reich subventioniertes Aushängeschild. Keine Millionen werden gespart, wenn sie auf Weltreisen von Washington bis Tokio den Ruhm österreichischer Opernkultur (wenn auch oft unter nichtösterreichischem Taktstock und immer mit überwiegend nichtösterreichischen Kehlen) repräsentiert. Das kann sich sonst nur, gelegentlich auf leichtere Muse gestützt, die Wiener Volksoper leisten. Nicht einmal der patriotischste Tiroler würde das Innsbrucker Landestheater auf Opernweltreise schicken. Gegenüber der Wiener Staatsoper verharren alle anderen im Status der Provinz. Dabei übertreffen einige, etwa Linz oder Graz, in guten Direktorenzeiten den Superstar am Opernring an dramaturgischem Profil.

Aber das liebe Geld! Rund 91 Millionen DM, umgerechnet, bezahlten die österreichischen Steuerzahler 1983 für die Wiener Staatsoper, rund 47 Millionen DM für die Wiener Volksoper.* Das Landestheater Salzburg, das immerhin außerhalb der Festspiele auch das Große Festspielhaus bespielt, muß mit bescheidenen 15 Millionen DM seine Dreisparten-Ambitionen bestreiten. Das ist der Unterschied – wahrhaftig kein kleiner, aber ein sehr bezeichnender für das Gefälle zwischen Metropole und Provinz in Österreich.

Dabei läßt sich das, was die in Devisengold gehüllte, von altberühmten Traditionen zehrende Wiener Staatsoper zu bieten hat, nur

* Bericht 1983/84 des Österreichischen Bundestheaterverbandes. Wien o. J., S. 81 ff. Die genaue Höhe für Staatsoper und Volksoper ist hier nicht angegeben, da Burgtheater und Akademietheater eingeschlossen sind und der Anteil, der aus dem Posten »Generalsekretariat und zentrale Betriebe« auf jedes der vier Bundestheater entfällt, nur geschätzt werden kann.

mit angestrengter Werbephantasie als österreichisches Opernprodukt verkaufen. Solange sie nach dem Staatsopernbrand im Ausweichquartier, im Theater an der Wien, mit beschränkten Mitteln, aber mit dezidiertem Willen zu eigenem Stil (immer auf deutsch!) spielte, konnte man das durchaus. Seit Karajans Interregnum nicht mehr. Jetzt liefert nur noch das einzigartige Opernorchester, die Wiener Philharmoniker (sofern die erste Garnitur am Werk ist) einen spezifisch österreichischen Klang; Dirigenten, Inszenatoren, der Riesenhaufen internationaler Sängerstars (für Österreicher verbleiben mehr die zweiten Rollen), das erzkonservative Werkangebot – das alles ist fast auswechselbar mit dem Halbdutzend westlicher Opernhäuser, die gut genug dotiert sind, um den gängigen Weltstars 20000 bis 35000 DM je Abend in die virtuosen Kehlen werfen zu können. Von Musiktheater ist längst nur als unverbindlichem Credo die Rede. Wie denn auch, da selbst ausgesprochene Musikdramen fremder Herkunft originalsprachig, praktisch also italienisch oder französisch gespielt werden. Aber mit der auch in Deutschland üblichen Inkonsequenz: warum *L'elisir d'amore* auf italienisch und *Don Pasquale*, vom selben Komponisten, auf deutsch? Warum wird dann *Jenufa* gerade in Wien, wo Hunderttausende Tschechen leben, nicht auf tschechisch gesungen?

Wesentliche künstlerische Impulse gehen von der Wiener Staatsoper nur noch selten aus. Eher noch von der privaten (wenn auch nur durch öffentliche Subventionen lebenden), seit 1950 bestehenden kleinen Wiener Kammeroper. Hier wurden, mit einem lächerlichen Bruchteil an Kosten, mehr zeitgenössische Werke und interessante Ausgrabungen gewagt als in dem Prunkhaus am Ring. In der Staatsoper wurden in den fünfundzwanzig Jahren seit dem Wiederaufbau, also bis 1980, hundertvierzehn verschiedene Opern gespielt; davon stammten fünfundzwanzig von Zeitgenossen.* Eine im Vergleich mit führenden deutschen Opernhäusern äußerst lückenhafte Darbietung neuer Opern. Die Direktoren könnten sich mit der katastrophalen Publikumsresonanz entschuldigen: bloße vier Aufführungen von Strawinskys *The Rake's Progress*, mit Rothenberger und Popp,

* Die Wiener Staatsoper 1945–1980. Eine Dokumentation von Hans Christian. Wien o. J.

ganze zwanzig (in fünfundzwanzig Jahren!) von Bergs *Lulu*, mit der Silja, gegenüber 463 *Figaros* und 378 *Zauberflöten* – es ist die, wenn auch wienerisch konservativ potenzierte, allgemeine Misere der Opernmoderne. Ob die Wiener Staatsoper wieder Eigenprofil gewinnen kann? Es wird sich erst noch zeigen müssen, wenn mit Claus Helmut Drese erstmals seit langem wieder ein Mann mit eigenen Ideen (und ohne die Belastung eines eigenen Taktstocks) die Direktion übernimmt.

Wenn schon die überragende Oper des Landes, die sich praktisch alles leisten könnte, so wenig wagt, wie sollte man dann Wagnisse von den Provinztheatern erwarten können, wo jede vom Publikum abgelehnte Inszenierung ein kaum zu stopfendes Loch ins Budget reißt? Tatsächlich zeigt sich der Spielplan der österreichischen Landestheater, auch wenn er in der Favoritenliste schier austauschbar ist mit den vergleichbaren deutschen Bühnen, noch konventioneller, noch ärmer an neuen Stücken. Bezeichnend für den eher altväterlich-bürgerlichen Geschmack der österreichischen Musiktheaterbesucher ist auch, daß die klassische Operette von Strauß bis Lehár einen viel größeren Anteil an den Spielabenden hat, nämlich fast ebenso viele bestreitet wie sämtliche Opern; in der Bundesrepublik dominieren dagegen eindeutig, und mit wachsender Tendenz, die Opernaufführungen. Auch im Geburtsland der deutschsprachigen Operette ist seit Lehár und Kálmán praktisch nichts schöpferisch Erneuerndes zugewachsen, und die wirklich innovative Variante dieses Genres, das amerikanisch-bürtige Musical, feiert zwar am Theater an der Wien Serienerfolge, hat aber die Provinz keineswegs erobert. Daß man lieber in die zum x-ten Mal aufgewärmte *Csárdásfürstin* geht als in ein (zeitnäheres, aber unzulänglicher realisiertes) neues Musical, spricht für sich.

Zürich schwört auf Opernunternehmer

In der Schweiz beschritt der 1975 als Direktor in Zürich angetretene Drese auch in dieser Richtung andere Wege. Er setzte auf moderne Musicals statt auf die abgelebte alte Operette, da er nun einmal die leichte Muse nicht aus dem Stadttheater ausschließen konnte. Dieser Blick nach vorn kennzeichnet überhaupt eine zehnjährige Intendantur, die Zürich mit relativ bescheidenen Stadttheatermitteln – 41,5 Millionen Franken Subvention 1984/85, wozu das Umland ein Viertel beisteuert – zu einer interessanten europäischen Opernmetropole erhoben hat. Der Monteverdi-Zyklus unter Harnoncourt/Ponnelle trug dazu wesentlich bei. Drese schwört auf ein unternehmerisch kalkulierendes Direktorat, lehnt das sture Kameralistik-System bundesdeutscher Staatstheater eben deshalb entschieden ab, kommt mit einem vergleichsweise viel kleineren Verwaltungsapparat aus und schafft mit seinem Semi-Stagione-Prinzip (wir haben es schon umrissen) hohes Niveau bei künstlerischen Schwerpunkten und immerhin rund 280 Musiktheaterabenden im Jahr. Etwas weniger als spezialisierte deutsche Opernhäuser, die es auf über dreihundert bringen, aber erheblich mehr, und das ist für Schweizer Verhältnisse relevant, als die einzige vergleichbare, nämlich auf Musiktheater beschränkte, zweite Opernbühne der Eidgenossenschaft, die in Genf. Hier, wo die französischsprachige Bevölkerung das romanische Stagione-System (mit viel Ballett und ohne eigenes Sängerensemble) bevorzugt, geht der Vorhang keinesfalls täglich, sondern insgesamt nur an fünfundachtzig bis neunzig Spielabenden im Jahr auf.

Sonst ist Oper in der Schweiz ganz überwiegend ein Lieblingskind der Deutschschweizer. Außer in Genf und in Lausanne (hier wird nur ein paar Mal im Sommer gespielt) findet Oper ganz auf deutsche Stadttheaterart statt, mit gemischtem Repertoire: in der Bundeshauptstadt Bern, in Basel, in Luzern, in St. Gallen, gelegentlich auch in Biel und Solothurn. Alles das ist sehr bürgerlich, sehr schweizerisch solide fundiert, im Konservatismus des Repertoires eher Österreich als der Bundesrepublik ähnlich. Man wirtschaftet sparsamer als bei den deutschen Nachbarn, schließlich müssen die Gemeinden fast alles selber aufbringen. Aber deren Opernstolz steht eigentlich nicht ernstlich in Frage, auch wenn er praktisch nur noch durch ausländische, besonders amerikanische, Nachwuchssänger zu befriedigen ist. In den letzten Jahren tanzte die reiche Stadt St. Gallen etwas aus der konservativen Reihe. Nicht nur, weil sie ein supermodernes neues Betontheater baute; auch weil sie, im Gegensatz etwa zu dem vergleichbaren Stadttheater in Luzern, das Vorbild der Züricher Semi-Stagione noch einen Schritt weiter, zur ausgesprochenen Gastieroper hin, ausbaute.

DDR – die dichteste Opernlandschaft der Welt

Die größten deutschen Operngemeinsamkeiten müßten mit der Deutschen Demokratischen Republik bestehen, denn Operntheater entwickelte sich ja im Westen wie im Osten des einstigen Reiches seit zweihundert Jahren unter gemeinsamen Bedingungen und in ständiger Wechselwirkung. Damit ist es seit der Gründung der DDR und ihrer Abkapselungspolitik vorbei. Es kann keinen Künstleraustausch geben (von wenigen Stars mit Extralizenz, wie Peter Schreier oder Theo Adam, abgesehen). Es könnte wenigstens einen regelmäßigen Austausch von repräsentativen Opernaufführungen geben, aber auch den scheut die DDR-Regierung seit langem unbegreiflicherweise: Was hat doch Felsensteins Komische Oper in den fünfziger Jahren mit ihren Tourneeaufführungen in der Bundesrepublik an kulturpolitischen Punkten für ihren Staat eingeheimst!

Felsenstein ist tot, die berühmte Komische Oper längst nicht mehr, was sie einst war. Dennoch hätte die DDR-Oper sicher auch heute noch Beachtliches vorzuführen (selbst wenn der Gala-*Freischütz* zur Eröffnung der wiederaufgebauten Dresdner Staatsoper, im Frühjahr 1985, für Millionen erwartungsvoller Fernsehzuschauer im weiten Westen eine große Enttäuschung war). Die eigentlichen Vorzüge des Musiktheaters in der DDR könnten freilich auch glanzvolle Spitzengastspiele nicht vermitteln: die liegen in der einzigartigen Dichte des Opernnetzes, in der planmäßigen Breitenarbeit der staatlichen Opernpolitik.

In nicht weniger als einundvierzig Theatern der Republik werden regelmäßig Opern produziert, wozu noch mehrere spezielle Operettentheater kommen. Das ist relativ erheblich mehr als in der Bundesrepublik. Hier vierundfünfzig Opernbühnen auf 61 Millionen Einwohner, in der DDR einundvierzig auf nicht ganz 17 Millionen. Die überkommene, auf überdurchschnittlich vielen Duodez-Residenztheatern beruhende mitteldeutsche Musiktheaterstruktur machte das möglich, und die unbändige Theaterlust zumal der Sachsen, Thüringer und Berliner ließ es den DDR-Kulturpolitikern angezeigt erscheinen, die ererbten Fürsten- und Bürgertheater auch weiter, und mit großen Aufbau- und Subventionsopfern, zu bespielen. Wobei man freilich bedenken muß, daß in etwa Zweidrittel dieser Theater die Oper ganz im Schatten der Operette und des Musicals steht und mit bescheidensten Mitteln, zumal bei Orchester und Chor, auskommen muß.

Die größten Operntheater in der DDR sind, ganz wie in der Bundesrepublik, aus den Ruinen des Zweiten Weltkriegs neu erstanden: die Leipziger Oper (1634 Plätze), die Lindenoper in Berlin (1452), die Komische Oper in Berlin (1208), die Dresdner Staatsoper (1300). Aber auch in so bescheidenen Theatern wie in Annaberg mit seinen 380 Plätzen werden Opern gespielt, und von der Kleinstadt Radebeul werden gar elf noch kleinere Städte durch eine Landesbühne mit Opern bedacht.

Alle Theater in der DDR sind staatlich subventioniert. Die Höhe der Zuschüsse wird nicht bekanntgegeben, ebensowenig das Einspielergebnis. Es dürfte heute zwischen 20 und 25 Prozent liegen. Zwar sind die Eintrittspreise auch gemessen an der allgemeinen Kaufkraft niedriger als in der Bundesrepublik, dem Ideal einer *Oper für alle* sucht man auch durch verbilligte Abonnements, durch Aufführungen in Betrieben, durch Jugendvorstellungen so nahe wie möglich zu kommen. Andererseits verursacht das Lohn- und Gehaltsniveau der Theaterangestellten viel niedrigere Produktionskosten, so daß sich die relativ hohe Einspielquote erklärt. Das Ensemble-Theater ist in der DDR noch unerschüttert. Allenfalls an den Spitzenbühnen in Berlin oder in Leipzig spielen Zeit- und Stück-Verträge für auswärtige Stars eine gewisse Rolle.

Ebenso unangefochten erscheint der Vorrang des Musiktheaters vor der kulinarischen Sängeroper. Das ergibt sich nicht nur aus der weiterwirkenden Felsenstein-Tradition, sondern auch ganz einfach aus dem Mangel an glanzvollen Stimmen. Devisenknappheit läßt nur wenige Gastengagements westlicher Sängerstars zu – Russen, Bulgaren und Tschechen gleichen die bundesdeutsche Amerikaner-Invasion bei weitem nicht aus –; je kleiner das Theater, desto ausschließlicher muß es mit landeseigenen Nachwuchssängern auskommen, und da zeigt sich deutlich ein Mißverhältnis zwischen Chancen und Qualitäten. Es mangelt im Osten ebenso wie im Westen an goldhaltigen deutschen Opernkehlen. Der Nachschub aus dem unerschöpflichen Opern-Entwicklungsland Amerika, der im Westen niveaubewahrend wirkt, fehlt jenseits der Elbe gänzlich.

Grundsätzlich wird deutsch gesungen. Das ergibt sich schon aus dem Musiktheater-Prinzip, und zusätzlich aus dessen ideologischer Betonung. Wenn etwa an der Komischen Oper in Berlin *Madame Butterfly* als betont antiamerikanisch-antiimperialistische Tragödie inszeniert wird, so muß der Zuhörer ja verstehen können, was da gesungen vor sich geht, mehr noch bei den vielen neuen, politisch betonten Musikdramen landeseigener Komponisten und Librettisten, von Dessaus *Verurteilung des Lukullus* und *Einstein* bis zu Udo Zimmermanns *Levins Mühle*. Solche Gegenwarts-Musikdramatik nimmt in der DDR einen ungleich größeren Anteil im Repertoire ein, entsprechend der zentralen Führung des Opernwesens.

Im Spieljahr 1983 gab es nicht weniger als fünfundzwanzig von DDR-Komponisten stammende Inszenierungen, wozu noch achtundvierzig gleichfalls landeseigene Operetten und Musicals kamen; Zahlen, die für Westdeutschland nicht einmal zu erträumen sind. Die tatsächliche Publikumsresonanz führt jedoch ambitiöse Kulturpolitik auf den gemeinsam westöstlichen Boden der Tatsachen zurück. Neue Opern, schon gar politisch aggressive, begegnen in der DDR ganz ähnlicher Reserve. Auch dort müssen sie nach durchschnittlich vier bis acht Aufführungen abgesetzt werden. Auch dort wollen die Leute immer dieselben alten Evergreens hören. Die Liste der zehn meistgespielten Opern im Spieljahr 1983 sieht der westdeutschen zum Verwechseln ähnlich:*

1. Humperdinck, Hänsel und Gretel
2. Weber, Der Freischütz
3. Lortzing, Zar und Zimmermann
4. Mozart, Die Zauberflöte
5. Puccini, Madame Butterfly
6. Nicolai, Die lustigen Weiber
7. Puccini, Tosca
8. Mozart, Così fan tutte
9. Mozart, Figaros Hochzeit
10. Cimarosa, Die heimliche Ehe

Kein Verdi dabei, keine *Verkaufte Braut*, aber das ist in jenem Jahr bloßer Zufall. Über längere Sicht läßt sich als DDR-spezifische Re-

* Wer spielt was? Spieljahr 1983. Berlin (DDR) 1984. S. 248ff.

pertoirelinie eher eine generelle Abneigung gegen Wagner (sogar Smetana und Tschaikowsky erzielen mit weniger Werken mehr Spielabende) herauskristallisieren. In der Musiktheater-Realisation zeigt sich, daß wagemutige Regisseure (Ruth Berghaus, Joachim Herz, Harry Kupfer an der Spitze) oft im Clinch mit der offiziellen, grundsätzlich bewahrenden SED-Ästhetik liegen. Manfred Wekwerth brandmarkte 1975 im parteiamtlichen *Neuen Deutschland*, anläßlich einer Berghaus-Inszenierung, die *Sucht, . . . um jeden Preis originell zu sein,* als *schlechte Tradition.* Offenbar ein erzkonservatives Rückzugsgefecht. Die folgenden Jahre neigten eher zur lockenderen Gegenkomponente der SED-Schizophrenie, der nach *Weltniveau* (mit allen ihren ideologischen Risiken).

Für den real existierenden Opern-Sozialismus sind dergleichen intellektuelle Diskussionen weniger gewichtig als gewisse nackte Tatsachen. Einige lassen sich schwer in Zahlen fassen, ihre Wirklichkeit spiegeln jedoch wiederholte parteioffizielle Klagen. Auch in der sozialistischen DDR ist danach Oper keinesfalls eine Angelegenheit der Arbeiter und Bauern, die von der Republik im Wappen geführt werden, sondern der Mittelschicht, ob man sie nun bürgerlich nennt oder nicht. Daß diese nach Ausbildung und Einkommen aufstrebende Sozialschicht sich der theaterpolitischen Euphorie der jungen DDR durch Abstimmung mit Theaterbillets entzogen hat, ist durch Zahlen zu belegen. Ganz gewiß ist die Theaterlust der DDR-Deutschen größer als die der westdeutschen: 1974 besuchten in West-Berlin, mit damals über 2 Millionen Einwohnern, 869000 Leute die Theater, wofür 56 Millionen DM aufgebracht werden mußten; im nur Zweidrittel so volkreichen Ost-Berlin gingen – mit nur 29 Millionen Ost-Mark subventioniert – 1,3 Millionen in ihre (viel zahlreicheren) Theater (laut Hans Daiber, Theater seit 1945, Stuttgart 1975). Das geteilte Berlin repräsentierte hier wirklich West-Ost-Realitäten. Aber der östliche Vorsprung ist im Schwinden begriffen (von Qualitäten ganz abgesehen), die Theaterlust hat nachgelassen. Seit es für die Mark, ob West oder Ost, immer mehr lebenswichtige Sachen zu kaufen gab, verloren Theaterkarten an Attraktion. Da wie dort, aber *dort* erheblich stärker. Mit über 17 Millionen Besuchern erreichte das DDR-Theater (die Statistik trennt hier nicht Schauspiel von Musiktheater) einen Gipfel (weil man dazumal noch wenig

Hemden, Schuhe oder gar Autos kaufen konnte); als man eben dies einigermaßen durfte, liefen die Theaterfreunde in der DDR erheblich zahlreicher ihrem Hobby davon als in der Bundesrepublik. Hier litt der Theaterbesuch bis 1974 durch die Kaufverlockungen von VW und Fernsehgeräten nur um 13 Prozent, in der konsumgehemmteren DDR hingegen um volle 30 Prozent. Die Bundesrepublik also auf theaterpolitischem (was man auch opernpolitisch reduzieren kann) Vormarsch, die DDR im Rückzug? Das wären, von der hier nicht erfaßten statistischen Zeitspanne von 1974 bis heute ganz abgesehen, bloße Vermutungen. Immer noch produziert die zentralistisch fundierte DDR relativ, nämlich auf das Verhältnis von Opern-Spielabenden und Bevölkerungszahl bezogen, viel mehr Opernaufführungen, selbst wenn man die Ernüchterung nach dem Opernrausch der fünfziger Jahre einrechnet. Damals (1955/56) kam man bundesrepublikanischen Aufführungszahlen nahe (mit etwa 5600 Spielabenden), und gleichzeitig war man mit siebzig Theaterbesuchen je hundert Einwohner der beneideten Bundesrepublik (die es darin nur auf sechsundvierzig brachte) weit überlegen. Das wenn auch noch so bescheidene, auf Theatergeher beschränkte Superioritätsgefühl schmolz so schnell wie der Schnee vom letzten Jahr. Trotz allen staatlich lancierten Benefizien waren in der DDR viel mehr Theaterfreunde dem Konsum erlegen als im westlichen Teilstaat. Von der weltweiten Schrumpfung der Theaterteilnahme breiter Massen wurde also die massenorientierte DDR wesentlich stärker in Mitleidenschaft gezogen als die kapitalistische Bundesrepublik.

Immerhin, was auf dieser unbezweifelbaren Rückzugsstraße verbleibt, schmeichelt eigentlich dem DDR-Opernsystem, selbst wenn man seine ideologischen Niederlagen, das vergeblich diffamierte bürgerliche Fundament, die ästhetische Macht der Gewohnheit in Rechnung stellt. Mit 2973 Opernaufführungen im Jahr 1982, gegenüber 6518 in der Bundesrepublik, lieferten die Opern produzierenden DDR-Theater zwar weltweit nur den zweithöchsten Anteil (Westdeutschland ist absolut unübertreffbar), aber doch den relativ höchsten. Ist er zu halten? Die globale Entwicklung scheint zunächst dagegen zu sprechen. Deren Trend zielt augenblicklich eher zu Pavarotti mit seinen schönen Tenortönen als zu Felsenstein mit seinem Tenor-verachtenden Ensemble-Theater. Trends verändern sich von

Jahrzehnt zu Jahrzehnt, die Oper – als musikalisches Theater, vom großen Monteverdi begründet – kann sich auf eine ungleich ältere, nun bald vierhundertjährige Tradition berufen. Sie würde dem kulinarisch so bescheidenen DDR-Opernsystem zugute sprechen.

Patriotischer ČSSR-Spielplan

In der benachbarten sozialistischen Tschechoslowakei ähnelt das Opernwesen dem der DDR in vielen Zügen. Auch hier zielt man durch niedrige Eintrittspreise auf Breitenwirkung (doch liegt die Platzausnützung, im Gegensatz zur Bundesrepublik, etwas unter der mit 82 bis 84 Prozent angegebenen des Schauspiels); auch hier herrscht ganz die Ensemble-Oper und der Zug zum aussagekräftigen Musiktheater vor, in den großen Häusern auch zum experimentierlustigen Regietheater. Von wenigen Inszenierungen italienischer Opernklassiker in Prag abgesehen wird stets in der Landessprache gesungen, also tschechisch und slowakisch; auch wenn die *Zauberflöte* oder die *Meistersinger* auf dem Programm stehen.

Und ähnlich planmäßig wie in der DDR bekommen heimische Komponisten viele Aufführungschancen. Etwa ein Zehntel der alljährlichen Neuinszenierungen wird von lebenden tschechischen und slowakischen Autoren bestritten, wozu noch zeitgenössische Opern aus dem Ausland (vorwiegend aus dem sozialistischen) kommen. Der Anteil der Gegenwartsoper ist der Werkzahl nach viel größer als im Westen; nach Spielabenden schrumpft er auf das weltweite Maß der Unpopularität moderner Oper. Auch in der musikfreudigen ČSSR stimmt das Publikum mit den Füßen ab, und selbst wenn ganze Betriebe mit Bussen und lächerlich billigen Eintrittskarten herangekarrt werden, was planmäßig geschieht, passen die Umworbenen bei den meisten modernen Werken. Genies lassen sich eben auch mit konsequentester Kulturpolitik nicht züchten: Janáček hat bei den Tschechen so wenig einen Nachfolger gefunden wie Strauss bei den Deutschen.

Das Repertoire insgesamt unterscheidet sich von jedem westlichen, auch die DDR eingeschlossen, durch eine ausgesprochen patriotische Note. Hier werden alle acht Opern Smetanas regelmäßig neu einstudiert, dazu mindestens fünf von Dvořák, fast das gesamte musikdramatische Werk von Janáček, einiges von Martinů und anderen Komponisten (Zdeněk Fibich, Josef Bohuslav Foerster etwa), die man im Ausland kaum kennt, die aber als nationale Klassiker verehrt werden. Die Tschechen haben Smetanas heitere Volksoper *Der Kuß* so ins Herz geschlossen, daß sie dieses – dramaturgisch etwas notleidende, musikalisch der *Verkauften Braut* durchaus ebenbürtige – Werk öfter zu hören bekommen als Welt-Evergreens wie Rossinis *Barbier* oder Mozarts *Figaro!* Und Smetanas tragischer *Dalibor,* den der Rest der Welt (zu seinem Schaden) total ignoriert, übertrifft an Aufführungszahlen Beethovens *Fidelio,* mit dem er sujetverwandt ist. Von fremdbürtigen Komponisten dominieren neben Mozart, den die Tschechen fast wie einen Eigenen lieben, die italienischen und die russischen Klassiker. Wenig Liebe findet das Œuvre Wagners – obwohl er Smetanas Idol war; eingewurzelte antideutsche Ressentiments mögen bei der tschechischen Jugend zurücktreten, aber der Mangel an wagnergerechten Stimmen, besonders an Heldentenören, hat dazu geführt, daß die anspruchsvolleren Opernfreunde der Tschechoslowakei nun schon seit über einem halben Jahrhundert auf einen *Ring* warten müssen.

Auch im Belcanto-Bereich fehlt es, trotz der internationalen Spitze der Gruberová, Popp oder Dvorský, an genügend erstklassigen Stimmen, um bei 15,7 Millionen Einwohnern dreizehn Opern produzierende Theater ständig mit hochrangigem Nachwuchs zu beliefern. Ausländer, die sich der Mühe unterziehen, die schwierige tschechische oder slowakische Sprache zu lernen, fallen ja praktisch nicht ins Gewicht. Die dreizehn Musiktheater (zehn tschechische, drei slowakische) zeigen eine erheblich geringere Operndichte an als in der DDR; dennoch hat die Oper in der Tschechoslowakei nach dem Zweiten Weltkrieg dadurch einen Aufschwung genommen, daß ihr nach der Ausweisung der Deutschen in Böhmen und Mähren viele prächtige Theaterbauten zufielen. Das größte Opernhaus der Tschechoslowakei, das heutige Smetana-Theater mit seinen über 1600 Plätzen, ist das von Prager Deutschen im späten 19. Jahrhundert erbaute Neue deutsche Theater; rings im Lande fielen von Aussig (heute Ústí) bis Reichenberg (Liberec), von Brünn (Brno) bis Troppau (Opava) über ein Dutzend Musiktheater an die

Tschechen. Nicht alle werden mehr mit Opern bespielt, so wie auch in einigen eigenen tschechischen Theatern der Opernbetrieb aufgegeben wurde.

Das ist ein Zug der Zeit, von dem nur die slowakische Teilrepublik der föderativen ČSSR nicht betroffen wurde. Dort war Oper bis Ende des Zweiten Weltkrieges unterentwickelt, heute wird sie in drei Häusern geboten, außer in Bratislava (Preßburg) noch in Košice (Kaschau) und Banská Bystrica (Neusohl), und mit Eugen Suchoň und Ján Cikker stellen die Slowaken sogar die international erfolgreichsten lebenden Opernkomponisten der Tschechoslowakei. Zentrale Opernstätte war jedoch seit jeher, und bleibt auch, das Nationaltheater (Národní divadlo) am Moldaukai in Prag, auch wenn es, seiner kulturhistorischen Funktion getreu, Schauspiel und Oper unter einem Dach vereinigt. Zahlen über die Höhe der Subventionen und die Einspielergebnisse der tschechoslowakischen Theater werden nicht bekanntgegeben, nach Auskünften von Kennern sind sie mit denen der DDR vergleichbar.

Niedergang in Italien

Der flüchtige Rundblick über Nachbargrenzen kann Dänemark, Schweden, Holland und Belgien übergehen, weil die dortige Opernlandschaft unvergleichlich dünner besiedelt ist und deshalb Vergleiche, von denen etwas zu profitieren wäre, kaum zuläßt. Das gilt sogar für das Mutterland der Oper, für das heutige Italien. Dort befindet sich das weltweit bewundertste und begehrteste Musikprodukt des Landes organisatorisch in einem ziemlich desolaten Zustand. Seit Jahrzehnten schrumpft die Zahl der opernspielenden Theater. Zwar stehen auch in kleineren Städten noch die ererbten, architektonisch so kostbaren Häuser; aber die meisten stehen eben meist leer. Selbst so traditionsreiche Städte wie Bergamo schwingen sich nur noch zu zwanzig, dreißig Vorstellungen auf, auch in Großstädten beschränkt sich die Stagione oft auf vier bis sechs Wochen.

Von der alten Opernherrlichkeit – vor 1900 wurde Verdis neuer *Falstaff* gleich auf über vierzig Bühnen nachgespielt – ist heute nur noch das mit mitteleuropäischen Verhälnissen vergleichbare Dutzend der öffentlich und regelmäßig subventionierten Stagione-Theater geblieben (Turin, Mailand, Venedig, Triest, Genua, Bologna, Florenz, Rom, Neapel, Cagliari, Palermo, die vorwiegende Festival-Arena Veronas hier eingeschlossen). Diese einigermaßen gesicherten zwölf – es fielen auch hier in den letzten Jahren aber immer wieder viele angekündigte Vorstellungen aus – boten 1980 mit 958 Opernabenden* rund ebenso viele wie der gesamte Rest der etwa zwanzig kleineren Theater, die sich mehr oder weniger sporadisch zu Opernvorstellungen aufrafften. Zum Vergleich: in der Bundesrepublik Deutschland ging der Vorhang gleichzeitig bei etwa 6000 Opernvorstellungen hoch. Kein Vergleich also, jedenfalls nicht in der Fülle des Angebotes. Dabei widerstand die italienische Oper dem allgemeinen Trend des Besucherrückganges immer noch besser als Kino und Sprechtheater, und der Ballettboom Ende der siebziger Jahre ließ sogar die in der Statistik nur gemeinsam geführte Summe der Opern- und Tanzaufführungen zwischen 1977 und 1981 sogar kräftig emporschnellen (von 2137 auf 3791).

Aber wenn man die Oper allein herausschält, so stagniert das Angebot, und noch mehr die Nachfrage des Publikums. Die Platzausnützung wird immer geringer. Einige Beispiele für 1981. Von den über 2000 Sitzen, die das prächtige Teatro Communale in Florenz anbietet, waren durchschnittlich nur 600 verkauft; von 1600 in der Vielmillionenstadt Rom bloße 750, von über 1700 im wunderbaren Fenice Venedigs 650, vom berühmten San Carlo Neapels 807. In Mailand steht es etwas, aber nicht wesentlich besser; und selbst diese legendäre Opernmetropole, die sich mit sieben Monaten jährlich die weitaus längste Stagione leistet (in Florenz sind es schon nur noch drei bis vier Monate, in kleineren Städten noch weniger), bringt jährlich nur rund achtzig bis hundert Opernabende zuwege, weniger als eine west- oder ostdeutsche Mittelstadt; das Ballett will sein Schaurecht. Von kleineren, in die Zwölfer-Elite aufgenommenen Theatern zu schweigen: In Cagliari bekamen die Belcanto-Fans 1981 nur vierzig Opernvorstellungen zu beklatschen. Dabei wird ringsum in Italien meist nur die gängigste vorwiegend italienische, Opernkost geboten; zeitgenössische oder gar uraufgeführte Werke wagen für

* 1982/83 Annuario Musicale Italiano. 2 a edizione. Rom 1983. S. 65, 219, 227ff.

gewöhnlich nur die drei, vier größten Theater. Der Starbetrieb des Stagione-Wesens versammelt dort die weltweit übliche Sängerelite. Fesselnde Inszenierungen mit neuen Akzenten sind jedoch selten, selbst für regielich sorgfältige Durchschnittseinstudierungen fehlt es schon bei mittleren Bühnen meist an Zeit, und die Reisestars denken gar nicht daran, einen Monat für Proben zu opfern.

Natürlich kann man in der Scala, im Teatro San Carlo und in anderen der herrlichen historischen italienischen Logentheater auch heute noch Sängerfeste erleben. Immer noch ist ja landeseigener Belcanto produktiv, und wo er nicht ausreicht, füllt das spanische, amerikanische, bulgarische und deutsche Sänger-Jet-set die Lücken auf. Doch beginnt das alles bei über 80 Prozent fixer Kosten schier unbezahlbar zu werden. Seit 1984 liegt ein ministerieller Spar- und Finanzierungsplan vor, der nur noch fünf (!) Opern produzierende, andere Städte mitbespielende Zentren (Mailand, Florenz, Venedig, Rom, Neapel) vorsieht. Wenn er durchkommt, würde er vielleicht durch regelmäßige staatliche Zuschüsse einen ungefährdeten Opernbetrieb sichern, aber zugleich ein Armutszeugnis des einst an Werken, Sängern und Publikumsbegeisterung reichsten Opernlandes der Welt bedeuten.

Kriselndes Opern-Frankreich

In Frankreich beschattet die Metropole Paris seit altersher die Theaterprovinz. Hier leistet man sich in einem Dutzend Städten, Straßburg, Marseille, Lyon an der Spitze, mit relativ hohen, mittlerem deutschen Stadttheatermaß vergleichbaren Subventionen fünf bis sechs eigene Opernproduktionen jährlich, in weiteren etwa acht kleineren Theatern (deren Zahl seit dem Weltkrieg erheblich geschrumpft ist) fast nur noch Operetten. Diese werden französisch gesungen, italienische und deutsche Opern meist in der Originalsprache. Auszehrung droht der französischen Opernprovinz nicht nur durch das abflauende Interesse, zumal bei der jüngeren Generation, sondern auch durch den versiegenden französischen Sängernachwuchs. 70 Prozent der Hauptrollensänger stammen aus dem Ausland.

Selbst in der dominierenden Opernmetropole, wo außer der Grand Opéra im pompösen Palais Garnier jetzt auch wieder die Opéra comique in der Salle Favart und das Châtelet-Theater Opern spielt (gelegentlich auch das Théâtre des Champs Elysées), selbst hier steckte man Mitte der siebziger Jahre so tief in der Krise, daß Rolf Liebermann, von Hamburg als Retter der kaum noch funktionsfähigen Grand Opéra berufen, fast vom Nullpunkt neu anfangen mußte, um seine *Konzeption des permanenten Festivals* durchzusetzen. International besetzte Gala-Aufführungen nach dem Stagione-Prinzip erwiesen sich für die Millionen- und Touristenstadt als attraktiv. Viele neue Stücke konnte es da, ganz anders als in Hamburg, nicht geben; die Sorge um möglichst rentable Opernabende nahm dem rettenden Opernchef die alteingewurzelte Ballettliebe der Pariser ab: die gute Hälfte der Spielabende bestreiten Tänzer. Die alle italienische Stagione-Theater weit übertreffende, mit deutschsprachigen Opernverhältnissen vergleichbare Zehn-Monate-Spielzeit der Grand Opéra täuscht darüber hinweg, daß das Haus allenfalls an jedem zweiten Abend offen ist. Ab Sommer 1989 soll auf der Place de la Bastille ein neues, aus zwei Häusern bestehendes Opernzentrum eröffnet werden. Eine Art Volksoper mit betont niedrigen Preisen, die der Staat mit umgerechnet über 90 Millionen DM finanziert. Man will dann *450 Vorstellungen im Jahr* geben, das Palais Garnier soll im Lauf der Zeit ganz dem Ballett vorbehalten bleiben, in der Opéra comique soll die Oper der Operette oder anderen Darbietungen Platz machen. Die neue Bastille-Oper, an der bereits gebaut wird, bringt also weniger eine Erweiterung, als eine Konzentration des Pariser Opernlebens.

Da es in Deutschland keine mit Paris vergleichbare Riesenstadt gibt, sind für uns neue Impulse interessanter, die von der französischen Provinz ausgehen. Dort sucht man dem immer größeren Kostendruck durch gemeinsame Austausch-Produktionen zu begegnen. So erscheinen in den Spielplänen 1984/85 in Lyon drei Koproduktionen, in Straßburg zwei, selbst in Paris an der Opéra comique drei. Die Theater des Elsaß haben sich zu einer Produktionsgemeinschaft Straßburg-Mülhausen (Mulhouse)-Colmar, zur Opern und Ballett umfassenden Opéra du Rhin, zusammengeschlossen und tauschen außerdem noch mit dem Badischen Staatstheater in Karlsruhe jährlich je eine eigenproduzierte Oper aus. Eine gleicherweise kostensparende wie kulturpolitisch in die Zukunft weisende Kollaboration.

Britischer Opernfrühling

Im Gegensatz zu dem alten, kriselnden Opernland Frankreich befindet sich Großbritannien, einst mit deutscher Arroganz und Ignoranz als Land ohne Musik verhöhnt, seit dem Zweiten Weltkrieg auf einer ungeahnt breiten und aufwärtsweisenden Opernstraße. Bis dahin gab es, von sporadischen Provinzaufführungen abgesehen, nur die altberühmte Covent Garden Opera, die ganz von italienischen und deutschen Sängern zehrte, und seit 1930 die bescheidene englischsprachige Keimzelle der Sadler's Wells Opera in London. Heute ist diese zu einer nationalen Institution namens English National Opera aufgerückt und wird allabendlich im riesigen Coliseum mit seinen 2800 Plätzen von mehr Opernfreunden aufgesucht als Covent Garden (2250 Plätze). Daneben wimmelt es in London geradezu von kleinen privaten, gelegentlich spielenden Opernunternehmungen, wie Abbey Opera, Almeida Theatre, Handel Opera oder Opera rara, und rings im Lande wird die neu erwachte britische Opernlust fast flächendeckend durch regionale Reise-Opern befriedigt, so durch die English Opera Group, die Kent Opera, die Welsh Opera, die Opera North, die Scottish Opera.

Hat man sich selber von dem respektablen Niveau solcher Regionalbühnen überzeugt, und bedenkt man, daß sie ganz überwiegend mit britischen Sängern, Dirigenten und Regisseuren auskommen, so muß man von einem englischen Opernwunder seit dem Zweiten Weltkrieg sprechen, dazu noch von einem relativ billigen Wunder. Außer bescheidenen lokalen und mehr oder weniger ins Gewicht fallenden privaten Unterstützungen ermöglicht der Arts Council of Great Britain als Verteiler staatlicher Subventionen (ein völliges Novum für Großbritannien!) diese junge Opernblüte. Aber alle Operndirektoren müssen viel mehr ans Sparen denken und unbürokratischer arbeiten als etwa ihre deutschen Kollegen.

In der Spielzeit 1983/84 erhielt die Covent Garden Opera, die bei rund 250 Spielabenden (davon die Hälfte Ballette) über 40 Prozent einspielen muß, an staatlichen Subventionen 11,6 Millionen Pfund, die English National Opera (ENO) 6 Millionen, die Kent Opera 0,6 Millionen – wozu die in England wichtigen privaten Spenden kommen. Gemessen an deutschsprachigen Verhältnissen ist das alles beneidenswert billig. Natürlich müssen dann die Theater gut besucht sein, und das strebt man im ganzen Lande auch dadurch an, daß man grundsätzlich für breite Schichten verständlich, also auf englisch spielt. In der ENO wird selbst Wagners *Ring* in einer neuen, von den Kritikern hoch gerühmten Übersetzung gesungen – wie wäre es auch sonst denkbar, die fast 3000 Plätze im Coliseum-Rund zu füllen!

Nur die Covent Garden Opera kann es sich leisten, als Fremdenattraktion in einer Zehn-Millionen-Metropole, in Originalsprachen Oper zu machen. Hier wetteifern jetzt britische Sänger mit den internationalen Reisestars. Das auch in den USA geltende Prinzip des closed shop, wonach grundsätzlich, von unersetzlicher Hochprominenz abgesehen, nur einheimische Gewerkschaftsmitglieder als Sänger und Orchesterspieler beschäftigt werden dürfen, hätte zu frustrierender Niveausenkung führen können, hat aber de facto eine ungeahnte Fülle landeseigener Talente geweckt – auch das gehört zum britischen Opernwunder.

Was besser werden könnte

Was immer der Blick über Nachbarsgrenzen an Anregungen und Erkenntnissen eröffnen konnte, am Ende bleibt die Oper im eigenen Lande das Hauptthema dieses Buches. Hic Rhodus, hic salta. Wie wird es weitergehen mit der Oper in der Bundesrepublik Deutschland? (Unnötig zu betonen, daß diese Frage, bei der engen internationalen Verflechtung des westdeutschen Staates und seiner überragenden Musiktheaterfülle, zumindest die Oper in Österreich und in der Schweiz fast ebenso betrifft.) Die Allerweltsweisheit, daß es *immer irgendwie weitergeht,* kann kein Trost sein: Es geht, wenn nicht gar um das Ob, ganz entscheidend um das Wie. Die vorangegangenen Kapitel haben eine Menge faktischer Belege für beide Teile unseres Buchtitels ausgebreitet; dessen *ist-tot*-Aussage erscheint jedoch bei einem nüchternen Fazit – und das stimmt hoffnungsvoll – nur temporär, nur für den gegenwärtigen Zeitpunkt gültig, nicht aber unveränderlich. Weder muß die lebendige, die zeitgenössische Oper wirklich im Exitus enden, wie es die ungeschminkten Zahlen androhen, noch ist der bisher funktionierende Betrieb des von Millionen gewünschten und frequentierten Opernmuseums so ungefährdet.

Probleme des Werkangebotes, Probleme der Organisation (einschließlich der Finanzierbarkeit): von beiden her drohen die größten Gefahren für die Zukunft. Von beiden her kann aber Zuversicht ableiten, wer zugleich an die Notwendigkeit und an die Machbarkeit von Veränderung glaubt. Zuviel Optimismus? Hier soll keinesfalls ein Katalog von Muß-Forderungen aufgestellt werden. Natürlich muß vieles anders und besser werden, damit das wunderbare Luxusgeschöpf Oper weiterleben kann. Aber dieses Schlußkapitel wählt aus gutem, in vielen Jahrzehnten kritischer Theaterbeobachtung sich bescheidendem Grund die Formulierung *könnte.* Damit wird mehr die schäbige Kompromiß-Möglichkeit als die viel glänzendere Ideal-Utopie angezielt. Sein gutes Recht, wenn der Opernfremdling und radikale Publikumsverächter Boulez alle Opernhäuser zerbomben will – dort ist ja kein Platz für ihn; sein noch besseres Recht, wenn Bernd Alois Zimmermann, der immerhin, ganz im Gegensatz zu Boulez, eine imposante Experimentaloper geschaffen hat, zu den bisherigen, historisch gewachsenen Theaterbauten ganz neuartige fordert, den *omni-mobilen, absolut verfügbaren architektonischen Raum! Mit Einrichtung von Kipp-, Dreh- und Liegesitzen als immobil-mobil gehaltener »kardanischer« Punkt für den Zuschauer.* Schöpfer von Kunstwerken dürfen ganz legitim träumen, Utopien hinterlassen auf ihrem Weg ins Unmögliche höchst produktive Spuren. Für kritische Analyse sind sie nicht geschaffen. Die Theater werden nicht in die Luft gesprengt, ein omnimobiles Opernhaus wird nicht gebaut werden. Die Opernwirklichkeit muß mit den bestehenden Theatern auskommen, und nur um diese Wirklichkeit geht es uns hier.

Es wurde sachlich belegt, wie beängstigend die zeitgenössische Oper von ihrem Anteil in den letzten zwanzig Jahren verloren hat. Selbst den erzkonservativen Opernkulinariern, die *daran* wenig Anteil nehmen, sollte einleuchten, daß der drohende Tod der lebendigen Oper à la longue auch den des Opernmuseums nach sich zieht. Italiens Beispiel schreckt. Der Überstrapazierung durch allzu häufige Aufführung, potenziert durch Altersverschleiß und krampfige Verunstaltungen verzweifelter oder zynischer Regisseure, werden nicht einmal die Evergreens des härtesten Kerns auf die Dauer standhalten, und wenn dieser weiter so schrumpft wie bisher, ist auch das Opernmuseum in seiner derzeitigen Vielzahl nicht zu retten.

Zweigleise-Oper droht

Was könnte also geschehen, um den Opernbetrieb einigermaßen am Leben zu halten, und wenn es nur ein Überwintern wäre? Mit der braven Erfüllung kultureller Verpflichtungen ist es nicht getan. Jährlich eine Uraufführung oder eine deutsche Erstaufführung anzubieten, mit der man den kulturpolitisch engagierten Subventionsbewilliger befriedigt und auch noch, vielleicht, sogenannte Großkritiker anlockt, das bringt nicht viel, wenn das Publikum einfach wegbleibt. Diese resignative Erkenntnis der Operndirektoren, dazu die Zwänge der Kostenlawine bei Neueinstudierungen, haben den Weg der zeitgenössischen Oper ins Ghetto beschleunigt. Immer mehr Theater, selbst wenn sie mit mehr als 50 Millionen DM jährlich dotiert sind, schieben das Sorgenkind in die kleinen Studiobühnen ab. Damit ist die Pflicht erfüllt, das Alibi erbracht, und wenn es nicht viel bringt, so kostet es auch nicht viel.

Von Jahrzehnt zu Jahrzehnt wuchs in der jüngsten Vergangenheit die Gefahr einer Zweigleise-Oper. Die Hauptstrecke bleibt den elegant und komfortabel ausgestatteten Rennern vorbehalten von A wie *Aida* bis Z wie *Zauberflöte,* den Intercity- Zügen gewissermaßen, und auch den hochfrequentierten Alltagsvehikeln, die man halt braucht, selbst wenn sie *Zar und Zimmermann* heißen. Was weder aus Hochklassik noch Biedermeier stammt, sondern aus unserer Gegenwart, wird aufs Abstellgleis verbannt. Das soll lebendiges Musiktheater sein? Aber so *ist* es in der deutschen Opernwirklichkeit: Moderne im Ghetto. Keiner, außer theaterfremden, ideologisch verbissenen Verweigerern, fühlt sich dort wohl. Änderung dieses unerquicklichen Zustandes tut not – wie könnte das geschehen?

Indem das Publikum sich ändert, indem es progressiver und avancierter mitgeht – denkbar, aber wenig wahrscheinlich. Noch nie, von ein paar euphorischen Jahren in den hoffnungsfrohen Zwanzigern vielleicht abgesehen, wurde das deutsche Opernpublikum so mit Appellen an seine Pflicht zum Fortschritt, zur Änderung und Entwicklung seines Bewußtseins von Programmheftmachern und von Opernkritikern bombardiert, wie seit dem Zweiten Weltkrieg; nie wurden ihm auch, zumindest in den ersten hochgemuten Jahren, so viele neue Opern vorgesetzt. Anfangs ging es gutwillig mit, später machte es immer mehr von seinem Freiheitsrecht Gebrauch, sich selbst zu entscheiden. Lieber ließ es sich pauschal als rückständig beschimpfen, als daß es sich, und dies nun ganz individuell, ein X für ein U vormachen lassen und das auch noch mit guten D-Mark bezahlen wollte. Internationaler Vergleich lehrt, daß die bundesdeutschen Operngeher sich damit keinesfalls überdurchschnittlich reaktionär verhielten; eher überdurchschnittlich aufgeschlossen Neuem gegenüber.

Nirgends wurde so viel schwer Verdauliches geduldig geschluckt wie hier, aber auch die zähesten Mägen streiken, wenn sie dauernd statt Brot Steine zu sich nehmen. Eben dies empfand die überwältigende Mehrzahl der Opernfreunde, die serienweise Stücke vorgesetzt bekam, die sie einfach nicht verstand. Daß die meisten davon hinter dem tagesmodischen Markenzeichen des Progressiven blanke musiktheatralische Unfähigkeit verbargen, merkten die Operngeher früher als die Profis. Auf einer der vielen, mit lauter gescheiten Intellektuellen bestückten deutschen Dramaturgen-Tagungen der letzten Jahrzehnte, die sich über die Unpopularität der modernen Opern die Köpfe zerbrachen, verwirrte ebendiese der prominente Outsider Hans Weigel mit der scheinnaiven Frage, ob es nicht daran liege, daß diese Opern einfach nicht gut seien. Ein Wort, des Nachdenkens wert. Könnte es nicht sein, daß die – spätestens mit Adorno inthronisierte – Fortschritts-Ästhetik in einer Sackgasse gelandet ist? Daß gut und schlecht als Kriterien für die Oper nicht von Graden des sogenannten Progressiven und Avancierten abhängen, sondern von der Lebensfähigkeit?

Damit wird bescheidenem Pragmatismus das Wort geredet, und um eben den geht es hier ganz bewußt. Ich könnte mich darauf berufen, daß ohne ihn selbst die abstraktesten Ideologien nicht auskommen: Wie sollten sie sonst dauernd den Welterfolg von Bergs *Wozzeck* als Triumphwappen für atonale Moderne vor sich hertragen? Aber es handelt sich hier nicht um Ästhetik, sondern ganz allein um Opernpraxis. Persönlich gehe ich viel lieber in *Lulu* als in *Zar und Zimmermann*, und mich würde es aufrichtig freuen, wenn *Mathis der Maler* öfter gespielt würde als *Madame Butterfly;* aber meine Vorlieben sind für den Opernbetrieb völlig irrelevant.

Ganz und gar nicht unwichtig für diesen ist hingegen, ob sein – ohnehin stark geschrumpftes – Repertoire durch neue Stücke aufgefrischt wird, oder ob es mangels Blutzufuhr an Sklerose dahinsiecht. Alibi-Pflichterfüllungen mit modernen Premieren im Studio-Ghetto genügen nicht. Die zeitgenössische Oper lebt nur, wenn sie sich in den normalen (den großen) Häusern der Theater bewährt, wenn sie dort *hineinpaßt;* wenn sie also zumindest so viel Publikum anzieht, daß die Auditorien nicht durch gähnende Leere deprimieren, und wenn andere Theater zum Nachspielen verlockt werden, weil das Stück eine einigermaßen praktikable Kette von Spielabenden verspricht. Solche neuen Stücke müssen keine Geniewürfe sein. In allen wirklich lebendigen Epochen ermöglichte erst die Fülle und Vielfalt der ungenialen Novitäten jene Kontinuität des Opernbetriebs, die dann auch Meisterwerke ermöglichte. *Sie* kann man nicht züchten. Wohl aber kann man den Humus bereiten, dem sie entwachsen.

Verachtet mir die Meister nicht! – damit meint Hans Sachs, dessen Biedermannsstimme sich der Outsider Richard Wagner ausnahmsweise bedient, nicht das Sonntagsgenie Stolzing, sondern die Alltagshandwerker der Poesie und Musik. Die Mahnung könnte aktualisiert so lauten: Verachtet mir die Meister nicht, die, unter Verzicht auf den Beifall einiger Großkritiker, das Publikum so wenig verachten, daß sie spielbare neue Opern komponieren. Wenn die nach drei oder fünf Jahren abgespielt sind und verschwinden, so teilen sie ihr Schicksal mit allen sogenannten avancierten Opern, und sie haben diesen das Verdienst voraus, wenigstens ein paar Jahre lang das Opernmuseum belebt und der Sklerose vorgebeugt zu haben.

So gesehen, nämlich rein theaterpraktisch, sind Stücke wie *Carmina burana* oder *Die Kluge, Peer Gynt* oder *Der Besuch der alten Dame* wahrhaft gute Stücke (wie immer man ihre musikalischen Qualitäten, auf die es im Theater ja nicht allein ankommt, einschätzen mag); für die Auffrischung des Repertoires wertvoller als ein Schock theaterfremder Zwölftonbasteleien. Vor zwanzig Jahren hätte man das nicht schreiben können, ohne als Reaktionär diffamiert zu werden. Inzwischen hat sich die dodekaphonische Epoche, einst von den Meinungsmachern als allein seligmachend, allein zukunftsträchtig gepriesen, als erstaunlich kurzes Intermezzo erwiesen. Kein ernst zu nehmender junger Komponist, der heute noch etwas mit Reihen im Sinn hat; zu evident ist ja, daß die zur Ideologie hochstilisierte Kompositionstechnik für die Musikbühne entmutigend unfruchtbar war. Allenfalls zwei Stücke von unbestrittenen Genies, *Moses und Aron* und *Lulu,* haben überlebt – eine magere Ausbeute aus der üppigen Zwölfton-Produktion eines halben Jahrhunderts.

Überhaupt zeichnet sich, in der jüngsten Zeit immer deutlicher, eine Dämmerung des Fortschrittsbegriffes ab, der die Ästhetik der modernen Musik, die Oper eingeschlossen, seit dem Zweiten Weltkrieg besonders in der Bundesrepublik (die Deutschen sind halt so gründlich!) mit geradezu zermalmender, durch Denkautoritäten wie Adorno und durch die Entfaltung der Medienpublizität geförderter Monopolwirksamkeit beherrschte. Wer in den sechziger Jahren anders dachte, hatte in den Rundfunkanstalten und bei den Operndirektoren wenig Chancen. Der junge Komponist Volker David Kirchner, der im Gegensatz zu den meisten dodekaphonischen Herolden aus der musikalischen Praxis des Instrumentalspielers herkam, schrieb verbittert von einer *Mafia, die wesentlich mitschuldig (ist) an dem von ihr so lauthals beschrieenen Niedergang der Musik.*

Schon in den fünfziger Jahren hatte einer der Avantgardisten, der in Donaueschingen und in Darmstadt als Jungstar des Progressivismus herumgereichte Hans Werner Henze, unbestechlich gegen den Stachel gelöckt: *Wer kann sagen, wo »vorwärts« liegt?* 1984, als reifer Mann, nannte er die Dinge so beim Namen, wie er es als sozialistisch (und sozial zugleich) denkender Komponist empfand: *Nicht die Oper ist reaktionär. Bürgerlich (= bourgeois) ist ein lineares (undialektisches) Fortschrittsdenken, an modischen Vorstellungen aufgegeilt, frustriert und elitär, das nach andersartigen Formen von Musik und Musikmachen ruft, wie um der Realität zu entgehen.*

Dieses Fortschrittsdenken war tatsächlich insofern linear und einseitig geworden, als es die ganze Vielfalt der Musik im wesentlichen auf die Dimension der Zusammenklänge reduzierte: Nur was von der tonalen Harmonik in die Atonalität führte, galt als progressiv. Adorno und seine einflußreichen Jünger auf den Kommandobrükken des Musikbetriebs hatten sich gegen jedwede Tonalität eingeschossen. Am grimmigsten gegen Prominente der Moderne, die eben diese Tonalität vom alten Dur-Moll zu neuen Ufern weiterentwickelten. Paul Hindemith, einst von den Progressivisten als junger Revoluzzer bejubelt, wurde von ihnen desto heftiger befehdet, als er im reifen Alter die Tonalität als *eine Kraft wie die Anziehungskraft der Erde*, also als ein musikalisches Naturgesetz, erkannte und sowohl in seinen Schriften theoretisch untermauerte wie in seinen Meisterwerken praktizierte. Die atonale *Mafia* war sogar einige Zeit lang einflußreich genug, um Ernest Ansermets, des großen Dirigentenpioniers der Moderne, wissenschaftliches Riesenwerk *Die Grundlagen der Musik im menschlichen Bewußtsein* (auf deutsch München 1965) wenigstens publizistisch zu verdrängen, wenn man es schon angesichts der doppelten Autorität Ansermets als Musiker wie als Mathematiker (wer konnte da schon als Kritiker mithalten!) nicht zu entwerten vermochte. Ansermet verteidigte nicht nur den Dreiklang, dessen Naturhaftigkeit er durch mathematische Gesetze untermauerte, er legte sich auch, sein schwerstes Verbrechen, persönlich mit den Säulenheiligen der Moderne an: mit Strawinsky ebenso wie mit Schönberg, dessen *Unvermögen, in der klaren Sprache der tonalen Musik den letzten Ausdruck dessen zu finden, was er ausdrücken wollte,* er ebenso unerbittlich analysierte wie dessen *Zwölftonmusik, die für ein normales musikalisches Bewußtsein unverständlich ist – dieses ist ja gemäß seiner Hörveranlagung tonal* –. Die heutige Musikästhetik ist längst über die Konfrontation von tonal und atonal hinaus. Die giftigen Kämpfe zwischen bejahrten Adornianern und jüngeren Unabhängigen erscheinen schon fast so historisch wie der einstige Streit der Wagnerianer und der Brahminen. Daß der jahrzehntelang tonangebende Progressivismus der Atonalen im wissenschaftlichen Materialismus der Vergangenheit, des 19. Jahrhunderts wurzelt und mit ihm seine Problematik teilt, ist längst erkannt worden. Viele aus der jüngeren Generation sehen kein Heil mehr im atonalen Komponieren, schon gar nicht in der elitären Attitüde Adornos. Er selbst anerkannte in seinen letzten Jahren, daß sein Ideal der *avancierten* Tonsprache, hinter die kein Komponist zurückfallen dürfe, von den gesellschaftlichen Bedingungen der Musikpraxis abhängig sei. Was im Konzertsaal progressiv ist, muß noch lange nicht fürs Operntheater verbindlich sein – von Adorno (in seinen *Klangfiguren*) so formuliert: *Der dramatischen Form ist, ihrem eigenen Sinn nach, das Publikum immanent. Absurd wäre der Gedanke an eine Bühne an sich derart, wie die Idee von Gedichten, von Musik an sich ihr Recht hat.* Ein Gedicht, das auf dem Papier steht, ein Streichquartett, das in Noten niedergelegt ist, beide haben tatsächlich ihre Existenz *an sich*. Man kann sie lesen, das Streichquartett notfalls in vier Partiturstimmen – damit *sind* sie.

Nicht so jene *dramatische Form,* die Oper. Sie existiert erst, wenn aus dem handbeschriebenen oder bedruckten Papier ein lebendiges Ganzes aus Stimmen und Instrumenten, aus Kostüm- und Bühnenschau, aus Duft von Leim und Staub, aus künstlichen Figuren jenseits der Rampe und höchst realen Menschen diesseits, hüstelnden, lächelnden, protestierenden und klatschenden, – wenn aus alledem das sinnenhafte Gesamterlebnis Theater geworden ist. Oper ohne Publikum existiert einfach nicht. Adorno sagt es abstrakter: Publikum sei *immanent.* Je weniger Publikum die Oper anzieht, desto reduzierter und fragwürdiger muß demnach ihre Existenz sein.

Man könnte Seiten füllen mit Zitaten von antielitären Bekenntnissen gegenwärtiger Opernleute. Erfahrene, prominente Direktoren, Dirigenten und Regisseure, die den Zusammenbruch der Zwölftonherrschaft erleichtert begrüßen, mögen da vom Geburtsjahrgang her etwas konservativ belastet sein. Aber auch Aribert Reimann, mit seiner kühnen und dennoch vom Publikum angenommenen Oper *Lear* ein jüngerer Champion der Musiktheater-Moderne, bekannte 1980 seine *Neigung zum Lyrischen, Konsonanten, Harmonischen,* und der kecke Bürgerschreck Peter Zadek scheute sich schon 1966 nicht – also noch vor den enthemmenden, antielitären Jahren der Studenten-Revolte –, zu bekennen: *Das deutsche Theater lebt nur zu oft in einer sterilen pseudogeistigen Welt, die allen Kontakt mit der Realität verloren hat. Das Wagnis, originell zu sein, ist kein echtes Wagnis mehr, da die leere Kasse auch keine echte Gefahr mehr ist.* Wie wahr, wie realistisch: in der bundesdeutschen Theaterwelt bezahlen ja die Väterchen Land und Stadt schlechthin alles. Zadek schwamm auf der Welle sinnlicher Theaterlust mit, die sich nicht nur von dem heiligen Max Reinhardt, sondern auch von dem unheiligen, aber aktuell viel wirkungsvolleren Bertolt Brecht bewegt fühlen konnte. *Die Grundhaltung ist die der Oper, nämlich kulinarisch,* kommentierte Brecht seinen musiktheatralischen Ausflug zu *Aufstieg und Fall der Stadt Mahagonny.* Jahrzehnte hindurch wurde das Kulinarische der Oper von der herrschenden Adorno-Ästhetik konsequent verteufelt, das Publikum als zurückgebliebene, allenfalls erziehbare quantité négligeable links liegen gelassen. Auf andere Art snobistisch betätigten sich esoterische Stückeschreiber und selbstherrliche Inszenatoren im Sprechtheater. Der aus solcher Haltung resultierende Besucherschwund in Opern- wie in

Schauspielhäusern alarmierte sogar die Leinwandkonkurrenz. In der Hamburger Erklärung der deutschen Filmemacher von 1979 heißt es: *Die Bühnen sind auf die Dauer nur zu retten, wenn sie sich eines tragenden, treuen Publikums versichern, – eines, dem alle Schichten angehören . . . Die elitäre Attitüde der Verachtung des Publikums durch diejenigen, die seiner bedürfen, um zu existieren, sollte der Vergangenheit angehören.* Damit stimmt überein, welchen musikalischen Stil Peer Raben, der seit seiner regelmäßigen Partnerschaft mit Rainer Werner Fassbinder (Berlin Alexanderplatz u. a.) führende deutsche Filmkomponist, bevorzugt; er komponiert bewußt in den alten Dur-Moll-Tonarten und erzielt dennoch bei aller Primitivität neuartige psychologische Wirkungen, die dem Neuartigen von Fassbinders Filmkunst Genüge tun.

Raben ist Jahrgang 1940, immer mehr Komponisten seiner Generation bekennen sich nach dem Zusammenbruch der Zwölfton-Diktatur zu Verstehbarkeit (dabei könnten sie sich sogar auf Anton von Weberns Forderung der *Faßlichkeit* berufen!), sie streben eine *neue Einfachheit* an und suchen gangbare Wege zum Zuhörer. Für eine lebendige neue Oper wird erst dann der Boden bereitet sein, wenn auch bei deren Machern ein Umdenken einsetzt: Wenn die Vergötzung des Progressivismus und die Tabuisierung der Tonalität einer Neusicht weicht.

Tonalität nicht mehr tabu

In dem komplexen Kunstgebilde Oper ist die Dimension der Zusammenklänge nur eine von vielen. In der Praxis, und nur um die geht es hier, jedoch eine für Verständlichkeit und Wirkung entscheidende. In den vorangegangenen Kapiteln ist durch Fakten belegt worden, wie sehr das breite Publikum, ohne je eine Zeile von Adorno gelesen zu haben, auf seine, praktische, Weise Adornos in seinen *Impromptus* geäußerte Erkenntnis teilt: *Die Idee der Oper derart, wie sie vom Publikum goutiert wird, ist mit den Mitteln der neuen Musik unvereinbar.* Freilich nur *der* neuen Musik, wie er sie verstand, nämlich als atonale, möglichst reihentechnisch gebaute.

Inzwischen hat bei namhaften jüngeren Komponisten, die einst auf die Zwölftontechnik schworen, frustrierte Erkenntnis eingesetzt. Giselher Klebe erklärte in einem Gespräch mit mir: *Ich glaube inzwischen erkannt zu haben, daß die strukturmäßige Anordnung von Zwölftonreihen zur Charakterisierung von Personen oder Situationen nicht ausreicht.* Ähnlich äußerte sich György Ligeti. Luciano Berio, einstiger Jungstar avantgardistischer Festivals, plauderte in einem Beitrag zum Jubiläumsbuch der Züricher Oper (Zürich 1984) gewissermaßen aus der Schule: Heutzutage würden moderne Opern hauptsächlich geschrieben, weil die Opernhäuser sie brauchen, *um ihre subventionierte Seele zu retten.* Ein äußerst fragwürdiger Antrieb, eine äußerst fragwürdige Rettung.

Mehr Chancen für eine lebendige Oper von heute sieht der führende DDR-Komponist Udo Zimmermann (in demselben Buch) in einer ausgesprochenen *Theatermusik . . . Die Partitur muß das entscheidende Regiebuch sein.* Damit ergänzt er, was schon der um eine Generation ältere Walther Felsenstein monierte: *Die heutigen Komponisten . . . glauben, ein Theater brauche das, was sie ihm anbieten, nur aufzuführen.* Solche Theaterfremdheit, gepaart mit atonalen Techniken, wurde jahrzehntelang von betriebsblinden Meinungsmachern als kühn und avanciert gepriesen. Die ernüchternde Praxis zeigte jedoch, daß sich atonale Opern als erheblich wirksamere Parkettfeger erwiesen als anders komponierte zeitgenössische Opern.

Tonalität kann keinesfalls als Allheilmittel wirken. Aber wenn die absurd einseitige, dreißig Jahre lang vernichtend effektive Tabuisierung jedweder Tonalität endlich abgebaut und zeitgenössische Opernästhetik liberalisiert wird, so werden jedenfalls wichtige Hemmschranken der Opernproduktion und der Opernverstehbarkeit beseitigt. Dabei kann es selbstverständlich nicht um einen Rückfall in ausgelaugte Dur-Moll-Modelle gehen. Alle historischen *Zurück-zu*-Bewegungen, ob sie zu Wagners Zeiten Mozart galten oder zu Jung-Hindemiths Zeiten Beethoven, haben sich als emotionsgeladene Torheiten erwiesen. Es gibt in der Kunstgeschichte nie ein Zurück, auch wenn man – Henze sagte es – nie genau weiß, wo vorwärts liegt. Mozarts, Verdis und Puccinis Melodien wirken – neben anderen Vorzügen – als wunderbares Lebenselixier ihrer Opern, aber sie sind gänzlich unnachahmbar. Es gibt kein Zurück zu ihnen.

Tonalität kann jedoch eben diesem Lebenselixier Melodie neue Chancen geben. Was ist eine Melodie? Theoretische Erörterungen darüber führen in ein Fontanesches weites Feld, sie sind nicht Gegenstand dieser rein praxisbezogenen Schrift. Sicher ist, daß das Opernpublikum die gezackten Linien atonalen Gesangs, die von keinerlei hörbaren Zusammenklängen fundiert waren, nicht als Melodie empfand, das Ausweichwort *Melos* allenfalls als ungenügende Ersatzbefriedigung. Heute beginnt sich gerade bei den jüngeren Komponisten die Einsicht durchzusetzen, daß in der gesungenen Melodie die Seele jedweder Opernform lebt.

Auf dem Festival Neuer Musik 1986 in Karlsruhe (Wintermusik), wo das neu bewegende Thema Tonalität in den Mittelpunkt gestellt wurde, untersuchte der Philosoph Peter Sloterdijk das Phänomen, *daß in den Produktionen der jungen Avantgarde neuerdings tonale Klänge immer unüberhörbarer werden*. Das stehe im Gegensatz zur *gnostischen Welt- und Musiksicht etwa Adornos*, habe jedoch nichts mit schlechtem Traditionalismus zu tun. Tönende Proben lieferte der Messiaen-Schüler und einstige Avantgardist elektronischer Musik Karel Goeyvaerts in seiner uraufgeführten Komposition *Zum Wassermann für vierzehn Spieler*, wo sich neuartige Techniken mit durtonalen Akkorden vertragen. Schon Hindemith verwahrte sich gegen die Bindung der Melodie an das alte Dur-Moll. Olivier Messiaen, einer der großen Avantgardisten der Neuen Musik und Urahn serieller Techniken, läßt in seinem opus summum, der 1983 uraufgeführten Oper *Saint François d'Assise,* ungezählte Dreiklänge – zumal an Szenenschlüssen und als Klangsymbol für Reinheit – erklingen, umspielt sie melodisch mit Engels- und Menschenstimmen und inthronisiert das musikalische Urgesetz von Spannung und Entspannung, von Dissonanz und Konsonanz ganz neu. Junge Komponisten von heute gewinnen selbst den scheinbar erschöpften Tongeschlechtern neues Leben ab. Für den Amerikaner Philip Glass ist C-Dur nicht altmodischer als die Dodekaphonie; in der minimal music seiner auch in der Bundesrepublik mit sensationellem Publikumszulauf gespielten Opern *Satyagraha* und *Echnaton* tönt es von lauter zerlegten Dur-Moll-Akkorden und eingängigen Melodie-Ohrwürmern – aber das Opernganze, geistige Botschaft wie Bühnensinnlichkeit eingeschlossen, wirkte so neuartig, daß zumal bei vielen Aufführungen an der

Stuttgarter Staatsoper ein ganz neues, ganz überdurchschnittlich junges Publikum das große Haus füllte.

Die erobernde, massenpopuläre, im 19. Jahrhundert zentrierte Oper der Verdi, Wagner und Puccini nährte ihre Volkstümlichkeit daraus, daß die Melodie – auch noch die unendliche Wagners –, so kompliziert sie in dramaturgische oder symphonische Zusammenhänge eingebettet war, noch immer die gleiche Sprache sprach wie die volkstümlichen Weisen ihrer Zeit, von den gefühlvollen Moritaten-Liedern aus der Küche bis zu den edlen, schulamtlich verordneten sogenannten Volksliedern. Heute entstehen neue Volkslieder schon gar nicht mehr, die *Popular-Basis* der Kunstmusik (ein Wort des Komponisten Armin Schibler) ist ins konfektionierte Showgeschäft abgerutscht. Die allgegenwärtige Rundfunk-und Kassetten-Tonbrause läuft in eigenen, völlig opernfremden Kanälen.

Zaghafte Versuche, den viel kunstvolleren Jazz fürs moderne Musiktheater fruchtbar zu machen, sind mit dem Rückzug des Jazz ins intellektuelle Abseits ziemlich gegenstandslos geworden. Aber sie haben doch die individualistische, Jazz höchstpersönlich opernfruchtbar machende, glorreiche Ausnahme von Gershwins *Porgy and Bess* produziert. Kein zweites Musiktalent seines Ranges hat dergleichen mit dem heruntergekommenen Material des gegenwärtigen Pop gewagt. Warum eigentlich? Musical-Macher zeigten sich da weniger penibel, und warum sollte eigentlich das amerikanisch-bürtige Musical, das nun einmal welterobernd (aus dramaturgisch guten Gründen) die Nachfolge der silbernen Wiener Operette Lehárs und Kálmáns angetreten hat, nicht für die Oper ähnlich produktiv werden wie einst die zeitgängigen Singspiele für Mozart.

Vom Musical lernen

Zumindest von Thematik und Großform des Musicals könnte die neue Oper lernen. Der reizvolle Wechsel von Gesang und Dialog befruchtete schon die klassischen Kategorien der französischen opéra comique und des deutschen Singspiels, deren hundertjähriger Blütezeit so säkulare Meisterwerke wie *Zauberflöte, Fidelio* und *Freischütz, Carmen* und *Manon* entsprossen. Mehr Dialoge in neuen Opern würden zu dramaturgischer Lebendigkeit beitragen, auch schwierige Thematik verständlicher machen (wobei ich mir durchaus der Sachzwänge bewußt bin, die durch die vielen ausländischen Sänger in deutschen Operntheatern entstehen – aber die bloßen Stimmbesitzer ziehen ohnehin lieber die klassischen Evergreens auf italienisch ab, und warum sollten die intelligenteren unter ihnen, die an neuem Musiktheater ernsthaft interessiert sind, nicht professionell deutsch sprechen lernen?).

Noch mehr lernen kann die neue Oper von der unverzichtbaren dramaturgischen Tüchtigkeit der Musicals. Ein vom Stoff her langweiliges, in den gesungenen und gesprochenen Texten dilettantisch formuliertes Musical hat überhaupt keine Chance. In doppeltem Gegensatz zur abgelebten, verblödeten Operette wie zur avancierten Oper; in beiden tobte sich literarischer Dilettantismus der Texter ungehemmt aus. Beispiele dafür könnten von Schönbergs *Von heute auf morgen* bis zu Ligetis *Le grand macabre* seitenlang gereiht werden. Die Flucht in die Literaturoper mit ihrer erhofften Autorität dichterischer Texte ist auch durch ehrlich-einsichtige librettistische Resignation begründet; Flucht bleibt es allemal. Flucht vorwärts könnte produktiver werden: Nämlich zu neuen, aktuell fesselnden, beunruhigenden, amüsierenden Stoffen und ihrer musikablen Text-Formulierung.

Daß die Krise der modernen Oper (auch) eine Krise des Librettos ist, haben gescheite Opernkomponisten wie Rolf Liebermann schon in den ersten Nachkriegsjahren erkannt. 1976 beschäftigte sich Peter Hacks, einer der erfolgreichsten deutschen Schauspielautoren, praktisch – als Texter für Siegfried Matthus – und theoretisch mit Librettoproblemen und kam zu sehr nüchternen Erkenntnissen: *Das Experimentieren ist jetzt und hier nur ein Unwesen und kein Wesen mehr . . . Es gibt Ausbrüche von Experimentiertollheit, die ansteckend genug sind, um bedeutende Kunstzustände bis in den Boden hinein zu verderben . . . Eine Opernfabel muß von so elefantenhafter Beschaffenheit sein, daß die schlechteste Dichtung, die schlechteste Musik, das schlechteste Ensemble und die schlechteste Regie ihr nichts anhaben können.* Man muß ja nicht gleich ans Schlechteste denken. Von den besten Musicals könnte die moderne Oper sogar lernen, wie man eine elefantenhaft widerstandsfähige Fabel dramaturgisch wirkungsvoll, textlich brillant und musikalisch fesselnd auf die Bühne bringt, von der Erneuerung uralter Mimenlust (*Kiss me Kate, Cats* z.B.) ganz zu schweigen.

Also Schluß mit den Experimenten, zurück zum Populärtheater? Mitnichten. Es gibt kein Zurück, um es nochmals zu sagen. Experimente müssen sein. Musik und Oper entwickeln sich ständig weiter. Nur sollten Experimente nicht zynisch oder gedankenlos verabsolutiert, sondern kritisch überprüft werden. Wirklich kritisch. Aber in der Opernwirklichkeit der Nachkriegszeit haben sich viele Kritiker eben dieser Funktion begeben und sich zu Propagatoren alles dessen degradiert, was sich als Avantgarde gerierte. Die gutwillige Selbstkastrierung der Musikkritiker kann Gründe ins Treffen führen. Gerade hatte man die peinliche *Kunstbetrachtung* des Hitler-Reiches hinter sich, in der Gegenwart stieß die reaktionäre stalinistische *Formalismus*-Verfemung ab, und aus der historischen Urzeit des Progressivismus, aus der Wagner-Epoche, schreckten die (vermeintlichen) Blamagen des damaligen Kritikerpapstes Eduard Hanslick. Das Hanslick-Trauma grassierte: Lieber unverstandenes Neues verständnisvoll loben, als sich – vielleicht, weiß man's? – blamieren!

Der avantgardistischen Oper hat alle unkritische Reklame praktisch nichts genützt; das Publikum läßt sich auf die Dauer nicht betäuben. Der lebendigen, mehr auf Widerhall beim Gegenüber im Auditorium als auf die Gunst der Großkritiker zielenden zeitgenössischen Oper haben hingegen die Auswirkungen des Hanslick-Traumas empfindlich geschadet. Solange Theaterdirektoren, Dirigenten und Regisseure, die sich um eine neue und dennoch akzeptierte Oper bemühen, durch die Angst vor der Meinungsmafia entmutigt werden, kann sich an der bisherigen Moderne-Frustration in deutschen Opernhäusern nicht viel ändern. Das absurde Theater der zu zehn oder zwanzig Prozent bezahlten Plätze in den gegebenen Häusern, die resignierte Abschiebung moderner Opern ins Studio-Ghetto wird dann normal. *Endspiel.* (Wer komponiert endlich dieses tiefsinnige Sprechstück?)

Noch erscheint solches Endspiel als pessimistische Vision, noch abwendbar. Bekenntnisse zum Kulinarischen (so auch der durch seine Fortschrittlichkeit manchmal sogar aneckende Frankfurter Kulturdezernent Hilmar Hoffmann), zu neuer Einfachheit (viele junge Komponisten ließen sich zitieren), zur Überwindung von E- und U-

Musik (für den Opernmacher Drese eine emphatisch ausgesprochene Notwendigkeit) lassen immerhin auf Umdenken hoffen. Alles Lippenbekenntnisse? Der österreichische Komponist Gerhard Wimberger, der als Direktoriumsmitglied der in karajanischer Moderne-Feindlichkeit lange erstarrten Salzburger Festspiele immerhin durchgesetzt hat, daß dort wieder zeitgenössische Opern aufgeführt werden, drückte in einem Interview 1985 aus, was die meisten seiner und der noch jüngeren Generation heute denken: *Überhaupt ist festzustellen –, daß die Epoche einer gewissen nackten Häßlichkeit der zeitgenössischen Musik doch zunehmend überwunden wird.* Sein Wort in Gottes – und in sein eigenes Ohr!

Im deutschen Opernalltag müssen erst noch praktische Taten folgen, wenn die neue Oper nicht weiter im Ghetto dahinsiechen soll. Praktisch könnte sich, beispielsweise, bewähren, was sich sowohl im Konzertsaal wie im Ballett schon seit Jahrzehnten sehr solide bewährt: Moderne in kürzerer Form serviert. Konzertdirigenten, die Neues bringen wollen, ohne daß das Publikum davonläuft, placieren es zwischen Mozart und Mahler. Die modernen Ballettdirektoren bevorzugen Abende, die drei oder vier kleinere Produktionen aneinanderreihen. Warum sollte nicht auch die ihrer Natur nach schwer aufzunehmende neue Oper von solchem Mitnahme-Effekt profitieren? Mehr neue Operneinakter, gekoppelt mit Kassenschlagern wie *Bajazzo, Gianni Schicchi* oder auch der *Klugen* – das wäre schon ein praktikabler Schritt vorwärts, zumindest eine Chance dafür. Es mag ja sein, daß alle drei genannten Bestseller von geeichten Progressivisten naserümpfend verachtet werden. Das wäre nur ein Grund mehr, sie als Lokomotiven einzuspannen; die könnten Neues mitziehen und Einakter-Komponisten ermutigen.

Ich . . . wünsche nichts sehnlicher (wenn überhaupt) als daß man mich für eine bessere Art von Tschaikowski hält – . . . Höchstens noch, daß man meine Melodien kennt und nachpfeift. Wer hat das geschrieben? Puccini? Gian Carlo Menotti? Falsch geraten: Arnold Schönberg (in einem Brief an den Dirigenten Hans Rosbaud vom 12.5.1947). Auch fast vierzig Jahre danach pfeift kein Mensch Schönberg-Melodien, weder aus seinen konzertanten Kompositionen noch aus seinen Opern. Nachgepfiffene Melodien sind ja auch kein unbedingtes Gütezeichen für moderne Opern, schon gar kein Muß. Es wäre schon einiges gewonnen, wenn Komponisten, die sich um eine neue Sangbarkeit bemühen, nicht einflußreichem Kritikerhohn verfielen. *Daher rührt die Scheu vor der Melodie, dieser lauteren Form der Erleuchtung, die nur gefunden, entdeckt werden kann auf dem Wege zu den reinsten Zuständen, in kindlicher Entrückung* (Hans Werner Henze).

Keinesfalls wird hier für eine umgedrehte Orthodoxie und Unduldsamkeit plädiert. Ein neuer Opernmeister von Bergs Genie wird immer so schreiben, wie er schreiben muß, ob tonal oder atonal, minimalistisch oder melodistisch. Viele Wege führen nach Opern-Rom – nur dürfen eben einige nicht durch publizistisch wirksame Verbotsschilder blockiert werden. Warum sollte im neuen Musiktheater nicht jene Vielfalt legitim sein wie in der bildenden Kunst, wo altehrwürdige Abstrakte längst nicht mehr die Existenzberechtigung neuer Gegenständlicher beeinträchtigen, wo Pop-Realisten wie Warhol oder Rauschenberg neben esoterischsten Gurus ihren anerkannten Platz haben?

Der Auszehrung des Repertoires könnte auch durchs Aufspüren brachliegender, weil vergessener Meisterwerke der Geschichte entgegengewirkt werden. Mir scheint jedoch, daß in jenen historischen Nischen nicht mehr viel zu holen ist. Ausgraben ist gut, spielbares Neues schaffen ist besser. Das wäre dann wirkliches Leben, nicht erborgtes und neu kostümiertes.

Überforderte Stadttheater-Steuerzahler

Droht von der Verkalkung des Spielplanes auf längere Sicht ein langsames Dahinsiechen *aller* deutschen Operntheater, so stellt sich für deren großen Teil die Existenzfrage sowieso: nämlich durch eine schreiende Ungerechtigkeit in der finanziellen Belastung, je nachdem, ob ein steuerzahlender Bürger in einer Staatstheater-Stadt oder in einer Stadttheater-Gemeinde wohnt. Kein sprechenderes Beispiel als das der beiden großen Nachbarstädte am unteren Main: Wiesbaden, Sitz der Landesregierung und eines Staatstheaters, muß je Einwohner (nach der schon oft und auch im folgenden zitierten Theaterstatistik des Bühnenvereins 1983/84) die horrende Summe von 108 DM jährlich je Einwohner aufbringen, aber davon zahlen die Bürger weniger als die Hälfte, weil das Land Hessen 15 von 29 Millionen DM Zuschuß beisteuert. Das benachbarte Frankfurt mußte seine Steuerzahler gar mit 117 DM je Kopf für seine Städtischen Bühnen belasten, und hier sprang kein Land, schon gar nicht der Bund, helfend ein, obwohl der Rang des Frankfurter Musiktheaters dem Wiesbadens überlegen ist. Alles mußten die Frankfurter Bürger selber bezahlen, im ganzen 71 Millionen DM. Man könnte einwenden: Frankfurt ist eine reiche Stadt, und warum machen sie ein so aufwendiges Theater – offenbar können sie es sich leisten.

Das mag für das steuerstarke Frankfurt schon zutreffen. Ganz gewiß jedoch nicht für die vielen deutschen Stadttheater, zumal im volk- und theaterreichsten Bundesland, in Nordrhein-Westfalen. Dort, wo Theater nicht aus fürstlichen Residenz-Traditionen, sondern aus Bürgerinitiativen in der Gründerzeit des 19. Jahrhunderts aufblühte, gibt es praktisch nur Stadttheater (Bonn, dessen Theater neuerdings unter schützende Bundesfittiche genommen wurde, bildet einen Sonderfall). Die Landesregierung, durch die Strukturkrise des Stahl- und Kohlenlandes ohnehin in Dauernöten, verhält sich als Aushelfer der vielen Stadttheater äußerst spröde. 1981 (hier folge ich der Statistik, die Heinz Ludwig im Jahrbuch 1982 der Zeitschrift *Opernwelt* für dieses Haushaltsjahr veröffentlicht hat), trug das Land Nordrhein-Westfalen pro Kopf der Bevölkerung 3,53 DM zu den Subventionen seiner Stadttheater bei. Baden-Württemberg und Bayern brachten jeweils mehr als das Dreifache auf, die Stadtstaaten Berlin, Hamburg und Bremen gar das Zwölf- bis Achtzehnfache. Pech für diese Stadtstaaten-Bürger, die eben zugleich Zahlmeister als Landes-Bürger sein müssen. Pech auch für die vielen musenfreundlichen Städte im Nordwesten, die ihre Stadttheater praktisch allein finanzieren müssen. Glück für die im Süden. Dort kommen nicht nur die – ohnehin verhältnismäßig reichen – Münchner, Stuttgarter und Karlsruher, weil die Länder alte Residenztheater als Staatstheater übernommen haben, in den Genuß überlokal üppig subventionierter Opern, Ballette und Schauspiele. 1983 trug das Land Bayern viermal soviel für die repräsentative Oper des Münchner Nationaltheaters bei wie die Stadt München (44 zu 11 Millionen DM), in Stuttgart teilten sich Land und Stadt die Zuschüsse (40 zu 40 Millionen DM), in Karlsruhe ebenso (18 zu 18 Millionen DM); dem Münchner Gärtnerplatz-Theater nahm der Staat gar zu 96 Prozent seine Zuschußpflichten (24,5 Millionen DM) ab. Vom Land bevorzugt waren im Norden nur die Staatstheater in Saarbrücken, Wiesbaden und Kassel, in Hannover, Oldenburg und Braunschweig, und die Stadtstaaten-Theater.

Nur im Süden, in Bayern und Baden-Württemberg, bekamen auch die Stadttheater tüchtige Happen von Väterchen Staat. Das gilt für die Großstadt Nürnberg, die zumal ihre Musiktheaterambitionen zügeln müßte, wenn sie nicht 10 Landesmillionen zu ihrem 38-Millionen-Bedarf bekäme, ähnlich das seiner Nationaltheater-Tradition verpflichtete Mannheim (Land 17, Gemeinde 24 Millionen DM), und eine so kleine Stadt wie Coburg kann ihr Dreisparten-Haus nur durchhalten, weil das Land mehr dazu beiträgt als die Gemeinde selbst (5,6 zu 4,2 Millionen DM). Dennoch wächst die finanzielle Belastung der Stadttheater-Gemeinden von Jahrzehnt zu Jahrzehnt. In einem Maße, das an Grenzen stößt, auch wenn die Länder gleichzeitig etwas mehr (aber eben nicht genug) beisteuern.

Das gilt besonders für die theaterreiche Landschaft im deutschen Nordwesten. Wie sollen auf die Dauer Stadttheater weiterbestehen, wenn deren Kosten zu neunzig und noch mehr Prozent von den Gemeinden getragen werden müssen, und wenn diese, in einer Zeit kostenanspannender Arbeitslosigkeit, zusätzlich noch durch die Finanzierung alternativer Kulturaktivitäten beansprucht werden? Nur drei Beispiele: in Dortmund trägt das Land bloße zwei Millionen zum Zuschuß von 34 Millionen DM bei, in Münster eine einzige zu 13 Millionen DM, in Aachen gar nichts zu happigen 17 Millionen DM. In Niedersachsen klafft die Schere zwischen abgesicherten Staatstheatern und kleinen Operngemeinden wie Hildesheim ähnlich auseinander, in Bremerhaven muß die krisengeschüttelte Gemeinde alle 13 Zuschuß-Millionen ihres Stadttheaters allein aufbringen, und ähnlich steht es in Schleswig-Holstein. Noch macht es theaterlustiger Lokalpatriotismus möglich – wie weit ist er auf die Dauer belastbar?

Die Großen und Reichen bekommen genug. Das ist nicht das Problem. Auch wenn die Subventionen, im Gleichtakt mit allen Kosten, noch so sehr steigen (insgesamt von 363 Millionen DM im Jahre 1965 über 654 Millionen DM im Jahr 1971 zu 1,7 Milliarden

DM 1984), wo es um Repräsentation und hohe Qualität geht, wird kulturelles Pflichtbewußtsein immer Geldquellen erschließen. Vor allem für die Staatstheater. Aber die bilden allenfalls die Spitze einer Pyramide. An die vierzig der vierundfünfzig deutschen Musiktheater sind Stadttheater, also meist finanziell überbelastet. Zwar funktioniert die deutsche Theaterprovinz nicht mehr so wie in ihren klassischen Zeiten als unentbehrliche Stufenleiter für die Entfaltung des Nachwuchses. Als Sänger von Passau über Freiburg und Kassel nach München oder Hamburg emporzusteigen ist fast eine Tellerwäscher-Millionär-Karriere geworden; die ganz Großen engagieren lieber nach dem Angebot der Agenten, und am liebsten Amerikaner. Dennoch bleibt die Vielfalt der deutschen Theaterlandschaft ein von niemandem bestrittenes kulturelles Gut, vor allem für die jeweiligen Theaterstädte selbst.

Länder und Bund müssen mehr tun

Um deren Opferfreudigkeit und -fähigkeit nicht überzustrapazieren, um die von der ganzen Welt beneidete deutsche Opern-Spielwiese in ihrer verlockenden Buntheit am Leben zu halten, ist eine gerechtere Verteilung der öffentlichen Gelder notwendig. In den letzten beiden Jahrzehnten haben auch die Länder etwas tiefer in ihre Säckel gegriffen, um die Theatergemeinden zu entlasten. Aber bei weitem nicht tief genug. Landes-Subventionen dürfen nicht mehr wie Gute-Onkel-Spenden verteilt werden, sie müssen rechtlich abgesichert, durch Verträge mit den Städten, durch zweckgebundene Etatisierung festgelegt werden. Bisher sind, besonders in Nordrhein-Westfalen, die Theaterstädte die am stärksten belasteten Subventionsträger, mit dem Risiko, daß bei notleidenden Kassen die Theater zuerst gerupft werden – deren Lobby ist ja weitaus die schwächste. Mehrträgerschaften von Land und Gemeinde sind auszubauen. Sie funktionieren jetzt schon in einigen Städten, so in Saarbrücken, Detmold, Hannover, Krefeld-Mönchengladbach, Hof.

Es ist auch nicht einzusehen, warum der Bund sich dauerhaft ins Alibi des bundesdeutschen Kulturföderalismus flüchten sollte. Da und dort kleckert er ja ein paar Milliönchen bei, etwa in Berlin,

Düsseldorf, Lüneburg oder Schleswig, und wenn es ihm um erhoffte große Repräsentation geht, klotzt er auch richtig. Damit die Bundeshauptstadt Bonn sich vor ausländischen Gästen auch mit ihrem Theater hören und sehen lassen kann, finanziert es die Bundesregierung gleich zu 70 Prozent, während sie sonst allenfalls 5 Prozent der Theaterzuschüsse aufbringt. Auch die Bundesregierung muß umdenken, übergeordnete Notwendigkeiten erkennen und sich in kulturelle Pflicht nehmen lassen. Das hat schon 1976 der führende Gewerkschaftler Hans Herdlein als ausgesprochene *Rechtspflicht* des Bundes angemahnt; dabei zog er die grundlegende Entscheidung des Bundesverfassungsgerichtes vom 29. Mai 1973 als *mächtigen Verbündeten* heran, wonach der Art. 5, Abs. 3 des Grundgesetzes dem Staat *zugleich die Aufgabe* (stellt), *ein freiheitliches Kunstleben zu erhalten und zu fördern*. Auch läßt sich aus dem Art. 91b des Grundgesetzes zumindest eine Kann-Mitwirkung des Bundes an der Theaterfinanzierung ableiten. Dort heißt es, daß Bund und Länder u.a. *bei der Bildungsplanung* zusammenwirken können; wer wollte behaupten, daß das deutsche Theater nicht der Bildung dient? Doch nicht weniger als der Film. Wenn der Bund sich zu einem Filmförderungsgesetz aufgeschwungen hat, warum sollte er nicht ein Theaterförderungsgesetz zustande bringen können?

Bisher bewegt sich dieses Zusammenwirken in der Bildungsplanung in sehr vagen, wahrhaft unterentwickelten Ansätzen. Zwar hat die Bundesregierung ihre Ausgaben *zur Förderung von Kunst und Kultur* im Etat für 1986 von 376 auf 403 Millionen DM erhöht. Abgesehen davon, daß das immer noch nur ein knappes Promille (!) des Gesamthaushaltes ist und nicht einmal vier Tornado-Flugzeuge samt ihren Ersatzteilen finanzieren würde, die schmale Scheibe des Bundes-Kulturkuchens wird extrem konservativ verteilt. Den Löwenanteil bekommen museale und repräsentative Institutionen, 46 Prozent allein für Berlin und Bonn; drei Paradeorchester erhalten (mit 16 Millionen) mehr als die Vielzahl als förderungswürdig erkannter, also bewährter Schriftsteller, bildender Künstler und Musiker, und die Bundes-Spendabilität für die Bonner Kulinarier- und Wandervogel-Oper kann nicht darüber hinwegtäuschen, wie wenig die Bundesregierung nach wie vor für das Weiter-, ja Überleben der Dutzende bundesdeutschen Stadttheater tut, also fürs wahrhaft lebendige, Tradition mit (erhoffter) Zukunft verbindende bundesdeutsche Operntheater. Wie es heute steht, tun die Länder und Städte in Erfüllung ihrer kulturpolitischen Pflicht jedenfalls das finanziell Zehnfache.

Läßt man alles so laufen wie bisher, verschanzt man sich hinter Paragraphen und leeren Kassen, so droht dem deutschen Musiktheater die italienische Krankheit: Sollen auch bei uns nur noch fünf oder sechs große Häuser übrigbleiben, deren Stückangebote und Starbesetzungen auch noch praktisch austauschbar wären? Sollen die kleineren Stadttheater, weil sie sich künstlerische Wagnisse mit drohenden Einnahmeverlusten kaum noch leisten können, zu bloßen Amüsierbetrieben werden? Dann wären sie ihr Geld nicht mehr wert. Aber die stetig wachsenden Kosten für die Kollektive, Orchester und Chor eingeschlossen, lassen für viele überlastete Stadttheatergemeinden Praktiken verlockend erscheinen, bei denen man das teure Musiktheater nur noch gastweise bezieht. Als die Heilbronner kürzlich ihr neues prächtiges Haus eröffneten, verzichteten sie von vornherein auf Oper und Ballett (und natürlich auf ein Orchester), produzierten selber jährlich 354 Abende mit Schauspielen und kleinbesetzten Musicals und ließen an 61 Abenden fremde Theater bei sich gastieren, darunter hochkarätige Opern, Operetten und Ballette von den Staatsopern Stuttgart und Karlsruhe. Das alles zusammen war 1984 mit einem Zuschuß von 9 Millionen DM zu haben; vergleichbare Mehrspartentheater wie Würzburg (11,7 Millionen) oder Ulm (13,4 Millionen) mußten erheblich mehr aufbringen. Droht allgemein das *Heilbronner Modell*? Kaum denkbar: wenn es alle kleinen nachmachten, wer könnte die vielen dann noch mit Musiktheater beliefern?

Sparen – aber wo?

So berechtigt die Forderung nach stärkerer Subventionsbeteiligung von Bund und Ländern Fachkennern erscheinen mag, sie wird mit Sicherheit unscheinbarer auftreten als die – von den Betroffenen desto lauter erhobene – Gegenforderung: Die Theater sind zu teuer, die Theater müssen sparen, schon gar die luxuriöse Oper. Sparen – das klingt immer gut, zumal in finanziell angespannten Zeiten. Wer könnte grundsätzlich etwas dagegen sagen? Nun liegt zwischen dem Grundsätzlichen, das jeder Abgeordnete so leicht mit dem Brustton der Überzeugung hinausposaunt, und dem praktisch Machbaren (der Teufel sitzt bekanntlich im Detail) ein dorniger Weg. Wo kann wirklich gespart werden, wenn man dennoch die Substanz, nämlich den vielgestaltigen Reichtum der Musiktheater und seine Rechtfertigung, die Qualität, beibehalten will? Sehr wenig im Personellen. Obwohl die Aufblähung des Personalstandes in allen deutschen Musiktheatern eben dies nahezulegen scheint. Zwischen 1971 und 1983 nahm die Berliner Deutsche Oper von 881 auf 959 Beschäftigte zu, die Hamburger Staatsoper von 663 auf 734, die Württembergischen Staatstheater in Stuttgart (in allen ihren drei Sparten, also nicht zu vergleichen) von 888 auf 991; alle bundesdeutschen Theater von knapp über 24000 auf 26537. Verkürzung der Arbeitszeit machte teilweise nötig, was wie Aufschwemmung zu Wasserköpfen aussieht. Mit allen Überstunden kann dann beispielsweise vom verfügbaren Bühnenpersonal kein Szenenumbau mehr geschafft werden. Doch zeigt gerade dieses Beispiel Grenzen und Möglichkeiten zugleich auf.

Die Theaterstatistik 1983/84 weist aus, daß nach vielen Jahren stetiger Neueinstellungen im technischen Bereich dieser Trend erstmals gestoppt wurde. Es wurde Personal eingespart: Um bloße 0,2 Prozent gegenüber dem Vorjahr, aber eben doch (von 10362 auf 10134), und ähnlich geschah es bei anderen, kleineren Posten: in der Verwaltung, aber auch, knapper, bei Orchester und Chor. So wie ja auch die Gesamtzahl aller bei bundesdeutschen Theatern ständig Beschäftigten gegenüber dem Vorjahr um etwa fünfhundert geringer wurde. Da auch die Zahl der Büroangestellten etwas abgenommen hat: eine Wende zur Entbürokratisierung? Schön wär's, auch nötig. In Jahrzehnten des Wirtschaftsaufstieges, als auch die Subventions-DM lockerer saß, haben die bundesdeutschen Theater reichlich Kanzleispeck angesetzt, und auch als mit dem Ölschock die erste Ernüchterung eintrat, wirkte das Parkinsonsche Gesetz weiter. Von 1971 bis 1983 ging die Zahl der festangestellten Sänger, Schauspieler und Tänzer leicht zurück - die Theater wichen immer mehr auf Gastverträge aus –, hingegen wuchs die unsichtbare Truppe der Schreibtischbeamten sogar noch etwas an! Jede Bremsung dieses

Bürokratisierungsprozesses, auch wenn es noch keine effektive Wende sein sollte, ist jedenfalls ein Fortschritt zu größerer Sparsamkeit. Noch stärker, nämlich von 1973 auf 2419 ständig Beschäftigte, stieg in den gleichen achtzehn Jahren die Personalsparte an, die in der Statistik als *Bühnenleiter, Vorstände usw.* geführt wird. Darunter sind vor allem zu verstehen Dirigenten, Regisseure, Bühnenbildner, Dramaturgen. Warum so viele? Die Frage erscheint um so berechtigter, wenn man sich vor Augen führt, daß diese hinter den Kulissen arbeitenden Damen und Herren, zusammen fast zweieinhalbtausend, eine bloß um siebenhundert Köpfe schwächere (und wachsende!) Phalanx bilden als sämtliche Sänger und Schauspieler zusammen – und *die* sind es ja schließlich, die man hört und sieht, die das Publikum vor allen anderen in die Theater locken. Die Zahl jener Leiter und Vorstände übertrifft bei weitem die der Tänzer (1132), sogar die der Chorsänger (2036) und reicht fast an das Großkollektiv der Orchesterspieler (2839) heran.

Natürlich muß es Dirigenten, Regisseure, Bühnenbildner, Leiter von Betriebsbüros, Dramaturgen in der Oper geben – aber wirklich so viele? Zumal was die Dramaturgen in der Oper betrifft: Da der alljährliche Spielplan ohnehin zu vier Fünfteln mit den klassischen Evergreens fixiert ist und da sich kein einigermaßen etablierter zeitgenössischer Komponist bei den restlichen Opern von Dr. Soundso, dem bestallten Chefdramaturgen, etwas dreinreden läßt, was bleibt denn dann dem noch zu tun? Von seinen Mitarbeitern ganz zu schweigen. Die besten der vielen festangestellten Musikdramaturgen übertreffen den IQ der zehn- bis hundertfach besser bezahlten Startenöre um Einstein-Prozente, blähen aber de facto den Parkinson-Apparat der bundesdeutschen Musiktheater nur auf. Ihre effektive Tätigkeit erschöpft sich in der Herstellung von Programmheften, nein: von hundert und mehr Seiten dicken Programmbüchern bei den feinsten Operntheatern zwischen Frankfurt und München, die kein normaler Mensch verkraften kann; neun Zehntel dieser Operngeher wollen in den Programmheften etwas über den Autor und sein Werk erfahren, was die um drei Ecken denkenden dramaturgischen Programmacher meist unter ihrer Würde finden, und nur wenige begehren weitere literarische Deutung; dies ergab eine Umfrage von *Theater heute* (im Mai 1965).

Der Snobismus der höchstsubventionierten Opern-Programmhefte spiegelt im Gerade-noch-Machbaren die Frustration der bundesdeutschen Operndramaturgen, die theaterpraktisch nicht mehr viel zu sagen haben. Rolf Liebermann nannte das Kind (im Interview mit der *Zeit*, 1985) mit einem zugespitzten Bonmot beim Namen: *In einer Oper braucht man eigentlich keine Dramaturgen. Der Chef muß selber Dramaturg sein.* Dazu bedarf es freilich eines Chefs wie Liebermann, der als moderner Komponist auch modernste Partituren lesen kann – im Gegensatz zu 99 Prozent seiner Intendantenkollegen oder der Dramaturgen. Die kühne Behauptung hat ihn nicht gehindert, in seinem zweiten Hamburger Direktorat nicht weniger als vier Operndramaturgen zu beschäftigen, die ihre Zeit hauptsächlich mit dem Herumstöbern in Bibliotheken verbringen; ein bemerkenswertes Beispiel für die Macht von bürokratisch fundierten Sachzwängen. Und selbstverständlich, kein Opernkenner macht sich da Illusionen, wäre mit der Einsparung von ein paar Dutzend Dramaturgen-Snobs nicht viel eingespart.

Entbürokratisierung tut not

Eher schon mit einer Entbürokratisierung durch geänderte Theaterstrukturen. Verwaltetes oder unternehmerisches Musiktheater? So könnte man, sehr vereinfacht, den gegenwärtigen Streit um kameralistische oder als AG und GmbH organisierte Betriebsform der Theater umreißen. Historisch gewachsen, nämlich aus den einstigen Hoftheatern und den Stadttheatern des 19. Jahrhunderts, ist die kameralistische Form; sie gilt auch heute noch bei den meisten bundesdeutschen Theatern. Das heißt praktisch, daß die Bindung an die Theaterträger, an Land oder Kommune sehr eng ist, dem Theaterdirektor die Hände gebunden sind. Einnahmen und Ausgaben sind unabhängig voneinander vorgeschrieben und können ebensowenig gegeneinander aufgerechnet werden wie die einzelnen Etatposten (z.B. Gehälter gegen Sachkosten für Ausstattung). Wer im Rahmen der vorgeschriebenen Ausgaben bleibt, hat sein Soll erfüllt; bleibt er in den Einnahmen zurück, so hat er eben Pech gehabt. Umgekehrt wird er sich versucht fühlen, Geld sinnlos zu verpulvern, wenn er im

Verlauf der Spielzeit erkennt, daß er zu sparsam gewirtschaftet hat, denn Einsparungen auf der Ausgabeseite werden ihm ja nicht honoriert. Soll-Erfüllung in den Ausgabepositionen ist alles. Dem Direktor eines als AG oder GmbH geführten Theaters – dessen Anteilsmehrheit immer der Subventionsträger innehält – verbleibt viel mehr Eigenverantwortlichkeit und Unternehmerfreiheit. Gelingt es ihm, überdurchschnittliche Kasseneinnahmen zu erzielen, so kann er auch mehr ausgeben, Sängerstars und brillante Ausstattungen bieten; andrerseits droht ihm ein Riesendefizit, wenn die Rechnung nicht aufgeht. Rechnen muß er jedenfalls besser können als sein kameralistischer Kollege. Dafür plädiert vielleicht am besten das Züricher Opernhaus. Dieses als AG sehr flexibel geleitete Operntheater, das unter seinem Intendanten Drese europäischen Stellenwert gewann, beschäftigte 1983 – einschließlich der durch die Semi-Stagione bedingten hohen Zahl der Gäste – 444 Personen. Deutsche Nur-Opern-Zahlen zum Vergleich: Staatsoper München 1186 Personen, Hamburg 1014, Düsseldorf 583 (bei allen, auch bei Zürich, kämen noch Anteile der jeweiligen, etwa 120 Spieler starken Orchester dazu, in der Münchner Globalzahl sind diese hingegen schon eingeschlossen). Natürlich kann man sagen: jeder Vergleich hinkt, weil künstlerisches Niveau nicht in Personalzahlen auszudrücken ist. Immerhin, wenn das doch mehr zu leichterer Muse neigende (mit über 20 Prozent Einspielquote überdurchschnittlich rentable) kameralistische Münchner Gärtnerplatztheater etwa gleichviel Beschäftigte braucht wie die gewiß nicht niederrangigere Züricher Oper, so spricht das für AG-Sparsamkeit.

Der AG/GmbH-Intendant muß dauernd nach den Einnahmen schielen, der kameralistische nach der Erfüllung vielfältiger vorgeschriebener Solls. Eben dies lehnen so gut wie alle unternehmungslustigen Theaterdirektoren als unerträgliche Beengung ab. Von Altmeister Sellner *(Mit diesen festgefügten, starren Etatpositionen . . . kommen wir doch wirklich nicht weiter)* über Drese in Zürich, der auf freie Disposition über alle Positionen schwört, bis zu Rolf Liebermann, der mir in einem Gespräch 1985, als Chef der Hamburger Opern-GmbH, brüsk erklärte: *Die Kameralistik ist unerträglich. Sie gibt Bürokraten die Entscheidung in Dingen, von denen sie nichts verstehen.*

Leicht geben jedoch diese als Bürokraten gescholtenen Theaterpartner der Staats- und Kommunalverwaltungen ihr kameralistisches System nicht auf. Ihr Hauptargument zielt aufs Existentielle: das System schütze am besten vor Subventionskürzungen, weil diese Position für Position gerechtfertigt werden müssen. Das andere kulturpolitische Argument führt ins Treffen, daß die Kameralistik einem allzu konventionellen Spielplan vorbeuge und den Direktoren mehr Freiheit für Experimente, für Unpopuläres gebe. Der ministerielle Theaterreferent in Stuttgart, Hannes Rettich, hält die Alternative Kameralistik-AG/GmbH in so krasser Formulierung überhaupt für überholt. In Baden-Württemberg werde längst ein *modifiziertes Kameral-System* praktiziert, das auch elastische Aufrechnungen zulasse. Wenn also ein Operndirektor sich einmal eine besonders kostspielige Ausstattung leisten wolle, so könne er das durchaus, sofern er an anderer Stelle, z.B. bei Gastgagen, einspare. Tatsächlich praktizierte das W. E. Schäfer in Stuttgart schon vor Jahren ebenso kühn wie spektakulär, indem er für Jürgen Roses wahrhaft fantastische Ausstattung der *Lustigen Witwe* die damals ebenso fantastische Summe von 480000 DM ausgab. Hier setzte sich ein Intendant kraft seiner Persönlichkeit gegen alle bürokratischen Hemmnisse durch.

Aber solche Persönlichkeiten gedeihen im kameralistischen Klima sicher seltener als im freieren, unternehmungsfreudigeren der AG oder GmbH. Im Durchschnitt regieren an den vielen, ganz überwiegend kameralistisch strukturierten Theatern die bloßen Verwalter, die sich brav und politisch klug emporgedient haben. Ein Insider, der weiß, wovon er spricht, der Technik-Chef vieler deutscher Bühnen Walter Huneke, kritisierte die herrschende Praxis (1976 in der *Bühnentechnischen Rundschau*) sehr drastisch: Die deutschen Intendanten verwalten *zu einem überwiegenden Teil ohne Ausbildung und ohne fundiertes Wissen einen Etat . . ., der dem eines mittleren Wirtschaftskonzerns gleichkommt.* Auch bei den Leitern der nächsten Stufe, bei Dirigenten, Regisseuren, Ausstattern, Verwaltungschefs moniert der in dreißig Berufsjahren erfahrene Theatermann Huneke: *Das fehlende Können und Wissen kostet, aufgrund von schlechten Dispositionen und falschen Entscheidungen, viel Geld.* Er fordert mehr Subventionen für die kleinen Theater, weniger für die verschwenderischen großen und eine *Schulung der Theaterleiter*. Beides so vernünftig wie utopisch.

Stargagen – verrückt, aber unwesentlich

Wenn von Verschwendung die Rede ist, so sind die berüchtigten Stargagen nicht weit. Jedes Jahr zweimal tagen die deutschsprachigen Operndirektoren, um sie durch Vereinbarung einzudämmen. Es nützt nicht viel; einige, so der Bonner Stagione-Fanatiker Riber, halten sich überhaupt nicht daran, und wer die vereinbarten Grenzen überschreitet, muß das lediglich bekanntgeben. Hier herrscht das Dschungelgesetz des freien Marktes, das Diktat der Star-Agenten: Willst du meinen Pavarotti, so mußt du eben 50000 DM für ihn bezahlen. Eine horrende Summe. Die meisten bundesdeutschen Operntheater nehmen, für *alles zusammen*, allabendlich bei weitem nicht so viel ein. Der Tenorkonkurrent Domingo kann dann schon aus Prestige nicht darunter bleiben, und er bekommt es auch, freilich nur an ganz wenigen Spitzenhäusern, wo man abenteuerliche Gala-Preise nehmen kann. Dort kassieren die Agenten der Hildegard Behrens und der Margaret Price je 35000 pro Abend. Der Tenor Carreras verlangt über 40000 DM. Die sprichwörtlich sparsamen Schwaben in Stuttgart können da schon nicht mehr mithalten, auch wenn hier die Behrens, die Baltsa, die Freni schon für rund 20000 zu haben wären; für die in Wagnerrollen unentbehrliche Ligendza zahlt man immerhin 18000, für Kollo 20000, für Peter Hofmann 16000 DM je Auftritt. Wird da sinnlos Geld in Sängerrachen geworfen? Rolf Liebermann versicherte mir, mit Pavarotti und Domingo mache er in Hamburg sogar Gewinn, weil er jeden Eintrittspreis verlangen könne, und selbst die Sutherland in ihrer goldhaltigsten Zeit habe mehr eingebracht, als sie kostete. Das Problem seien eher die mittleren Stars, die nicht solche Publikumsmagneten sind und dennoch den Gastetat stark belasten. Hier liegt tatsächlich das wahre Gagenproblem. Die astronomischen, illustriertenreifen Stargagen fungieren, so verrückt sie erscheinen, als bloße Arabesken am Rande – wer kann sich schon einen Pavarotti leisten! Hingegen leisten sich, und das geht Hand in Hand mit dem modisch fremdsprachigen, Musiktheater geringer als Sänger-, Regie- und Ausstatterstars schätzenden Operntrend, auch schon mittlere Bühnen immer mehr Gäste, und die werden immer teurer.

In zwölf Jahren seit 1971/72 blieb die Zahl der ständig beschäftigten Sänger bundesdeutscher Theater bei geringfügigem Rückgang fast unverändert, hingegen verdoppelte sich in derselben Zeit die Zahl der *künstlerischen Gäste* von 2184 auf 4251 (hier schließt die Statistik des Deutschen Bühnenvereins zwar die Schauspieler ein, aber beigetragen hat dazu wesentlich die Opernentwicklung). Neben dem allgemeinen Hang zum Wandervogeltheater und zur Rollenspezialisierung spiegelt sich darin auch eine gewisse Sparneigung der Opernintendanten: Ehe man sich mit langjährigen, unkündbar gewordenen Ensemblemitgliedern einläßt, engagiert man lieber mehr Gäste. Eine Rechnung, die kaum aufgeht. Denn Gäste, die nur für bestimmte Rollen und Abende zur Verfügung stehen, sind erheblich teurer als festangestellte Sänger.

Darin liegt eine gewisse Chance für die Renaissance des in den letzten Jahrzehnten arg gerupften, auf höchster Ebene nur noch in emphatischen Direktoren-Bekenntnissen lebendigen Ensemble-Musiktheaters. Auch in großen Häusern, die nicht so sparen müssen wie die kleinen. Liebermann sieht solche Perspektiven selbst für ein hochdotiertes Staatstheater wie Hamburg, das jetzt mit 280 Gastsängern und -künstlern den absoluten Rekord hält: *Wir müssen das Steuer umdrehen und wieder auf mehr feste Sänger zurückkommen. Das Musiktheater muß sich durch Aufführungen erneuern und nicht durch Stars*, erläuterte er mir im Sommer 1985 sein Hamburger Intendantenprogramm in einem wesentlichen Punkt.

Nun verzahnen sich hier Probleme künstlerischer Effizienz mit denen gebotener Sparsamkeit. Ein praxisfremder Idealist wäre, wer sich von personellen Reduktionen erhebliche Kostenentlastung verspräche. Die großen, entscheidenden Blöcke – Technik, Verwaltung, Orchester, Chor – sind gewerkschaftlich fixiert und werden von Jahr zu Jahr fast automatisch teurer. Bei 85 bis 90 Prozent Personalkosten der Musiktheater ist deren Spielraum zum personellen Einsparen äußerst beschränkt. Bei den festangestellten Künstlern, den Sängern vorweg, schon gar. Die ein Gehalt beziehenden Sänger der meisten deutschsprachigen Musiktheater sind die wahrhaft Unterprivilegierten.

Einmal, weil sie ohnehin immer mehr von ihren ausgleichenden Benefizien (Unkündbarkeit, Pensionsversorgung) einbüßen, indem sie um Gastverträge kämpfen müssen. An den von keiner Gewerkschaft wirksam gestützten Sänger-Solisten wird eben widerstandslos gespart. Ihr Anteil an den Theateretats ging, wie Manfred Beilharz (Theater in der Krise, Berlin 1982) errechnete, von 50 Prozent im Jahr 1950 auf 28 Prozent vierundzwanzig Jahre später und gar 19 Prozent im Jahre 1981 zurück. Gleichzeitig stieg nicht nur die Zahl der in Orchester, Chor oder Büro fest Angestellten, sondern auch deren Gehaltsanteil. Solist an einer deutschsprachigen Opernbühne zu sein ist unterhalb des Promilles von Stargagen wohl die riskanteste, am schlechtesten abgesicherte aller denkbaren Karrieren. Deren ganz natürlich begrenzte Zeitdauer – mit fünfundvierzig oder gar fünfzig Jahren kann eine Sopranistin eben nicht mehr die Pamina, ein Tenor nicht mehr den Tamino singen – wird durch keinerlei Jugend-Prämie aufgewogen. Über die ganze Laufbahn gesehen verdienen die Tausende Solo-Sänger, die eigentlichen Magneten der Opernaufführungen, weniger als Orchester- und Chormitglieder, selbst weniger als technische Mitarbeiter jenseits der Rampe. Heinz Ludwig, als Theaterreferent des Kultusministeriums Rheinland-Pfalz ein intimer Sachkenner, gab (1982 im Jahrbuch der Zeitschrift *Opernwelt*) die durchschnittlichen Sängergagen mit 44000 DM jährlich an, einschließlich der Sozialabgaben, während ein Theater-Elektroakustiker gleichzeitig 45000 DM verdiente, eine Theaterschneiderin 54000 DM, ein Beleuchter 63000 DM, ohne das geringste Altersrisiko.

Bei den Sänger-Solisten ist also nicht viel einzusparen und schon gar nicht bei den vom starken gewerkschaftlichen Arm geschützten künstlerischen Kollektivmitgliedern. Wo dann also? Bei der Verwaltungsbürokratie, wie schon erwähnt. Das mag ein frommer Wunsch bleiben, zumal an den großen, reichdotierten Häusern. *Wenn ich heute in ein Theater komme, dann habe ich das Gefühl, beim Regierungspräsidenten und im Finanzamt zugleich zu sein*, so der Regisseur Bohumil Herlischka, der ja nur mit großen Opernhäusern zu tun hat. Immerhin, bei der Masse der kleineren Theater beginnt Not bereits sparen zu lehren. In der Spielzeit 1983/84 beschäftigten alle bundesdeutschen öffentlichen Theater rund hundert Verwaltungs- und Hausangestellte weniger als im Vorjahr. Das fällt noch nicht ins Gewicht, aber es zeigt doch zumindest einen Trendstop an.

Wo viel nachhaltiger gespart werden könnte, indizieren die ins immer Abenteuerlichere, bei Festspielen in Millionenhöhe ansteigenden Kosten für die Opernausstattung. Wenn Bayreuth sich für die ziemlich verkorkste Peter-Hall-Inszenierung des *Ringes des Nibelungen* ein Rheintöchter-Aquarium für eine runde halbe Million DM aufschwatzen ließ, so mag man das als Festival-Ausnahme tolerieren (in Salzburg wird noch verschwenderischer mit szenischem Luxus umgegangen). Aber auch an großen deutschen Repertoire-Opern kostet heute eine einzige Neuausstattung 170000 bis 250000 DM (in Hamburg), in Stuttgart 100000 bis 120000 DM, wenn kein Star-Bühnenbildner diktatorisch am Werke ist; Jürgen Roses Stuttgarter *Falstaff* im Frühjahr 1985 verschlang gleich 250000 DM, obwohl man angesichts der kargen Szene rätseln konnte, wo denn eigentlich das viele Materialgeld hineingebuttert wurde.

Schon bei Wieland Wagners epochaler *entrümpelter Szene* machte sich der Insider-Spruch breit: Je leerer die Bühne, desto teurer wird sie. Aber damals war sie lächerlich billig, gemessen an heute. Immer erfinderischer werden prominente Regisseure und Bühnenbildner, die sich Diktate leisten können, im Ausnutzen neuer technischer Möglichkeiten, die zwar letztlich nichts sichtbar Frappantes bringen und schon gar nichts Werkgerechtes, aber Hunderttausende kosten. Dabei verachten die meisten die große Show à la Hollywood (aber das Team Karajan/Schneider-Siemssen huldigt ihr, wie die Salzburger *Carmen* von 1985 neuerlich zeigte, so unverdrossen wie aufwendig). Das Raffinierte an avancierten Ausstattungen der Spitzenklasse scheint darin zu liegen, daß man gar nicht sehen kann, wie kostspielig sie sind. Die Müllhalden, die in den letzten Jahren von der punkverliebten Schauspielszene auch ins feine Opernhaus modisch übernommen wurden, haben ihren Preis. Gespielte Armut kostete die Reichen schon immer viel Geld.

Hamlet beklagte einst, mit Shakespeare/Schlegels vielzitierten Worten, den Übermut der Ämter; heute müßte er, der gescheite Theaterfreund, vor allem den Übermut der Regisseure und Bühnenbildner anprangern. Man muß sie immer, wenn sie sehr prominent sind, zusammen nennen. Vereint fordern sie mit Carlos-Posa-

Schulterschlag die deutschen Groß-Intendanten in die Schranken – und weisen den Weg, wie man das deutschsprachige Musiktheater insgesamt am sichersten ruinieren kann. Wer bietet der Allmacht der Zweier-Bande Paroli? Ein Operndirektor der deutschen Spitzenklasse klagte mir in einem Gespräch: *Was soll ich machen, wenn ich den Götz Friedrich haben will, muß ich eben den teueren Jürgen Rose auch bezahlen, ohne den tut er es nicht* ... Und der tut, das darf man hinzufügen, was er will, auch wenn er durch eine technisch äußerst komplizierte Ausstattung die Zahl der schwierig aufzubauenden Opern noch vermehrt. Solche aber steigen durch notwendig werdende Überstunden des technischen Personals, die Kosten jeder Reprise; sie vermindern auch empfindlich die Einnahmen, weil sie Schließtage unvermeidlich machen. An der Stuttgarter Staatsoper heißt seit mehreren Jahren die mit Abstand meistgespielte Oper *Geschlossen*. So steht sie auf dem Programmplakat fünfzig- bis sechzigmal in der Spielzeit. Der einzige Grund: zu komplizierte Ausstattungen.

Solche Kapitulation vor dem Übermut der Regisseure und Bühnenbildner muß kein Schicksal sein; sie ist vielmehr eine Frage der Direktoren-Persönlichkeit. Liebermann in Hamburg, gewiß ein künstlerisch extrem toleranter Mann, lehnte dort, bei seinem zweiten Direktorat, einen prominenten, sehr erwünschten Bühnenbildner ab, weil der einfach zu teuer war. *Die Ausstattung muß einfacher werden, sie muß leicht aufzubauen sein* – theaterpraktische Liebermann-Worte, 1985 mir gegenüber geäußert. Schon neun Jahre früher nannte der hervorragende Bühnenbildner Teo Otto die Dinge beim Namen, wenn er gegen das *technische Kuckucksei* moderner, kostentreibender Ausstattung wetterte und zur Besinnung auf den praktischen und billigen *alten Schnürboden aus der vornaturalistischen Epoche* aufrief. Es ließen sich viele neuere Erkenntnisse seiner Ausstatter-Kollegen bekräftigend zitieren. Von Günther Schneider-Siemssen *(Ich kann auch aus Fetzen und Spucke ein Bühnenbild machen* – aber sicher nicht in der lukrativen Kompagnonschaft mit Karajan) bis Jörg Zimmermann *(Zuerst müßte man einmal die Regisseure umerziehen, die verlangen oft genug aus einem gewissen Snobismus heraus teure Materialien* – dabei weiß jeder Theaterpraktiker, daß gut bemalter *billiger* Rips *echter* wirkt als der teuerste veritable Brokat).

Würden denn Einsparungen bei der Ausstattung wirklich Nennenswertes bringen? Deren Kosten am Gesamtetat betragen ja im Durchschnitt nur etwa 3 Prozent . . . Ein Argument, das von Ausstattungsverschwendern und ihren Kapitulanten in den Operndirektoraten gerne ins Treffen geführt wird, und das doch bei näherer Betrachtung immer dubioser wird. Erstens sind die immer wieder genannten 3 Prozent schwer überprüfbar und von Bühne zu Bühne so variabel, daß sie keine allgemeinen, sparentmutigenden Schlüsse zulassen. Zweitens bilden sie einen ganz irreführenden Bezugspunkt. Nicht am *Gesamtetat* dürfen sie vernünftigerweise gemessen werden, sondern einzig an dessen überhaupt *für Einsparungen verfügbarem Anteil*! Da im Musiktheater acht bis neun Zehntel der Ausgaben durch Kollektivgehälter und -löhne betoniert sind, kann praktisch nur beim kleinen Rest nennenswert gespart werden, und daran gemessen wächst die Dreiprozentsumme, die Ausstattungen kosten, zu sehr stattlichen 25 bis 30 Prozent des Sparmöglichen! Wozu noch kommt, daß unnötig komplizierte Bühnenbildner zusätzliche Kosten durch Überstunden der Bühnentechniker verursachen, und daß der gleiche Negativeffekt durch Auswärtslagerung in weit entfernten, teure Transporte erfordernden Magazinen hervorgerufen wird. Bei Ausstattungen können tatsächlich Millionen eingespart werden – ohne daß das Publikum etwas davon merkt, ohne daß wesentliche Qualitäten des Gesamtkunstwerkes Oper darunter leiden. Betroffen wären natürlich vor allem die Großen, und das wäre gar nicht schlecht. Denn sie, die den Repräsentationsbonus – bestes Beispiel: das Theater der Bundeshauptstadt Bonn – als Entschuldigung für jedwede Kapitulation (vor ausländischen Stars, die nicht deutsch singen wollen; vor sinnlos verschwenderischen Regisseuren und Ausstattern) dauernd in Anspruch nehmen, hätten es durchaus nötig, etwas von ihren viel kärglicher bedachten Kollegen in England oder in Amerika, bis zur Met hinauf, zu lernen: nämlich zu rechnen. Aus Verwaltern von jeweils Dutzenden Subventionsmillionen könnten ja wieder richtige Theaterdirektoren werden. Die Hoffnung ist bei aller skeptischen Ehrfurcht vor dem mächtigen St. Bürokratius (der sicher ein deutscher Heiliger war) vielleicht doch nicht ganz utopisch. Finanznot wird wohl auch die Großen dazu zwingen. Die Kleineren der deutschsprachigen Opernlandschaft hat sie schon gezwungen. Dort kann man von 250000 DM für die Dekoration einer einzigen Premiere nicht einmal träumen, weil man mit dieser Summe die ganze Spielzeit bestreiten muß, und doch gelingen in Freiburg oder Wuppertal oft künstlerisch wertvollere, kühnere Inszenierungen. Geist vor Material – wer weiß eine bessere Formel?

Deutsche Sänger miserabel ausgebildet

Mit weniger Subventionen mehr Qualität – das wäre freilich eine allzu simple Formel, allenfalls für Operngelder bewilligende Landtags- und Stadtabgeordnete passabel. Aber: weniger ausländische, mehr deutsche Sänger, Dirigenten, Regisseure, von allen denen blühendes Opernleben ja vor allem anderen abhängt – was wäre dagegen einzuwenden? Theoretisch wenig. In den jungen, zukunfsträchtigen Opernländern des Globus, in Amerika, England und in der Sowjetunion beispielsweise, kommt man zu 90 bis 99 Prozent mit Landeskindern aus. Das hat den Vorteil, daß der Nachwuchs immer neue Chancen erhält, daß Tausende ermutigt werden, den Beruf eines Opernsängers oder Opernregisseurs zu ergreifen, und daß meistens verständlich, in der Landessprache gesungen wird, Oper also als lebendiges Musiktheater funktioniert und nicht ein absurdes Prestige-Museum für zahlungskräftige Adabeis wird.

Bei uns in der Bundesrepublik hat spätestens seit den wirtschaftswunderlichen fünfziger Jahren eine frustrierende Gegenbewegung eingesetzt. Wenn man als Auto- oder Versicherungsvertreter sein sicheres Geld verdienen kann, wagt man eben seltener die äußerst riskante, nur in der sehr kurzen Dauer sichere Karriere eines Opernsängers. Das Resultat ist eine zunehmende Überflutung durch ausländische, vor allem durch amerikanische Sänger. Heute stellen die Ausländer, wie schon erwähnt, jedes zweite Mitglied der bundesdeutschen Opern-Ensembles. Bei den Orchestern ist der Anteil geringer, aber auch im Wachsen: von nicht einmal 2 Prozent im Jahre 1960 auf fast 17 Prozent zwanzig Jahre später.

Falsch wäre es, einzig die Verlockungen zu schnellerem Geldverdienen für die deutsche Nachwuchsschrumpfung verantwortlich zu machen, und ganz sinnlos, einen Ausländerstop oder doch zumindest eine Reglementierung zu fordern. Dergleichen besteht z.B. für ausländische Sänger in Großbritannien (wo man aber, ganz anders als in Deutschland, in der Oper nahe Null anfing), oder, noch unvergleichbarer, bei den Profi-Sportklubs rings in Europa, die Bundesrepublik hier eingeschlossen. Solche Parolen grenzen immer an Chauvinismus *(Deutsche, fangt deutsche Schmetterlinge!* verspottete sie Kurt Tucholsky), und ihre Durchführung würde den bundesdeutschen Opernbetrieb praktisch zum Erliegen bringen. Die Ausländer sind einfach nicht durch Einheimische zu ersetzen, jedenfalls nicht so schnell. Denn der deutsche Nachwuchsmangel ist nicht nur durch das einstige Wirtschaftswunder, sondern durch jahrzehntelange Versäumnisse in der Ausbildung bedingt. Junge deutsche Sänger erweisen sich einfach allzuoft als konkurrenzunfähig gegenüber ausländischen Mitbewerbern.

Dabei genießen sie doch, jedenfalls bei der Masse der kleineren und mittleren Bühnen, die Opern ganz überwiegend auf deutsch spielen, den Vorzug der Landessprache. Wie weit müssen sie in ihrer Ausbildung zurückgeblieben sein, wenn ihnen beim Vorsingen die deutsch radebrechenden Ausländer vorgezogen werden! Hier könnten Dutzende seufzende bis verzweifelte Urteile deutscher Opernleute über den deutschen Sängernachwuchs zitiert werden. Sie belasten vor allem die ausbildenden bundesdeutschen Musikhochschulen: ihre Praxisferne, ihre unzulängliche Stimmschulung im besonderen.

Fünfzehn Musikhochschulen in der Bundesrepublik – von den vielen Konservatorien, den Fachakademien und den privaten Gesangslehrern ganz abgesehen – sind nicht imstande, den Nachwuchsbedarf der Operntheater auch nur einigermaßen zu befriedigen. Wie denn auch, wenn Gesangstudierende vielfach nur zweimal in der Woche Unterricht in ihrem Hauptfach bekommen; wenn die Teilnahme am szenischen Unterricht oft nicht einmal Pflicht ist; wenn komplettes Rollenstudium und szenische Opernaufführungen an den Hochschulen Raritäten sind; wenn junge Sänger ahnungslos und für die Praxis miserabel vorbereitet zum Vorsingen der Theater gehen. Liebermann, der damit jahrzehntelange Erfahrungen hat, sagte mir: *Amerikanische junge Sänger sind einfach besser ausgebildet. Deutsche haben meist nur einzelne Arien, nicht ganze Rollen einstudiert.*

Wenn mir dagegen eine junge amerikanische Sopranistin Dove sono vorsingt, so kann ich fast sicher sein, daß sie die ganze Partie der Figaro-Gräfin studiert hat. Kein Wunder, daß solche Anfänger, mit denen man wirklich gleich anfangen kann, von den deutschen Opernleuten lieber engagiert werden.

Von der rein stimmlichen Ausbildung ganz abgesehen. Einst fuhren Studenten aus aller Welt nach Berlin, Leipzig oder Wien, um sich im Gesang ausbilden zu lassen (wie auch in den instrumentalen Fächern). Tempi passati. Damals lehrten Hunderte hervorragender deutschjüdischer Pädagogen an den Musikhochschulen des Reiches. Hitler vertrieb sie. Von diesem Exodus hat besonders Englands und Amerikas Opernwesen ungeheuer profitiert, denn die emigrierten Lehrer bildeten neue tüchtige Lehrergenerationen heran. Die deutsche Gesangspädagogik hat diesen Aderlaß offenbar bis heute nicht verwunden. Ihr internationaler Ruf ist insgesamt tief gesunken, und hier trösten keine deutsch-deutschen Gemeinsamkeiten: In der DDR beklagt man die gleichen Ausbildungsmängel, die gleiche, durch die relativ größere Zahl der Musikbühnen noch gesteigerte Nachwuchsflaute. Wenn ein junger deutscher Sänger, ob aus West oder Ost, auf einem der vielen internationalen Wettbewerbe einmal unter den Preisträgern auftaucht, so ist es, wie wenn Ostern auf Weihnachten fällt. Während das kleine Bulgarien, von der riesigen Sowjetunion zu schweigen, regelmäßig Preise sammelt wie sonst nur die östlichen Ringer und Gewichtheber olympische Medaillen.

Wer aber von den deutschen Opern-Adepten, enttäuscht vom Betrieb der Musikhochschulen, sein Heil bei privaten Gesangslehrern sucht, dem kann man nur den Daumen drücken und herzlich wünschen, daß er nicht einem der vielen Quacksalber in die Hände falle, die, oft gescheiterte Sänger, ihre einstigen Stimmbildungsmängel mit eiserner Konsequenz weiterreichen. *Geht man . . . von dem Gros der Privatausbilder aus, dann muß man sagen, daß diese Privatausbildung das Problem sicher noch verschärft*, so Ursula Geller, als Leiterin der Zentralen Bühnen-, Fernseh- und Filmvermittlung eine Praktikerin, die weiß, wovon sie spricht.

Liegt es vielleicht daran, daß die deutschen Sängerkehlen plötzlich verdorrt sind (Genies wie Fritz Wunderlich oder Dietrich Fischer-Dieskau könnten ja Trotzdem-Genies sein . . .)? Die Erfahrungen der deutschen Opernintendanten sprechen eindeutig dagegen. Zwei Drittel von ihnen verneinen solchen stimmlichen Begabungsmangel der Deutschen, während gleichzeitig eine noch größere Mehrheit, zwischen 71 und 88 Prozent, vielfache Mängel der Studienausbildung für den eindeutigen Qualitätsrückstand gegenüber ausländischen Anfänger-Konkurrenten verantwortlich macht. Dieses die deutsche Musikpädagogik, zumal die Hochschulen, schwer diskreditierende Ergebnis erbrachte die schon erwähnte Umfrage des Deutschen Bühnenvereins 1980/81 bei vierundfünfzig bundesdeutschen Musiktheaterintendanten. Fast neun von zehn dieser praktischen Engagierer bekannten, daß die ausländischen unter den jungen Vorsängern besser, *vor allem besser ausgebildet* seien. Das hat auch der Deutsche Musikrat, oberstes bundesdeutsches Gremium im Internationalen Musikrat, erkannt und im Frühjahr 1985 mit den Worten seines Präsidenten Richard Jakoby auf den aktuellen Stand gebracht. Während deutscher Instrumentalisten-Nachwuchs aufgeholt und wieder internationalen Standard erreicht habe, sei der Trend im vokalen Bereich nicht so positiv: *Insgesamt ist dieses amerikanische Schulsystem dem unseren insofern überlegen, als es sowohl den Instrumentalisten als auch den künftigen Sängern mehr Möglichkeiten einer vorbereitenden Ausbildung bietet . . . Gesangsunterricht in Parallele zum Instrumentalunterricht gibt es an unseren Musikschulen so gut wie gar nicht . . .*

Ohne Opernjugend keine Opernzukunft

Die Jugend, unsere Zukunft. Ein offenbar unsterblicher Slogan, in allen politischen Regimes, welcher Couleur immer, tausendfach gebraucht und fast ebenso oft mißbraucht. Seine Fatalität: er stimmt. Sogar für das weite, an den Rändern halb absurde Opernfeld. Sterben die deutschen Nachwuchssänger aus, so schwindet der Opernpyramide, und balancierten auf ihrer Spitze auch noch so akrobatisch die Pavarottis, die tragende Basis. Dann droht ein Absturz, wie ihn einst der größte Opernmann des frühen 18. Jahrhunderts, Händel in London, fast von einem Tag zum anderen erlebte. Plötzlich war der Luxus der goldhaltigen Pavarottis von damals, der Kastraten, nicht mehr gefragt, nicht mehr finanzierbar. Heute würde der Sturz nicht mehr so jäh erfolgen, denn dichte, aus öffentlichen Steuergeldern geknüpfte Netze würden ihn auffangen und halten. Doch bleibt es dabei: ohne Opernjugend keine Opernzukunft.

Das gilt für beide opernimmanente Partner jenseits und diesseits des – immer noch wirksamen – Grabens. Für die Produktiven auf der Bühne und für die Mitproduktiven (nicht bloß kulinarisch auf schöne, laute, hohe Töne Lauernden) im Auditorium. Die Musikhochschulen tragen sicher das Ihrige bei zur heutigen deutschen Nachwuchsmisere, doch darf die schulische Grenze nicht erst bei ihnen gezogen werden. Dem drohenden Niedergang des deutschen Musiktheaters muß schon an den Wurzeln begegnet werden. In der Familie zu allererst. Wo nur noch in die Fernsehröhre geglotzt und nicht mehr musiziert wird, gedeihen keine künftigen Opernfreunde. In der Schule sodann, von der elementaren bis zum Gymnasium: Über das Elend des bundesdeutschen Musikunterrichtes von heute mit seinen dauernden Streichungen und Ausfällen, über diese Talstraße von einer einstigen Welthochburg in die Niederungen eines musikalischen Entwicklungslandes zu schreiben wäre ein eigenes Buch wert.

Das ist nicht unser Thema, trifft es aber im Kern. Denn was besser werden könnte, alle organisatorischen, spielplantechnischen, finanziellen Fragen des komplexen Monstrums Oper inbegriffen, wäre mit einem noch so ausgiebigen Katalog kritischer Ratschläge doch nur kurzsichtig beantwortet, wenn der Blick am Tage haften bliebe. Ob die deutsche Oper dem Tod entgegensiecht oder sich lebendig erneuert, entscheidet sich in den kommenden Generationen. Mit deren (derzeit wachsendem) musikalischem Analphabetismus oder mit wiedererwachter, besser geförderter Musik- und Theaterfreude.